区域行政协议的运行机制和实现路径研究

汪建昌 著

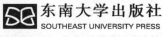

东南大学出版社
·南京·

图书在版编目(CIP)数据

区域行政协议的运行机制和实现路径研究 / 汪建昌著. — 南京:东南大学出版社,2021.12
ISBN 978-7-5641-9975-3

Ⅰ.①区… Ⅱ.①汪… Ⅲ.①行政法-研究-中国 Ⅳ.①D922.104

中国版本图书馆 CIP 数据核字(2021)第 273552 号

责任编辑:戴坚敏　责任校对:杨　光　封面设计:毕　真　责任印制:周荣虎

区域行政协议的运行机制和实现路径研究
Quyu Xingzheng Xieyi De Yunxing Jizhi He Shixian Lujing Yanjiu

著　　者	汪建昌
出版发行	东南大学出版社
社　　址	南京市四牌楼 2 号(邮编:210096　电话:025-83793330)
网　　址	http://www.seupress.com
电子邮箱	press@seupress.com
经　　销	全国各地新华书店
印　　刷	南京玉河印刷厂
开　　本	700 mm×1 000 mm　1/16
印　　张	11.5
字　　数	225 千字
版　　次	2021 年 12 月第 1 版
印　　次	2021 年 12 月第 1 次印刷
书　　号	ISBN 978-7-5641-9975-3
定　　价	53.00 元

本社图书若有印装质量问题,请直接与营销部联系,电话:025-83791830。

前言

区域一体化是与全球化相伴而生的重要现象,对区域地方政府而言是其不得不面对的主题,其关注焦点和行为选择都将在这一背景下运行。对区域一体化而言,区域地方政府之间的行政协议制定、执行效率与质量直接影响着其一体化进程。但是区域地方政府在运行行政协议过程中存在一个悖论:地方政府为促进区域一体化而缔约区域行政协议,但是却制定了大量的不规范或者说是无法律效力的区域行政协议,并且相当一部分区域行政协议在实践中未能有效运行,地方政府不执行区域行政协议时也不存在外部制约。

对我国区域地方政府而言,区域行政协议是实践选择最多、应用最为广泛的治理工具,地方政府希望借此推进区域一体化进程。从学术研究的视角考察区域行政协议,目前研究较多集中于行政法学领域,而公共行政学对此关注不够,只是在一些跨域治理和府际关系研究的论文中把区域行政协议作为治理工具提及。总体而言,当前研究区域行政协议有重要的现实和理论价值。

区域行政协议的缔约主体主要是区域地方政府,但是能够影响其制定与执行即区域行政协议运行的主体是多元化的,包含中央政府、区域所涉省级政府、区域地方政府以及企业、NGO(非政府组织)、专家学者、媒体等非官方力量。因此,仅从区域内部府际关系层面考察区域一体化行政协议运行是不全面的,还需要从多元行为主体形成的政策网络角度去考察,否则很难挖掘区域行政协议中地方政府行为选择的内在原因。本书意图在政策网络理论分析的基础上,构建区域一体化行政协议的基本分析框架:政策网络中的运行机制—契约精神分析,即关系网络中区域地方政府外部行为选择和内在影响因素的分析。

区域行政协议的运行机制是行政协议由文本走向实践操作的必要步骤,是区域地方政府的外部行为选择,包括协议目标的确定、组织的设计以及动力机制的形成,这一选择直接影响着区域行政协议运行的效果。区域行政协议主体的契约精神是影响区域行政协议运行效果的内在因素,缔约主体的契约精神渗透在区域行政协议运行的整个过程之中,内在地影响区域行政协议运行效果。以南京都市圈及我国区域一体化行政协议的运行过程为依据,结合政策网络理论,从运行机制和契约精神两个角度分析影响我国区域一体化行政协议运行效果的原因。

本书以南京都市圈行政协议及其运行为实证研究对象，分析南京都市圈的一体化进程及都市圈行政协议的历史发展，主要考察南京都市圈整体行政协议、部门行政协议及小板块行政协议，从中分析南京都市圈行政协议的特点及其运行。在此基础上，探究影响南京都市圈行政协议有效运行的多方面要素：都市圈行政协议文本及运行缺少规范性、行政协议的主题应该更专注于公共服务、都市圈运行机制需要进一步优化以及进一步提升主体契约精神。

基于历史及制度的视角对美国州际协议进行的发展历史与经验总结研究发现，美国州际协议从殖民地时代的州际协定发展而来，从主体、程序以及相关法律规定方面不断完善。通过运行机制—契约精神透视美国州际协议能够取得良好运行效果的内在原因在于：宪法基础为州际协议提供保证；联邦政府、州政府与地方政府共同参与州际协议；州际协议从边界问题发展到公共服务供给，与政治问题分开；州际协议的规范化增强其效力；专门组织完成协议的缔结、履行和冲突解决。

在上述分析的基础上，提出构建我国区域一体化行政协议运行框架的基本思路。从区域一体化行政协议的逻辑起点、基本内容、运行基石以及运行保证四个层面提出构建我国区域一体化行政协议有效运行的整体框架，并试图前瞻性地探讨通过区域行政协议设置跨行政区划政府部门和多个区域之间的联动。

目录

导论 ……………………………………………………………………… 003
 第一节 研究缘起与意义 ……………………………………………… 003
  一、研究背景 ………………………………………………………… 003
  二、问题的提出 ……………………………………………………… 006
  三、研究意义 ………………………………………………………… 007
 第二节 主要概念的界定 ……………………………………………… 008
  一、行政协议 ………………………………………………………… 008
  二、区域行政协议 …………………………………………………… 009
  三、区域行政协议运行 ……………………………………………… 010
 第三节 国内外文献综述 ……………………………………………… 011
  一、国外相关研究 …………………………………………………… 011
  二、国内相关研究 …………………………………………………… 016
  三、总体评价 ………………………………………………………… 021
 第四节 研究的思路与方法 …………………………………………… 021
  一、研究思路与框架 ………………………………………………… 021
  二、本书内容 ………………………………………………………… 022
  三、研究方法 ………………………………………………………… 024
 第五节 可能的创新与困难 …………………………………………… 025
  一、可能的创新 ……………………………………………………… 025
  二、研究困难 ………………………………………………………… 025

第一章 区域行政协议与区域一体化 ……………………………… 026
 第一节 区域行政协议：区域一体化的治理工具 …………………… 026
  一、从行政区经济走向区域经济 …………………………………… 026
  二、行政区行政走向区域公共治理 ………………………………… 027

三、应运而生的区域行政协议 …………………………………… 029
　第二节　区域行政协议：多项治理工具的理性选择 ……………… 029
　　一、结构式协调的治理工具 …………………………………… 030
　　二、区域治理的功能式协调 …………………………………… 032
　　三、治理工具的理性选择 ……………………………………… 034
　第三节　区域行政协议的类型及其特点 …………………………… 035
　　一、区域行政协议的类型 ……………………………………… 035
　　二、区域行政协议的特点 ……………………………………… 038
　本章小结 ……………………………………………………………… 040

第二章　区域行政协议的政策网络分析 ……………………………… 041
　第一节　政策网络：区域行政协议的理论视角 …………………… 041
　　一、政策网络理论和政策网络类型 …………………………… 042
　　二、政策网络与区域行政协议 ………………………………… 043
　第二节　区域行政协议的行动者及关系网络 ……………………… 045
　　一、区域行政协议的行动者 …………………………………… 045
　　二、多元主体形成的关系网络 ………………………………… 046
　第三节　区域行政协议的主体资源与策略选择 …………………… 049
　　一、政策网络中的主体资源 …………………………………… 049
　　二、区域行政协议主体的行动策略 …………………………… 052
　第四节　运行机制和契约精神：政策网络中的区域行政协议 …… 055
　　一、区域行政协议过程中的运行机制和契约精神 …………… 055
　　二、关系网络中的区域行政协议 ……………………………… 056
　本章小结 ……………………………………………………………… 059

第三章　区域行政协议的运行机制考察 ……………………………… 060
　第一节　区域行政协议运行的关系网络 …………………………… 060
　　一、中央、省与区域政府：中央集权下的地方分权 ………… 061
　　二、区域政府间关系：行政区划间的政治锦标赛 …………… 062
　　三、多元主体共同参与：政府、企业和非政府组织 ………… 063
　第二节　多元目标导向的区域行政协议 …………………………… 064
　　一、地方政府职能重点的转换 ………………………………… 065
　　二、区域行政协议目标的选择 ………………………………… 067

第三节　区域行政协议运行的组织考察 ········· 069
　　　一、区域行政协议组织设计 ················· 069
　　　二、区域联席会议组织整体思考 ············· 072
　　第四节　区域行政协议运行的动力机制 ········· 073
　　　一、考核导向下的政治竞争压力 ············· 074
　　　二、民意导向下的服务供给压力 ············· 075
　　　三、基于利益共享的信任关系 ··············· 076
　　本章小结 ··································· 078

第四章　区域行政协议的契约精神考察 ··············· 079
　　第一节　作为"准契约"的区域行政协议 ········· 079
　　　一、契约与区域行政协议 ··················· 079
　　　二、准契约：区域行政协议的定位 ··········· 080
　　　三、区域行政协议中的契约精神 ············· 081
　　第二节　平等与自由：区域行政协议缔约的前提 ··· 083
　　　一、缔约过程中的主体平等 ················· 084
　　　二、缔约过程中的自由合意 ················· 086
　　第三节　守信与救济：区域行政协议履约的基础 ··· 089
　　　一、影响契约信守精神的多重因素 ··········· 089
　　　二、影响契约救济精神的多重因素 ··········· 091
　　第四节　区域行政协议：契约精神的文本再现 ····· 093
　　　一、区域行政协议文本存在的问题 ··········· 094
　　　二、区域行政协议的规范化 ················· 095
　　本章小结 ··································· 098

第五章　南京都市圈行政协议运行分析 ··············· 099
　　第一节　南京都市圈一体化及关系网络 ··········· 100
　　　一、南京都市圈发展 ······················· 100
　　　二、南京都市圈的关系网络 ················· 102
　　第二节　南京都市圈行政协议的发展历史 ········· 103
　　　一、南京都市圈整体行政协议 ··············· 103
　　　二、南京都市圈部门协议 ··················· 106
　　　三、南京都市圈小板块协议 ················· 107

  第三节　南京都市圈行政协议再考察 …………………………………… 108
    一、南京都市圈行政协议特点分析 ………………………………… 108
    二、都市圈行政协议运行分析 ……………………………………… 110
  第四节　南京都市圈行政协议存在的问题 …………………………… 112
    一、都市圈行政协议运行过程缺少规范 ………………………… 112
    二、南京都市圈行政协议应该专注于公共服务 ………………… 114
    三、南京都市圈运行机制需要进一步优化 ……………………… 115
    四、进一步提升南京都市圈主体契约精神 ……………………… 117
  本章小结 …………………………………………………………………… 118

第六章　美国州际协议的发展及其启示 ……………………………… 119
  第一节　美国州际协定的历史变迁及存在问题 …………………… 119
    一、美国州际协定的历史变迁 ……………………………………… 119
    二、州际协定存在的问题及其新发展 …………………………… 122
  第二节　美国州际协议发展及其功能 ………………………………… 125
    一、美国州际协议的发展 …………………………………………… 125
    二、美国州际协议优势及其功能 ………………………………… 126
  第三节　美国州际协议：运行机制与契约精神 …………………… 129
    一、美国州际协议中的运行机制 ………………………………… 129
    二、美国州际协议中的契约精神 ………………………………… 131
  第四节　美国州际协议发展的经验启示 …………………………… 132
    一、宪法基础为州际协议提供保证 ……………………………… 133
    二、联邦政府、州政府与地方政府共同参与州际协议 ………… 133
    三、州际协议从边界问题发展到公共服务供给 ………………… 134
    四、州际协议的规范化增强其效力 ……………………………… 134
    五、专门组织完成协议的缔结、履行和冲突解决 ……………… 135
  本章小结 …………………………………………………………………… 136

第七章　实现区域行政协议有效运行的路径 ………………………… 137
  第一节　公共服务：区域行政协议的逻辑起点 …………………… 137
    一、公共服务：政府职能关注的重点 …………………………… 138
    二、区域行政协议以公共服务为起点 …………………………… 139
  第二节　公共服务合作供给：区域行政协议的基本内容 ………… 140

一、公共服务合作供给：政治忠诚和辖区民意的统一 …… 140
　　二、公共服务合作供给：区域地方政府由竞争走向合作 …… 142
　　三、公共服务合作供给：多元主体的平等参与 …………… 143
　第三节　规范化文本：区域行政协议运行的基石 …………… 145
　　一、区域行政协议运行效果 …………………………………… 145
　　二、基于运行机制——契约精神的文本规范 ………………… 146
　第四节　组织与动力：区域行政协议运行保证 ……………… 148
　　一、区域行政协议组织设计 …………………………………… 148
　　二、构建平等协商的利益共享机制 …………………………… 150
　第五节　跨域部门：区域行政协议的重点 …………………… 152
　　一、区域公共问题解决的第三种思路 ………………………… 153
　　二、政府部门跨行政区划设置模式 …………………………… 155
　　四、政府部门跨行政区划设置要处理好几种关系 …………… 157
　本章小结 ………………………………………………………… 160
进一步的思考 ……………………………………………………… 161
参考文献 …………………………………………………………… 166
后记 ………………………………………………………………… 176

导 论

第一节 研究缘起与意义

一、研究背景

目前,我国以长三角、珠三角和渤海湾三大区域为主体的区域经济一体化格局已经形成,辽东半岛、胶东半岛、成渝、中原、长株潭、武汉以及南京都市圈、合肥都市圈、杭州都市圈等也都表现出强劲的发展势头,由此可见,区域空间一体化将是推动我国经济社会发展的引擎。城市群、都市圈的空间形式以及其他区域一体化,在区域乃至国际经济竞争与合作中的作用会变得愈加重要。在经济全球化和区域一体化不断深化的背景下,许多高度发展的大城市发生了空间结构的巨大变化,城市之间联系密切、城市与周边地区关系密切,在空间范围和影响范围上形成了由中心城市、边缘城市以及周边地区紧密结合、超越行政区划的大都市圈,这是研究区域发展不得不关注的现象。此时,关注区域一体化已经不仅是区域经济学、经济地理学、区域规划学的独有特权,在这一热闹的领域里,公共行政学不能缺席,离开公共行政学知识区域一体化发展缺少必要的政府间关系协调,区域发展单纯依靠市场机制无法保证有效有序发展,单纯的市场机制可能带来过度竞争,只有政府、市场和社会组织协同配合才能促进区域一体化有序发展。

1. 区域一体化成为地方政府的理性选择

区域一体化是"点—线—圈"式的空间整体结构,其中"点"主要是指区域内部的核心城市和边缘城市,两者都不可缺少;"线"是指连接各点的交通设施和基础建设,这些设施让城市之间有更多的联系和交流;"圈"是依据受核心城市影响大小和离其距离的远近分别形成的中心区、紧密区和边缘区,这些区域呈"圈"状结构分布在核心城市的周围。当区域一体化成为必然趋势时,地方政府也将卷入其中,需要提前思考如何应对。

区域公共问题的出现要求突破地方政府的行政区划,形成合力解决溢出行政区划边界的社会公共问题,区域地方政府间的关系协调成为必然趋势。在中国,如何实现区域一体化成为地方政府面临的重大难题,因为行政区划分割,地方政府之间缺少协调造成区域发展缺少统一规划,区域公共问题无法有效解决,跨界公共服务无法有效供给。具体表现为,由于地方保护主义而导致重复建设和地方政府间过度竞争,地方政府与相邻行政区之间的矛盾日益加深,尤其是那些处于行政区划边界地区的公共服务难以有效供给甚至无法供给。以跨界水污染为例,水污染问题的典型特征是跨域,即在同一国内跨越不同的省级行政区划或在同一个省内跨越不同的县市交,地方政府彼此之间缺少协调使得水污染的负外部性无法根治成为跨界治理的重要难题。不仅跨界水污染,土壤污染和大气污染也一样,一直都是个难以解决的问题,隶属不同行政区域的环境保护部门可能会相互推诿责任,从而造成治理缺位、治理不善,这些都直接影响跨域污染处理。目前,我国跨界水污染治理还停留在传统方式上,主要还是"行政区行政"治理模式。"由于流域跨界水污染这种区域公共问题的复杂性,决定了传统的治理模式的失效,必将走向区域公共管理的过程。"①

我国地方政府已经开始探寻解决日益尖锐的区域公共问题的方案,借鉴西方国家地方公共事务治理中的网络组织体系、跨域治理的互动、政府间多层合作治理等地方治理经验并结合本地实际不断摸索区域问题的解决方案。"跨界治理的这种'软化'了行政区划政府管制刚性的超政府合作管理体制对于化解我国行政区划制度下的地方利益矛盾与冲突、构建激励相容的区域合作制度具有重要意义。"②可以看出,尽管有行政区划的分割,但是区域一体化是地方政府理性选择的结果,唯有如此,区域公共问题才能解决、区域公共服务才能有效供给,这符合上级政府的期许,也符合地区公众的期盼。

2. 区域公共管理成为公共行政学研究的焦点

20世纪80年代中期,英国兴起地方治理改革,各种政府治理理念如多中心治理、政府间伙伴关系、公共组织网络和整体政府理论迅速在西方各国盛行,并作为地方政府间合作治理的重要工具用以解决跨界公共服务合作的问题。在中国,区域公共管理研究日益发展成为公共管理学中一个非常重要的新兴研究领域,都市区治理问题、流域治理问题研究、跨区域行业联动问题以及政府间关系问题等一起成为区域公共管理关注的重要问题。目前,我国正逐步发育形成珠三角、长三角、环渤海湾等多个区域一体化地区。区域一体化给地方政府带来挑战,也带来机会,

---

① 易志斌,马晓明. 论流域跨界水污染的府际合作治理机制[J]. 社会科学,2009(3).
② 孙友祥,安家骏. 跨界治理视角下武汉城市圈区域合作制度的建构[J]. 中国行政管理,2008(8).

跨域治理也成为公共行政学研究的焦点问题。如何将国际区域公共管理理论和我国区域治理的实践经验相结合对探索具有中国特色的区域公共管理具有重要意义。区域地方政府在行政体制上不相互隶属,然而在社会经济发展与区域公共问题的解决上却至为密切,如土地利用、公共运输、环境保护、公共卫生等区域政府的共同性课题均无法在单一法定行政组织边界之内完成,因而通过资源整合、互联互通、区域合作以解决区域共同问题乃大势所趋,这也是当前为何区域公共管理会成为行政管理研究之热点问题的重要原因。

另外,与跨域治理相伴而生的是地方政府间关系。对区域公共管理而言,政府间关系是其中一个非常重要的研究领域。区域公共管理离不开有序的政府间关系,当政府间关系协调成为中央与地方政府不得不面对的主题时,正如戴维·卡梅伦所言:"不仅在经典联邦国家,管辖权之间的界限逐渐在模糊,政府间讨论、磋商、交流的需求在增长,就是在国家之内和国家之间,公共生活也表现出这种倾向,可唤作'多方治理'的政府间活动越来越重要了。"[1]在我国的区域公共管理研究中,许多学者开始对政府间关系表现出极大的兴趣。严强教授对中国本土的政府间关系研究做了阶段性的划分:第一阶段为20世纪90年代以前,第二阶段为20世纪90年代开始至2002年,第三阶段是2003年开始至今[2]。在20世纪90年代以前,政府间关系的主要议题是如何认识中央和地方政府之间权力分配与协调。20世纪90年代开始到2002年,除央地关系之外,地方政府之间关系也成为重要考察对象。2003年开始,政府间关系研究被置于更广阔的宏观背景之中,纵向、横向、斜向、网络等多视角研究逐步展开。此外,历史学、经济学、法学领域中的学者也开始关注政府间关系问题,中心议题是规范政府之间的竞争,分清政府间的职责、利益与责任。

除政府间的合作之外,区域一体化过程中政府与市场主体、社会主体的合作也提上日程。区域一体化呼唤多元主体间的沟通协商,原有的命令服从模式让位于多元协商模式。政府不仅需要直接面对区域公共事务的管理、公共物品与公共服务供给的工作,而且需要引导多元主体共同参与区域公共事务。与之相适应,区域公共管理走向区域公共治理也是公共行政学研究的重要问题。

3. 行政协议成为政府与学界共同关注的话题

在应对跨界区域公共问题时单纯依靠某一地方政府的力量无法改变现状,需要区域地方政府间协力合作,相互之间的资源依赖也要求区域地方政府共同参与

---

[1] 戴维·卡梅伦,张大川. 政府间关系的几种结构[J]. 国际社会科学杂志,2002(1).
[2] 严强. 政府间关系:体制与行政[J]. 江苏行政学院学报,2009(1).

到区域一体化发展过程之中。面对区域一体化的发展趋势,地方政府势必做出一定的回应,形成了众多的应对区域一体化及区域公共问题的方式,包括行政区划调整、双层政府、特区政府、区域政府联盟和区域行政协议等,但是最为常用的治理工具是区域行政协议,并且这种区域行政协议往往是和区域联盟相结合。在区域地方政府的共同参与、合作治理中,行政协议成为众多地方政府的首要选择,究其原因在于:这种类型的合作方式最为方便,地方政府之间协商即可决定。两个地方政府可以签署,多个地方政府也可以签署,简单协商可以决定,正式会议也可以决定,且与行政区划调整、双层政府等方式相比带来的负外部效应也最低。

与地方政府积极采用区域行政协议应对区域一体化相适应,公共行政学界也应该更多关注区域一体化行政协议。行政区划是大国治理的必然选择,减少行政区划在经济发展和公共问题治理方面带来的负外部性,实现从行政区行政向区域公共治理过渡成为行政学界研究的问题。如何实现行政区行政走向区域公共治理是公共行政学思考的宏观问题,如何通过区域行政协议实现区域行政向区域治理的过渡是公共行政学需要思考的细节问题。在区域地方政府的现实选择和公共行政学的理性思考中,区域行政协议成为当前备受关注的重要问题。

二、问题的提出

当前,中国经济发展从行政区经济走向区域一体化经济,政府管理从行政区行政走向区域公共治理,在这一过程中,区域地方政府之间签署行政协议解决区域一体化问题成为许多区域政府之间首选的政策工具。

尽管区域一体化行政协议成为区域地方政府合作过程中的现实选择,也是理性选择,但是区域一体化行政协议的实际运行效果却不尽如人意。具体表现在以下三个方面:其一,区域一体化的合作需求没有能够通过规范的行政协议固定下来,很多区域行政协议没有效力;其二,大量区域行政协议并没有得到切实有效的执行,也没有带来预期的区域一体化,地方政府间恶性竞争和冲突现象没有明显消除;其三,区域一体化的地方政府成员变动性较大,导致原有的区域行政协议整体框架受到破坏。这是一个有趣的现象,地方政府有实现区域一体化的合作需求,但是却没有形成规范化的行政协议,也没有通过规范化的行政协议促使区域一体化目标的达成,因此,这也是一个值得研究的现象。

我国的区域一体化只是近几十年才有的现象,尤其是在改革开放经济获得一定发展之后才引起了政府和学术界的关注,区域行政协议出现得更晚,缺少经验的积累。美国、日本、西班牙等国家在行政协议的发展方面有上百年的历史,积累了许多宝贵的实践经验,并且在行政协议理论发展方面也较为完善。当前,中国区域经济一体化进入快速发展时期,区域公共管理理论发展也取得了很大的进步,对区域一体化治理工具包括区域行政协议研究自然也就提上了重要的议事日程。尽管不同的国家在政治体制、经济水平与文化发展等各个方面都存在较大差异,但是政府之间协议的模式与机制方面仍然存在许多可以相互借鉴的地方。

针对上述现象进行研究,需要思考以下一些问题:

(1) 当前中国区域一体化过程中,作为一种重要的政策工具,区域行政协议与其他政策工具相比有何特点,区域行政协议可以与其他哪些政策工具结合。

(2) 与区域地方政府密切相关的上级政府、辖区民意在区域行政协议过程中起什么样的作用,即多元主体形成的政策网络如何影响区域行政协议的有效运行。

(3) 为何区域地方政府有实现一体化的压力,却出现大量区域行政协议效力弱化现象,即为何出现大量不规范的区域行政协议文本,为何区域行政协议的缔约者不能有效地运行行政协议。

(4) 美国积累了大量政府间协议运行的实践经验,别国的政府间协议对分析我国区域一体化行政协议有何借鉴意义。

(5) 区域行政协议关注的重点是什么,当跨行政区划部门设置成为可能时,这是否应该成为区域行政协议关注的重点,跨行政区划部门的权力职责及其与相关政府间关系是否是区域行政协议内容的重点。

(6) 区域一体化成为众多地方政府追求的目标,即使长三角地区也形成了多个一体化区域,如南京都市圈、杭州都市圈、合肥都市圈、扬子江城市群等,不同区域之间是否会产生联动,如何联动,区域行政协议如何转化为不同区域间联动协议。

三、研究意义

区域行政协议是区域一体化发展到一定阶段必然会引起相应关注的重要治理工具,到目前阶段,区域一体化行政协议也已经成为地方政府和行政学界共同关注的问题。对这一问题的研究具有两方面的意义。

1. 实践意义

区域一体化的发展经常性地突破既有的行政区域空间,与之相对应的是在区域范围内存在许多分散的地方政府往往会造成统一协调的困难。行政区划的分割使得区域政府无法有效提供全区域性的公共服务,如统一的土地使用、交通规划与环境保护,而省、市、县政府政治经济文化发展的不平衡更易于形成公共财政、公共服务不均的状况,因此研究构建有序、规范且有效运转的区域行政协议促进区域一体化则有着很高的现实意义。

另外,区域行政协议研究也将给区域范围内多元主体提供制度化的平等参与路径,促进各层级政府(包括中央政府、省级政府、区域地方政府)以及非官方组织和个人平等参与区域一体化过程。这一方面为各层级政府提供了一条平等合作的途径,使占有不同资源的上下级政府能够平等参与区域一体化过程,同时,也为企业、非政府组织和公民等非官方力量参与多方合作提供一定的空间。

2. 理论意义

运用公共行政学理论分析区域行政协议,从政策网络视角分析区域一体化行政协议运行过程,形成区域行政协议的行动者、关系网络和行政协议的主体资源、策略选择的整体分析框架,在此基础上探讨区域一体化行政协议的运行机制与主体的契约精神。这样的研究思路避免了对区域行政协议研究只局限于区域政府间关系范围,将区域一体化行政协议契约效力和运行效果放在多元主体形成的关系网络之中,从运行机制和契约精神层面进行考察。这样可以避免单纯的经验总结,在知识积累和提炼的高度上探求影响区域一体化行政协议的多重因素。

此外,区域一体化行政协议研究可以从多学科的视角切入,政治学、经济学、行政学、历史学、财政学和法学都能够为区域行政协议的有效运行提供知识支持,因而有利于促成多种学科之间的交叉、融合与反思,促进不同学科研究者的交流与合作。

第二节 主要概念的界定

一、行政协议

目前,对行政协议的研究主要集中在行政法学领域,在概念使用上更倾向于使用行政协议的概念。在大陆学者中,最先研究行政协议的当属杨临宏教授,他认为行政协议是指"行政主体之间为有效地行使国家行政权力,实现国家行政管理职能,明确各自的职责权限而相互意思表示一致达成的双方行政行为"[1]。在这里,杨临宏教授并未明确区分行政协议与行政协定,行政协议与行政协定在同一层面上使用并无差异。其他行政法学者多数以区域经济合作为背景研究行政协议,其中以叶必丰、何渊等为代表,认为行政协议是指"两个或两个以上的行政主体或行政机关为了提高行使国家权力的效率,也为了实现行政管理的效果,而互相意思表示一致而达成协议的双方行政行为"[2]。

具体而言,行政协议或者称为府际协议、政府间协议,是指行政机关或行政机关的职能部门,为了提高行政权力的使用效率、提升行政管理的效果,互相意思表

---

[1] 杨临宏. 行政协定刍议[J]. 行政法学研究,1998(1).
[2] 何渊. 论行政协议[J]. 行政法学研究,2006(3).

示一致而达成的协议,它本质上是一种对等性行政契约。

如果要准确界定行政协议概念,需要进一步弄清两个问题:行政协议的主体和行政协议的目的。对于行政协议的主体问题,虽然目前学界尤其是行政法学界和公共行政学界都基本认同协议主体必须是行政主体,而且行政协议的主体是平等的行政主体。"行政协议本质是一个合同行为,而合同的一个重要特征就是合同双方地位的平等,合同方只有在地位平等的基础上才能达成意思表示一致的合意。"①因此,对于进入行政协议过程的政府机关,尽管其可能处于不同的行政层级,但是必须以平等的地位进入协议过程,如果基于上下级的命令服从关系进入行政协议过程,则不可能订立真正意义上的意思表示一致的合同。当然,也有学者提出进入行政协议的主体必须是无隶属关系的行政主体,这种提法有一定的合理性,但现实生活中却无此必要。缔约多方主体中尽管存在隶属关系,但是基于资源依赖也可以缔结平等的行政协议。至于行政协议的目的问题,从行政协议存在的实际现状可以看出,行政协议不仅基于行政事务的处理而订立,区域一体化过程区域地方政府间也缔结了大量的行政协议,大量的行政协议的缔结目的在于推进区域一体化进程,从上述两个方面可以看出地方政府缔结行政协议的目的在于完成一般的行政事务或者推进区域间合作。

二、区域行政协议

区域一体化行政协议(以下简称区域行政协议)是指不同行政区划范围内的行政主体之间为了区域一体化发展的需要,并且基于各自利益的考虑,通过相互间平等协商而达成的合作协议。区域行政协议是行政协议中重要类型,其目的更多的是在于促进区域一体化,实现政府间关系的协调。

区域一体化过程中,地方政府经常需要面对跨地区、跨行业、跨部门等多种问题,当公共问题突破行政区划的范围,跨域公共问题单靠某一地方政府或者某一个行政主体的力量来完成力不从心或代价过高,必须由区域一体化范围内的各个地方政府通力合作才能实现。另外,由于各地区的地理条件、资源环境、发展水平等因素的不同,导致地区发展不平衡、地方政府发展的优势与劣势并存,想要改变这种现状也需要推进区域一体化发展。因此,各地方政府通过签署区域合作行政协议来实现行政合作,有效配置资源,消除经济合作的各种障碍,最终实现区域一体化的共同发展。

区域行政协议是当前行政协议中最经常使用的行政协议的形式,具体而言,是不同行政区划的地方政府之间为促进本地经济繁荣、社会发展以及区域公共问题

---

① 黄学贤,廖振权.行政协议探究[J].云南大学学报(法学版),2009(1).

的解决,就各自行政职权范围内的合作事宜所订立的各种协议形式的总称。最为典型的区域行政协议是地方政府之间订立的区域经济合作协议和区域公共服务供给协议,长三角、珠三角、环渤海地区在一体化过程中缔结了大量的区域行政协议,如在泛珠三角(9+2模式)区域合作中,参与的各个区域地方政府在产业合作、基础设施、旅游合作、环境保护、公共卫生、农产品供给以及信息化建设等诸多领域缔结了上百个区域行政协议。与之相同,其他一体化的区域地方政府之间为了处理跨域公共事务或者合作供给公共服务,通过加强横向联系协调区域范围内各地方政府之间利益而订立大量行政协议。

三、区域行政协议运行

良性区域行政协议的有效运行必然促进区域一体化,因此,探讨区域行政协议的重点在于提高区域行政协议的运行效率和运行质量,当良性区域行政协议高效运行时,区域一体化的进程势必得到推进。

区域行政协议运行效率和质量主要与契约运行机制和主体契约精神两个方面密切相关。首先是契约运行机制,在多元主体网络中建构有效的契约运行机制是区域行政协议从文本走向行动,也是区域一体化从制度走向实践的基本途径。作为机制有三个基本的要素,第一是目标,第二是动力,第三是路径即过程。从区域行政协议运行过程考察,运行机制表现为契约目标的确定、组织的设计和动力机制的形成。"一种制度建立了人们并不一定会遵守,甚至会反其道而行之。只有当制度形成了机制,也就是人们能够自动地趋向于制度目标的时候,制度才算真正地建立起来了。"[①]其次是缔约主体的契约精神,主体遵守契约精神是区域行政协议取得良好运行效果的基础。所谓契约精神更多地体现为缔约主体遵守其在缔结契约时所做的承诺,主体契约精神直接影响区域行政协议的运行效果。从区域行政协议运行过程考察,契约精神表现为缔约过程中主体的平等与自由、履约过程中主体信守承诺和契约救济。

当区域地方政府围绕区域一体化,选择恰当的主题缔结区域行政协议后,协议的有效运行程度会影响区域一体化进程。区域行政协议运行效率和质量是区域行政协议运行的外部表征,运行机制是实现区域行政协议由制度转化为实践的可行路径,而契约精神是实现区域行政协议有效运行的内在保证。因此,我们探讨区域行政协议运行效率与质量时,不是重点分析区域行政协议导致区域一体化进程的程度,而是着力于分析区域行政协议主体间是否平等自由、是否选择恰当的目标以及区域行政协议实现契约目标的程度。

---

① 李景鹏.论制度与机制[J].天津社会科学,2010(3).

第三节 国内外文献综述

一、国外相关研究

1. 有关区域治理研究

国外的区域治理研究经过长期的发展,研究的方法和实证研究已经比较成熟。通过文献梳理,区域治理相关的研究主要集中于以下领域:① 政府间关系专题研究。这在美国表现为联邦与州之间的关系、州际关系以及州以下地方政府关系等几种主要形式。② 政府间竞争研究。随着区域公共服务需求的兴起,区域公共服务供给模式、区域公共服务供给制度成为进一步探讨政府间竞合关系的主题。③ 都市区治理和流域治理的实证研究。都市区治理和流域治理是区域一体化的重要类型。

(1) 政府间关系专题研究

1937年,美国学者施耐德(Clyde Snider)在《1935—1936年的乡村和城镇政府》一文中提出了这一术语,其后,安德森也使用了"政府间关系"这一概念。20世纪60年代,随着政府管理实践的发展,无论是单一制国家还是联邦制国家,西方学者逐渐意识到政府间关系问题的重要性。20世纪80年代之前,西方有关政府间关系的研究将精力更多的集中于中央与地方的关系上,拉焦尔根据政治分权的程度认为政府间关系可以分为三种类型:央地政府处于同等地位的政治性分权、地方一定程度从属于中央政府的行政性分权以及地方政府完全从属于中央政府的行政权转让。在考察美国联邦政府、州政府和地方政府关系时,为了更好地说明美国不同时期的三级关系,D.赖特将其定为联邦和州政府、地方政府无隶属关系的分离模式、联邦政府包含州政府且州政府包含地方政府的下位包含模式和联邦、州、地方政府相互重叠的相互依存模式,这三种模式能在一定程度上说明美国政府的三级关系。政府间的合作在80年代以前主要以纵向政府间的合作为主,地方政府之间更大程度上是资源的竞争者,80年代以来,这一现象有了很大改观,各国地方政府在许多领域中展开广泛的合作,这成为政府间关系发展的主要趋势。西方国家政府间关系的实践出现了许多新情况影响了理论研究,与之相适应,政府间关系的研究趋于系统化,出现了一批有影响的著作,如 D.赖特的《理解政府间关系》、D.奈斯的《联邦主义:政府间关系的政治》以及 A.霍威特的《联邦主义管理:政府间关系研究》,分别从不同角度探讨了联邦制国家的政府间关系问题。此外,美国学者菲利普·库珀"分析了州际、州以下地方政府之间缔结正式协议和非正式协议的不同的合作模式,这为深入研究州际关系和地方政府关系提供更新的思路。"①除联邦与州之间关系引起学者的重视外,州之间的关系也引起了学者的兴趣,例如许多美国学者探讨了如何脱离联邦的干预而自行处理管理州政府之间的事务。

(2) 政府间竞争研究

在市场经济社会条件下,政府间的竞争不仅存在于民族国家之间,而且也存在于一国内部不同区域政府之间。至于竞争的功能是有益于区域治理还是破坏区域治理,学者的观点并不一致。一些学者认为地方政府竞争的存在是与地方政府供给公共物品的职能密不可分的,有益于公共物品的供给。蒂布特的观点是地方政府之间的竞争对公共物品供给是有益的,他认为如果社区提供居民需要的产品则可以留住居民,不然居民会以脚投票,迁移到其他能够提供更符合其个人偏好公共物品的社区。蒂布特认为社区管理者之间面临着居民选择的压力,这种压力有利于公共物品供给,"社区间的竞争就类似于厂商间为了消费者而展开的竞争。前者也像后者一样,能够导致资源的有效配置,达到帕累托最优"②。斯蒂格利茨的观点与蒂布特类似,他同样认为竞争影响政府管理水平,社区管理水平会影响公共服务供给质量,对居民形成吸引力,"和企业里的竞争一样,社区里的竞争也发挥着相同的作用,它不仅确保了公共物品得以有效的供应,而且在公共物品的数量和种类上也更符合公众的需求"③。A. 布雷顿则提出竞争是政府之间关系的本质特征,他提出政府之间"彼此围绕着资源和控制权的分配、公共产品和服务的竞争不仅有助于政治体制的均衡,而且也将促进公众对这些产品需求偏好的表露,能够实现公共产品的数量和质量与税收价格的有机结合"④。哈耶克认为:"地方政府之间的竞争在很大程度上能够提供对各种替代方法进行实现的机会,而这能够确保自由发展所具有的大多数优点。"⑤当然,对政府间竞争并不都是赞成的观点,也有反对的观点:地方政府为了更多地吸引外资,通过各种优惠政策包括提供土地优惠、压低税收水平,导致其财政收入不足,难以提供优质的公共服务。Démurger认为:"分权后的地方政府把过多的资金作为生产性投资而忽视了地方公共品的建设,从而

---

① 菲利普·J. 库珀. 二十一世纪的公共行政:挑战与改革[M]. 王巧玲,李文钊,译. 北京:中国人民大学出版社,2006.
② Tiebout C M. A Pure Theory of Local Expenditures[J]. Journal of Political Economy,1956,64:416-424.
③ 斯蒂格利茨. 政府为什么干预经济:政府在市场经济中的角色[M]. 郑秉文,译. 北京:中国物资出版社,1998.
④ Breton A. Competitive Governments: An Economic Theory of Politics and Public Finance[M]. New York: Cambridge University Press, 1998.
⑤ 哈耶克. 自由秩序原理[M]. 邓正来,译. 北京:三联书店,1997.

导致了区域经济的不平衡发展。"[1]

(3) 都市区治理和流域治理的实证研究

① 都市区治理的实证研究

国外对都市区治理研究主要集中在两个方面：都市区的权力结构和都市区治理理论。从理论脉络上来看，传统城市权力结构研究有两大流派：一是以亨特为代表的精英论；二是以达尔为代表的多元论。亨特以美国的亚特兰大市作为研究样本，探讨城市管理中的决策者及其如何运用权力的过程，重点在于研究城市权力结构。[2] 而学者达尔以纽黑文市为研究样本，选择了城市管理中的三个重要问题，即教育政策、城市建设和政治任命为主题进行分析，达尔发现城市权力结构显得分散，不是精英决定城市的未来，而是多元力量在不同领域影响着城市的发展，与亨特的研究结论不同，城市的决策更多时候反映大多数人的意见[3]。除精英论和多元论外，增长机器论和城市体制论也从不同视角对城市的权力结构展开研究。增长机器论分析了城市成为经济增长的工具，却在一定程度上忽视了人们的需求。城市体制论则关心城市体制是如何形成的，城市体制中的成员有哪些，这些成员如何运用权力。

对都市区治理研究分别剖析了大都市区政府、公共选择、新区域主义等几种区域主义范式。大都市区政府：从美国开始大都市区化进程至今，地方政治权力在地方政府之间分割，这种权力分割造成地方政府的分裂，构成有效解决大都市区经济与社会问题的结构性障碍。许多学者对这种碎片化且管理混乱的大都市区政府体制表达了不满，责难这一体制的反民主性质和低效率特征。在这样的理论背景下，建构统一的大都市区政府成为共识。大都市区政府意在协调不同地方间权力，促进都市区政府间的联动更好地提供公共物品和公共服务。公共选择：大都市区政府理论认为统一的地方政府能够高效且低成本的提供公共物品与公共服务。公共选择理论对大都市区政府提出批评，认为大都市区的立论基础存在问题。文森特·奥斯特罗姆、埃莉诺·奥斯特罗姆、罗伯特·沃伦和查尔斯·蒂伯特等学者指出，大都市区政府学派所说的由大量地方政府提供的服务成本更高、更缺乏效率或者对公民不负责任的结论缺少一定的经验证明。对于公共选择学者来说，他们不愿意看到垄断的供给，更愿意看到市场机制下多个地方政府形成竞争，给公民提供选择公共服务供给的机会，正如地方政府间竞争所论述的，竞争促进公共服务供给

---

[1] Démurger S. Infrastructure Development and Economic Growth: An Explanation for Regional Disparities in China[J]. Journal of Comparative Economics, 2001, 29(1): 95-117.

[2] Hunter F. Community Power Structure: a Study of Decision Makers[M]. Chape Hill: UNC Press, 1957.

[3] Dahl R. Who Governs: Democracy and Power in the American City[M]. New Haven: Yale University Press, 1961.

的高效和高品质。新区域主义：20世纪90年代，一种建立在美国大都市区的经验证明研究基础上的大都市区治理的新视角形成，即新区域主义。"新区域主义视野下的大都市区治理不是聚焦于制度性结构和地方自治体的行为，而是聚焦于为了大都市区治理目的而在不同公共机构和私人主体之间建立联系。"①新区域主义是传统区域主义和公共选择理论之间不断交锋和妥协的结果，在新区域主义看来，巨人政府理论与多中心治理理论展示了大都市区治理的美好前景，但是这两种理论都不能从根本上解决大都市区治理问题，因为采用这两种理论治理的大都市区困境仍然存在。"相对于20世纪中期而言，新区域主义的焦点在于有限的改革和在合作上的有限尝试，但这并不意味着接受公共选择理论的观点。"②新区域主义逐步认识到公共选择理论存在一定的问题，其注意力转向促进有效的大都市区治理。

② 流域治理的实证研究

20世纪30年代以来，国外不少跨越行政区划甚至跨国的河流都进行了资源整合、合作开发，在实践与理论研究中取得了不小的成就，如对泰晤士河、多瑙河、莱茵河、田纳西河、密西西比河、科罗拉多河、亚马孙河等都不同程度地开发利用并进行了理论总结。国外的区域公共管理研究，非常注重对跨国和跨行政区划的大河大湖的实证研究，针对流域水环境治理、流域水资源管理以及流域经济开发等诸多领域展开研究，这些国家或地区对大河大湖流域开发与治理的主要经验与做法是：结合流域政府的管理模式，针对不同河湖流域的特点采用不同的开发战略，将资源利用、环境保护、经济发展相结合，注重对河湖流域的综合利用，重点解决河湖流域水资源开发中的一些重大问题，重点突破行政区划设置流域管理局，形成对大河大湖流域的有效管理。

2. 有关州际协定（协议）研究

州际协定更为正式，州际协议则相对灵活。"面对瞬息万变和日新月异的当代美国社会，程序繁琐且弹性缺失的州际协定显得越来越不合时宜，特别是对于解决紧急问题和不涉及政治的州际问题，州际协定机制更是心有余而力不足。在这种背景下，美国需要的是一种更为简便、更为灵活也更具透明度的机制，而行政协议正是这样一种机制。"③美国、西班牙、日本等国在行政协议实践和理论研究领域都有较快发展，尤其是美国州政府之间行政协议取得了更多的实践经验，发展更为完善，并在理论研究处于领先地位。作为行政协议的一种重要类型，州际协议的发展及其研究能为我国区域行政协议的发展完善提供借鉴。尽管美国联邦体制与中国

---

① 张紧跟. 新区域主义：美国大都市区治理的新思路[J]. 中山大学学报（社会科学版），2010(1).
② 同①.
③ 何渊. 美国的区域法制协调：从州际协定到行政协议的制度变迁[J]. 环球法律评论，2009，31(6).

单一制不同,但在地方政府间关系层面仍然有一定的可借鉴之处。对美国州际协议的研究主要集中在以下几个方面:

(1) 州际协定(协议)发展与主体

S. 弗洛里斯塔诺统计分析了美国州际协定几十年的发展历史及存在问题,跟踪研究了美国州际协定的发展进程以及州际协定在当前的一些应用[1]。F. 齐默曼也完成了有关州际协定的统计工作,结果是截至1998年,正在发挥作用的州际协定有边界协定25个,其他协定192个,总计数量是217个,而处于休眠状态或已失效的协定则有51个[2]。随着州际协定的广泛运用,其参与主体不断扩大,由州政府之间扩展到联邦与州、州以下地方政府之间。州际协议的运行影响到了联邦政府和地方政府的权威,使得联邦政府和地方政府积极参与其中,形成了联邦、州以及地方之间的协调机制。《联邦宪法》第1条第10款这样规定:"任何州不得缔结条约、同盟或联盟;……任何州,未经国会同意,不得与其他州或外国缔结协议。"这样的宪法规定既给州际协议留下了空间,又为联邦保留了应有的权力。"《联邦宪法》'协议'条款在立宪选择层次上赋予州享有缔结州际协议的有限选择权,为州与州之间在集体选择层次上建构州际协作关系秩序提供了一种激励与约束共存的制度化结构。"[3]

如前所述,诸多州际协议的主体已经超出了单纯州政府的层面,"特拉华河流域委员会就是这样一个联合机构,它的设立具有开创意义,它不仅拉近了四个州之间的距离,使它们竭诚团结,而且也协调了州与联邦之间的关系。"[4]由此可见,州际协议尽管在州政府之间签订,但是在发展的过程中还会涉及联邦政府和地方政府。

(2) 州际协定(协议)的类型研究

除了研究州际协议的历史发展外,还可以研究其类型。从不同的分类标准看,美国的州际协议可以分为诸多不同的类型,这对于我们深入认识州际协议和借鉴其经验都是有益的。

有人曾经从州际协议主题角度对美国1793年至1969年之间所有缔结的州际协定进行考察,结果表明:"涉及边界问题的州际协定从占总数的71%下降到9%……涉及服务问题的州际协定从3%暴涨至58%。"[5]

---

[1] 杨成良. 美国州际协定法律背景的变迁[J]. 山东师范大学学报(人文社会科学版),2005,50(5).
[2] 威廉·凯文·沃伊特,加里·尼延. 州际协定和机构,1998. 莱克里顿1999年版,第11-14,19,159-160页.
[3] 吕志奎. 州际协议:美国的区域协作性公共管理机制[J]. 学术研究,2009(5).
[4] Zimmerman F. Interstate Cooperation: Compact and Administrative Agreements[M]. Westport, CT: Greenwood Press, 2002.
[5] Welch S, Clark C. Interstate Compacts and National Integration: An Empirical Assessment of Some Trends[J]. Western Political Quarterly, 1973,26(3):475-484.

当然,还有其他一些主题的州协定(协议)数量也在发生变化,如涉及城市规划、工业问题的州际协定数量也有所上升,而涉及河流问题的州际协定数量有所降低。"州际流域协议被视为解决公共池塘资源过程中集体行动问题的行动者之间的一种政治合同,是'命令—控制'制度的一种替代选择。"[1]其后州际协议的盛行涉及很多重要的主题。从州际协议涉及主题分类,有公共卫生、环境保护、给排水合作等方面的行政协议。从州际协议发展来看,美国的行政协议主要涉及教育卫生、鱼类保护、资源节约、废物利用、紧急协助、交通建设、信息共享、行政给付、保险、电子收费以及税收征管等领域。"将州际协议分为四种类型:州际边界协议(Interstate boundary or jurisdictional compacts);州际分配或发展协议(Interstate distributive or developmental compacts);州际规制协议(Interstate regulatory compacts);州际再分配协议(Interstate redistributive compacts)。目前,这些类型的州际协议共有300多份,涵盖的领域包括边界、重大基础设施建设、流域水资源管理、环境污染共同防治、区域经济发展、大都市区治理、共同资源开发和突发事件应急管理等。"[2]

从州际协议缔约程序规范化程度可以分为正式行政协议与非正式行政协议。正式行政协议有明确的程序、职责,州政府官员需要照章办事;非正式行政协议给予州政府行政官员更多的自由裁量权,因而也更具有灵活性。从美国州际行政合作的实践来看,非正式的行政协议得到了更为普遍的使用,原因在于其缔结程序的灵活性更受到行政官员的青睐。"各州行政机关或机构的官员之间可以不断互访,在这个过程中,他们往往会在口头上形成一致的意思表示,达成非正式的行政协议。"[3]

二、国内相关研究

1. 有关区域治理研究

我国的区域治理研究目前仍处于起步阶段,基础研究还比较薄弱,研究的方法论和实证研究也不是很成熟。通过比较系统的文献梳理,国内与区域治理相关的研究主要存在于以下几个领域:① 政府间关系协调研究。近几年,政府间关系研究得到了越来越多的行政学者的关注,为区域治理打下良好的基础。② 政府间竞争研究。当代中国地方政府间共谋的内在动力不足,但是在政治晋升锦标赛的压力下,政府间竞争成为常态。③ 都市圈治理与流域治理的研究。都市圈治理、流域治理是典型的区域公共管理问题,也是当前我国区域一体化治理的重要类型,对

---

[1] Lubell M, Schneider M, Scholzan J t, et al. Watershed Partnerships and the Emergence of Collective Action Institutions[J]. American Journal of Political Science,2002,46(1)//吕志奎. 美国州际流域治理中政府间关系协调的法治机制[J]. 中国行政管理,2015(6).

[2] 吕志奎. 州际协议:美国的区域协作性公共管理机制[J]. 学术研究,2009(5).

[3] Zimmerman J F. Trends in Interstate Relations: Political and Administrative Cooperation[Z]. The Book of States, 2002.

都市圈一体化和流域治理的实证研究有效推进了区域一体化进程。

(1) 政府间关系协调研究

20世纪90年代末中国大陆地区有关政府间关系研究的论文和著作开始面世,近年来,更多的学者对此表现出了兴趣。这不仅表现在许多政治学者、宪法学者和经济学者分别从集权分权、政府间法律关系和行政区经济的角度考察政府之间的关系,还表现在公共行政学开始从公共服务供给视角关注政府间关系研究。多学科的介入使政府间关系研究更加深入,政府间关系研究逐步从纵向政府关系研究、横向政府关系研究走向了网络型政府关系研究。林尚立在《国内政府间关系》一书中综合考察政府间关系时,更加关注中央与地方的纵向关系,他认为在任何一个国家发展过程中,央地关系都将直接决定政府之间关系的基本格局及其未来的有效协调。"因为中央与地方关系决定着地方政府在整个国家机构体系中的地位、权力范围和活动方式,从而也就决定了地方政府体系内部各级政府之间的关系,决定了地方政府之间的关系。"①谢庆奎认为:"府际关系在改革前后发生了很大的变化,由单一性走向多样性,由垂直联系为主发展为横向联系为主。"②随着经济发展,地方政府合作与竞争增多,横向政府间关系的研究越来越多,政府间关系研究由关注纵向政府间关系转而关注横向政府间关系。严强在《公共行政的府际关系研究》中指出:"如果说在社会转型和体制转轨过程中,公共行政的府际关系中最为突出的问题是在公共物品和公共服务的供给上地方政府间的过度竞争和行为扭曲的话,那么对这类府际关系的调整就必然成为政府间行政研究的重要任务。因为只有通过必要的协调,才能缓解政府间的过度竞争,才能使政府行为趋于科学、合理。"③近年来不少政府间关系研究者又提出了一些新的观点,如斜向政府间关系、十字形政府间关系。在此基础上,伴随着公共服务供给压力的增大、网络信息技术发展、民主分权观念的深入人心,有更多的学者开始关注网络型政府间关系及其建构的研究④。我国的府际关系包括政府及其部门间纵向关系、横向关系以及无隶属关系的政府间关系,从而形成纵横交错的关系网络。因为政府层级多、部门多、管理体制多样化,我国府际关系呈现出复杂形态。对中国府际关系的现实进行考察,其中有三种主要的府际关系:

① 上下级政府间关系。此类府际关系是中国府际关系的主要类型之一,通过上下级政府间关系才能实现政策传递、政策落实。目前,上下级政府间关系可分为

---

① 林尚立.国内政府间关系[M].杭州:浙江人民出版社,1998.
② 谢庆奎.中国政府的府际关系研究[J].北京大学学报(哲学社会科学版),2000(1).
③ 严强.公共行政的府际关系研究[J].江海学刊,2008(5).
④ 陈振明.公共管理学[M].2版.北京:中国人民大学出版社,2009.

央地关系和地方政府间的纵向关系。在当代中国政治话语中,央地关系主要是中央政府与省级政府的关系。与央地关系相比较,地方政府间的上下级关系因为主体多样,其相互间关系相对复杂,既包括省与市、县之间的关系,以及市与县之间的关系,也包括县与乡镇之间的关系。另外,我国的上下级政府间关系隐含着政府部门间关系,上下级政府部门又分为不同的类型。我国上下级政府之间可以直接发生联系,也可以通过其所属部门发生联系。

② 同域政府部门间关系。此类部际关系事关部门间联动,关系到本级政府工作能否有效完成。目前我国各层级政府都有多个所属部门,如环保、卫生、民政、公安等,这些部门基于分工履行政府管理的不同职责。同域政府部门间在管理权限上不可避免地存在着一些交叉,在工作开展中需要多个部门协同完成,这是部际关系需要协调的原因所在。此外,虽然这些部门隶属于同一政府,但是部门职能、组织结构和人员配备都是独立的,部门利益影响沟通协调,部门间关系的协调并非易事。

③ 地方政府间关系。改革开放后,这种府际关系类型变得更加常见。此类府际关系影响不同地方政府间的合作效果。当前,我国地方政府间关系包含相邻地方政府间关系以及不相邻地方政府间关系。为了迎接和应对全球化带来的机会与挑战,公共管理学界对相邻地方政府间关系研究较多,形成了区域公共管理理论。在区域一体化的过程中,区域公共管理成为学界研究的热点问题。除相邻政府间关系外,地方政府间关系还包括不相邻政府间关系,这种类型的地方政府间关系研究尚未得到足够重视。当然,如同上下级政府间关系隐含着部门间关系一样,地方政府间关系也包括异地政府部门间关系。

(2) 政府间竞争研究

国内学者的观点似乎也没有统一,学术界在分析地方政府竞争的效果时有明显相反的两种观点。一种观点认为,中国的转型过程是财政联邦主义推动的市场经济转轨的过程,政府竞争可以有效约束政府行为和促进统一市场形成。"政府竞争主要是制度竞争,地方政府通过运用制度试验、制度创新、差别化制度实施等制度竞争获得自己的竞争优势。"[1]相反的观点则认为:"基于利益导向的政府竞争导致重复建设,结构趋同,地方保护和市场分割以及某些领域的恶性竞争和过度竞争,其结果只能是零和博弈。"[2]

对于政府间存在的过度竞争,公共行政学认为其具体表现在:竞争无度、竞争无序以及竞争无义[3]。竞争无度表现为地方政府争先恐后地规划与建设,出现了

---

[1] 周业安,冯兴元,赵坚毅.地方政府竞争与市场秩序的重构[J].中国社会科学,2004(1).
[2] 蔡玉胜.中国区域经济发展中地方政府竞争的异质性[J].学海,2006(3).
[3] 严强.公共行政的府际关系研究[J].江海学刊,2008(5).

以重复建设为特征的竞争过度现象。竞争无序表现为在片面强调 GDP 增长速度的思想指导下,许多地方政府给出与法律相违背的优惠政策,导致政府间无序竞争。最后一种表现为竞争无义。在地方政府竞争过程中,相互之间的恶性竞争造成既损人又不利己的局面。因此,必须通过协调来促进地方政府间合作,通过规范来实现地方政府间良性竞争。

(3) 都市圈治理与流域治理的研究

① 有关都市圈治理的实证研究。经济发展带来区域一体化,都市圈和城市群一体化成为地方政府近年来面临的重要问题。与地方政府面临都市圈一体化的压力相契合,有关都市圈治理研究受到了行政学界的高度重视。城市规划、政区地理、区域经济学以及公共行政学多学科共同进入都市圈一体化,促进了都市圈研究的丰富和繁荣。我国虽然早有都市区、都市圈等概念,但是直到 20 世纪 90 年代中后期才逐步引起关注。对都市圈治理研究主要着力于以下几个方面:我国都市圈概念与界定标准,都市圈模式效应论,都市圈的本质,都市圈发展阶段论,都市圈发展管治论,都市圈的空间结构论①。具体如下,陶希东在对都市圈概念详细界定的基础上,将我国都市圈分为省内都市圈和跨省区都市圈两种类型,并对跨省区都市圈经济一体化中存在的问题进行了分析,提出通过跨省区域治理整合跨省区经济圈。宋林飞在《加速都市圈建构与都市圈经济发展》一文中提出通过多中心治理解决"行政分割"与都市圈一体化之间的固有矛盾。安树伟在《中国大都市区管治研究》中,对中国大都市区管治中出现的种种问题进行理论上的解释,在此基础上借鉴国外经验,提出中国大都市区管治的理念、结构、模式和重点领域。张京祥、罗震东等在《体制转型与中国城市空间重构》一书中深入研究了在体制转型过程中我国城市空间结构的不合理因素,提出引入多中心治理,重构城市空间。公共行政学主要从政府体制层面考察都市圈一体化,且更多着力于治理理论在都市圈一体化过程中的运用研究②。此外,还有将特定都市圈作为研究对象,分析其内部存在的府际合作。如:郭施宏、齐晔从府际关系视角分析京津冀区域大气污染协同治理③;孙涛、温雪梅从府际关系视角研究京津冀区域环境治理④;蔡赤萌、武文霞分别探讨了粤港澳大湾区城市群建设的战略意义和现实挑战⑤以及粤港澳大湾区城市群

---

① 董晓峰,史育龙,等.都市圈理论发展研究[J].地球科学进展,2005(10).
② 韩士元,唐茂华.京津冀都市圈一体化发展的合作重点及政府作用[J].天津行政学院学报,2005(4).
③ 郭施宏,齐晔.京津冀区域大气污染协同治理模式构建:基于府际关系理论视角[J].中国特色社会主义研究,2016(3).
④ 孙涛,温雪梅.府际关系视角下的区域环境治理:基于京津冀地区大气治理政策文本的量化分析[J].城市发展研究,2017(12).
⑤ 蔡赤萌.粤港澳大湾区城市群建设的战略意义和现实挑战[J].广东社会科学,2017(4).

协同发展路径①。

② 有关流域治理的实证研究。我国已进入了水污染危害高发阶段,水资源开发效率也有待进一步提高,特别是近年来的松花江水污染问题、清水江水污染问题、太湖蓝藻问题以及长江洪水灾害、黄河水患等更是成为政府与学界共同关注的话题。在公共行政学领域,学者就"流域污染网络治理机制""流域治理制度框架""流域水资源治理模式""流域治理的政府间关系协调"和"政府主导下的流域生态补偿机制"等问题进行专题研究,意图实现新的流域治理观,从"控制"到"良治"②。

除上述几点之外,国内对区域治理还偏重于区域公共管理基本理论的研究。对区域公共管理基本理论的探讨吸引了不少专家学者的兴趣,区域公共物品供给、区域政府公共管理职能的变革、区域公共管理政策工具选择、区域公共管理的多元主体协调等方面的研究得到了有效开展。

2. 有关行政协议研究

公共管理领域对行政协议的关注不足,目前的一些研究主要是从法学领域考察行政协议,公共管理领域有关行政协议研究的成果较少。吕志奎的《州际协议:美国的区域协作性公共管理机制》《州际协议:美国的区域协作管理机制》两篇专门讨论行政协议的论文从借鉴美国州际协议经验出发探讨我国区域行政协议发展③。当然,其他公共管理学者也在有关区域治理、都市圈治理、政府间关系的论文中提及行政协议,但只是将其视为解决公共治理的一种工具,并未将其作为专题展开加以研究。

现有的行政协议研究大都集中在行政法学领域,当前以行政协议为研究对象的论文主要有:杨临宏教授的《行政协定刍议》(载《行政法学研究》1998 年第 1 期);叶必丰教授的《我国区域经济一体化背景下的行政协议》(载《法学研究》2006 年第 2 期);何渊博士的《论行政协议》(载《行政法学研究》2006 年第 3 期)、《行政协议:行政程序法的新疆域》(载《华东政法大学学报》2008 年第 1 期)、《泛珠三角地区行政协议的评估及建议》(载《广东行政学院学报》2006 年第 2 期)、《行政协议:中国特色的政府间合作机制》(载《政府法制研究》2008 年第 5 期)、《区域协调发展背景下行政协议的法律效力》(载《上海行政学院学报》2010 年第 4 期)、《长三角区域合作中的行政协议演进》(载《行政论坛》2016 年第 1 期)。上述研究成果肯定了行政协议是行政主体之间缔结的契约,但对行政协议内涵、基本范畴、性质的界定还存在许多分歧,例如行政协议制定的原因是基于公共事务还是基于区域一体化,

---

① 武文霞.粤港澳大湾区城市群协同发展路径[J].江淮论坛,2019(4).
② 胡鞍钢,王亚华,等.新的流域治理观:从"控制"到"良治"[J].经济研究参考,2002(20).
③ 吕志奎.州际协议:美国的区域协作性公共管理机制[J].学术研究,2009(5).

行政法学者对此一直存在争论。

对区域行政协议研究,行政法学的介入不可或缺,可以在程序上完善区域行政协议,但是缺少公共管理学的深度介入,对区域行政协议主体行为动因及影响行政协议运行效果的内在原因很难取得有益的研究成果。

三、总体评价

综上所述,国内外学者对于区域治理、政府间关系协调以及行政协议已经有了比较丰富的研究成果,为本书的研究提供了丰富的理论和现实支撑,是进一步研究的基础。具体而言:

(1) 从学科的角度来看,当前有关区域行政协议研究的内容是从各自的学科角度展开研究,尤其是行政法学研究取得了一定的成果,但是学科之间缺少交流,如果能够整合公共管理学、行政法学、城市规划学、区域经济、行政区划学多学科力量则可以取得更深入的研究成果。公共管理学能够以经济学、政治学、管理学等学科为基础,博采众长,兼容并蓄,使用人类所有学科的知识、成就与智慧来达成建设文明生存环境的目标[①],可以提供学科整合的平台。

(2) 当前,区域行政协议作为实现区域一体化的重要治理工具,是多种区域一体化治理工具中的一项。目前研究中缺少有关各种治理工具的利弊得失、相互关系方面的研究,地方政府在使用各种治理工具时缺少相应的理论基础。尽管有关区域治理、政府间关系、都市圈和流域一体化治理的研究已经取得了一定的成果,但是缺少对治理工具本身的研究影响区域一体化进程。

(3) 国外在研究区域行政协议时取得很多重要的成果,但是这些研究都是以当地的政府间协议为个案做出的研究,并且这些行政协议都有特定的历史发展和现实因素。国内的区域行政协议研究目前多是对我国区域一体化协议实践的总结和介绍国外尤其是美国的州际协定、州际协议发展为主,国外经验的介绍固然可以推进中国都市区政府间关系协调研究,但是研究尚未能完成本土化的目标,需要进一步从理论上加强对区域行政协议研究。

第四节 研究的思路与方法

一、研究思路与框架

在新的历史条件下,经济竞争格局不仅是区域范围内各地方政府之间的内部竞争,而且是作为一个更大的区域经济实体在更广阔的开放式空间范围内参与的

---

① 蓝志勇,陈国权. 当代西方公共管理前沿理论述评[J]. 公共管理学报,2007(3).

全国范围或全球范围竞争,因此,构建区域行政协议研究的理论分析框架成为一种必然的选择。

本书从区域行政协议是区域地方政府理性选择与现实选择入手,针对区域行政协议存在的问题即区域一体化过程中出现大量不规范的区域行政协议和大量区域行政协议的出现没有带来预期的区域一体化,以政策网络理论为视角考察区域行政协议运行过程,探讨区域行政协议的行动者及其关系网络、区域行政协议的主体资源及其策略选择,建立基本的分析框架:政策网络视角下的运行机制与契约精神。在此基础上,以当前中国的区域一体化重要地区南京都市圈为例,实证分析区域一体化行政协议运行中存在的具体问题,进一步探讨区域一体化行政协议效果不佳的原因,运行机制的缺失则表现为区域行政协议目标错位、组织设计不科学和动力机制不足,而契约精神的缺乏则表现为缔约过程中行政协议主体缺少平等自由的缔约精神、履约过程中主体缺少信守承诺精神和冲突解决的救济精神。在借鉴国外行政协议发展经验时,重点分析美国州际协议的发展历史、存在问题以及经验总结。最后,在对区域行政协议运行效果不彰进行理论分析和实证探讨的基础上,从行政协议主题确定、主体平等合作、文本规范、组织结构和动力机制设计等方面提出相应对策,构建区域行政协议的宏观运行框架,提升区域行政协议运行绩效。

从多元主体形成的政策网络视角研究区域一体化,区域一体化不单是市场经济作用的结果,也不是政府意志的单纯表现,而是多方面因素的复合结果。以政策网络理论为基础建构区域一体化行政协议研究框架,需要关注以下三个关系网络:一是区域地方政府之间形成的关系网络,区域内部地方政府及其组织结构会影响区域一体化及行政协议运行;二是区域地方政府与相关政府之间形成的关系网络,这些政府包括中央政府与相关的省级政府,因为国家宏观政策、省级政府的行政动力和邻近都市圈发展都会影响区域行政协议的运行;三是区域一体化政府与相关非官方力量形成的关系网络,这些力量包括市场企业、非政府组织及其他社会力量。目前,这些非官方力量虽然不参与区域一体化行政协议的缔结过程,但却是影响区域行政协议的重要力量。

行政协议的多元参与主体形成复杂的关系网络,因为各自所占有的主体资源不同,在关系网络中处于不同的地位,因此在区域行政协议运行过程中可能有不同的策略选择。正是基于这种关系网络和主体资源、契约精神和运行机制在不同的区域一体化过程中有着不同的状态,因此区域行政协议呈现不同的运行效果。

二、本书内容

在上述研究思路与分析框架的基础上(如图 0-1),本书分为八章展开论述:

导论，在对区域治理与政府间关系研究进行梳理和归纳的基础上，提出本书的研究思路，同时概括本书的主要内容、研究方法以及研究的困难与创新之处。

第一章　区域一体化成为不可阻挡的趋势，作为区域一体化的理性选择，行政协议成为区域地方政府首选的重要治理工具。在我国区域行政协议实践中形成了多种类型的区域行政协议，并在区域行政协议运行过程中形成了其独特的运行特点。

第二章　理论分析，本章以政策网络为理论视角，探讨区域行政协议的多元行动者及形成的关系网络，关系网络中不同行动者占有的主体资源及行动策略。在此基础上，以政策网络为视角探讨区域行政协议过程中运行机制和契约精神，为探求影响区域行政协议运行效果的因素建立一个分析框架。

第三章　本章从运行机制层面考察区域行政协议运转失灵的原因。区域行政协议的运行机制包含三个因素：目标、组织和动力。关系网络中区域行政协议主体目标冲突、组织设计缺少科学性以及动力机制不足等有效运行机制的缺失，影响区域行政协议运行效果。

第四章　本章从契约精神层面探讨区域行政协议效力弱化的原因。契约精神从本体层面上可分为契约自由精神、契约平等精神、契约信守精神和契约救济精神。当前区域一体化过程中多元主体基于其所处的关系网络及占有的资源，在区域行政协议运行过程中有不同的行为选择策略，区域行政协议运行中主体的契约精神直接影响区域行政协议运行效果。

第五章　实证分析，以南京都市圈为例，探讨南京都市圈在区域一体化过程中形成的区域行政协议，分析都市圈行政协议的发展及特点，找出南京都市圈区域一体化行政协议运行过程中出现的问题：协议运行过程缺少规范、不能专注于公共服务、都市圈行政协议运行机制需要进一步优化以及主体契约精神需要进一步提升。

第六章　本章探讨国外行政协议发展的实践与理论，以州际协定（协议）发展最为规范的美国州际协定（协议）为例，探讨其历史发展及存在问题、州际协定（协议）运行机制和内在精神，在此基础上总结美国州际协定（协议）有效运行的经验。

第七章　对策分析，在理论分析、实证研究和个案分析的基础上构建区域行政协议有效运行的基本框架：以公共服务为区域行政协议的逻辑起点；在关注区域行政协议运行机制和主体契约精神基础上制定规范化的区域行政协议；多元主体平等参与、共同协商缔结并运行区域行政协议；设计科学的组织结构并寻找合适的动力机制以此来提升区域行政协议的运行效果。重点研究政府部门跨行政区划设置过程中，上级政府部门和区域地方政府如何通过区域行政协议科学设置安排部门职责及多重关系。

结论，作为区域政府的理性选择，对行政协议的研究已经建立了基本的分析框架，但是还有需要进一步完善与拓展的地方。接下来，多域联动是区域一体化发展到一定阶段的必然产物,如何通过行政协议实现多区域联动是值得研究的问题。

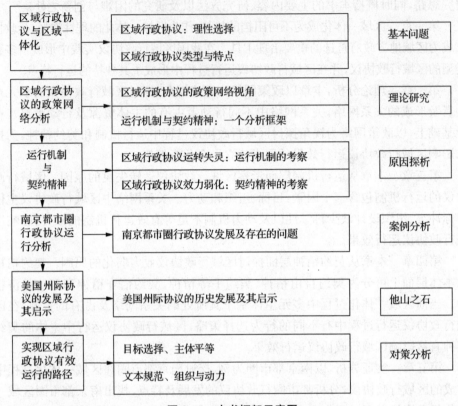

图 0-1 本书框架示意图

三、研究方法

研究以问题为起点,问题的分析与解决需要有合适的方法作为指导。本书运用了以下研究方法:

1. 文献分析法

本书对国内外关于区域公共治理、地方政府间关系协调和区域行政协议运行理论研究的文献进行梳理,在文献分析的基础上,总结出分析当前区域行政协议运行的基本框架:政策网络下的运行机制和契约精神。

2. 实证研究方法

当前,各区域行政协议之所以呈现出不同的运行效果,在很大程度上源于其运行机制和契约精神处于不同的状态。本书以当前南京都市圈一体化为例,在运行机制和契约精神两个层面具体探讨影响我国区域行政协议运行的实践因素,为提升区域行政协议提供前提和基础。

3. 比较分析法

比较分析法能够通过对相同事物的不同阶段或者不同事物的相同阶段进行比较,从中找出共同点及内在规律。本书对美国州际协议发展历史和运行过程进行了分析与研究,与我国的区域行政协议运行进行比较,归纳出构建我国区域行政协议整体运行框架的思路。

第五节　可能的创新与困难

一、可能的创新

(1) 从研究选题来看,尽管当前国内外很多学者对于区域公共治理进行了比较多的关注,但在研究区域一体化治理过程中更需要研究区域行政协议运行。当前,公共行政学界专门探讨区域行政协议运行过程的研究成果很少,尤其是探讨区域行政协议运行效果的论文更少。选择区域行政协议为题对区域地方政府首选的这一治理工具进行深入分析,可以提升区域行政协议的运行绩效,也可以在较大程度上促进区域一体化进程。

(2) 从本书思路来看,本书以政策网络为基础分析区域行政协议运行过程中的多元主体及其形成的关系网络,在此基础上,选择区域行政协议运行机制和主体契约精神为分析视角,以南京都市圈行政协议运行实践为案例进行分析,在结合美国州际协议发展经验的基础上提出解决问题的对策,探讨如何进一步提升区域行政协议运行效果。上述过程,围绕提升区域行政协议运行效果,理论联系实际,通过理论研究、实证研究、比较研究,探讨提升区域行政协议运行效果的方法,构建了基本的分析框架。

二、研究困难

本书写作过程中存在的几个困难:其一,当前国内研究区域行政协议及其运行效果的材料相对较少,所以文献的收集存在一定的困难,需要下功夫从国内外寻找相关的内容材料;其二,现有区域行政协议运行以及南京都市圈行政协议运行需要进一步挖掘,对不同运行机制和契约精神及其所带来的区域行政协议运行效果的实践进行比较分析。这一工作的难点在于在区域行政协议运行与区域一体化之间建立明确的内在联系。

第一章
区域行政协议与区域一体化

当区域一体化成为地方政府和学界必须面对的课题时,区域行政协议已经成为区域地方政府在实践中选择的首要治理工具,但是学界对此尚没有给予足够的关注。目前,只有一些区域经济学、行政法学和美国历史学者在关注研究区域行政协议,这种考察是有益的,但还需要其他学科知识的补充和完善。公共行政学研究区域政府间关系、公共服务和公共物品的有效供给、区域公共问题的解决,关注区域一体化发展过程中选择区域行政协议的原因、发展类型、特点,因此,从公共行政学视角研究区域行政协议有益于完善区域行政协议这一治理工具,也有益于进一步推进区域一体化进程。

第一节 区域行政协议:区域一体化的治理工具

一、从行政区经济走向区域经济

大国治理中行政区划是必然的选择,是生产力发展到一定阶段的产物。当地缘关系成为继血缘关系之后影响人们生活的重要关系时,行政区划相应产生。"行政区划是在国家出现以后,由于国家对其所属臣民不再按血缘关系,而是按地缘关系进行分区分级的统治与管理形成的一种国家制度。"[①]行政区划是大国政府治理的重要手段,自有国家以及行政区域划分以来的几千年,政府对社会公共事务的治理实际上遵循的是行政区划这种刚性切割模式。正是因为行政区划的存在,在经济发展的过程中逐步形成了行政区经济,也形成了地方政府管理的行政区行政模式。在我国从传统计划经济向市场经济转轨过程中,行政区经济是由于行政区划边界存在对经济发展的刚性约束而产生的一种特殊经济现象,这是一种不可避免的现象,是经济发展由纵向向横向转变时期出现的一种具有过渡性质的经济类型。

---

① 郑红军."泛珠三角"经济发展与区域公共管理创新[J].中山大学学报(社会科学版),2007(2).

在实践发展中，行政区经济存在诸多弊端，影响经济发展和社会治理。早在20世纪90年代中期，刘君德、周克瑜等政区地理学者提出并论证了转型时期我国普遍存在的"行政区经济"问题。在此之后，区域经济学、经济地理学以及一些公共行政学者开始更多地关注并着手研究行政区问题。与经济学地理学不同，行政学者关注"行政区经济"问题更多地从地方政府之间公共物品与服务供给角度进行研究，考虑不同行政区划之间如何有效合作共同提供公共物品和服务。在市场经济中，企业间竞争成为常态，是促进优胜劣汰的重要手段，行政区划的存在一定程度上加剧了这种竞争，甚至在某种程度上扭曲了这种竞争。探究个中原因是地方政府不适当地参与到政府本不应插手的产业竞争之中，行政区划的存在使得地方政府出于地方保护主义，无原则地保护本地企业和限制外地企业有了内在动力。1978年以来，中央政府以"计划与市场关系"研究为先导，逐步引导中国改革开放。"由于受传统体制和'行政区经济'的影响，特别是受行政区行政的影响，在市场经济体制和全国统一大市场的建设过程中，出现了行政区间的经济竞争和政府间竞争双轨并存的扭曲竞争现象。"①原本是为市场经济提供法治环境的政府摇身变成了竞争中的主体，这一变身就是行政区经济存在的根源所在，在一定程度上带来了竞争的扭曲。同理，不同行政区划的地方政府如果能够有效竞争是可以促进公共物品和服务质量和效率的，但实际情况并非如此，地方保护和恶性竞争扭曲了这一过程，走向合作共赢的区域一体化供给模式成为理性的选择。

由于上述行政区经济带来了区域地方政府之间和企业之间恶性竞争，而规范市场体系下的经济发展和公共物品供给势必要突破行政区划的束缚，解决行政区存在给经济发展和公共服务带来的问题，从行政区经济走向区域经济成为必然的选择。"随着中国社会经济的发展……中国地区间经济发展的联系日益紧密，区域合作的范围和领域不断拓展，合作规模不断增大，形成了像长江三角洲、珠江三角洲等重要的经济区域。"②区域经济一体化是解决行政区经济问题的基本思路，其在一定程度上克服了行政区经济的缺点，实现了经济发展突破行政区划的目标。

二、从行政区行政走向区域公共治理

与经济发展需要突破行政区域束缚一样，区域公共问题的产生和解决也并不局限于行政区划这种刚性的地理范围之内，比如流域水污染、土壤污染和大气污染、区域公共卫生、地域交通等问题的发生和发展往往会突破行政区划超出某一地方政府的管辖范围，跨域公共问题的解决仅仅依靠某一地方政府也无法完成，地方

---

① 杨爱平,陈瑞莲.从"行政区行政"到"区域公共管理":政府治理形态嬗变的一种比较分析[J].江西社会科学,2004,24(11).

② 张紧跟.从区域行政到区域治理:当代中国区域经济一体化的发展路向[J].学术研究,2009(9).

政府在提供公共服务和公共物品时走向合作已经成为不可阻挡的趋势。从以上论述可以看出,在面对日趋增多的区域性公共事务时,单一地方政府往往束手无策,此时需要区域内部地方政府的共同参与,需要突破行政区划边界的约束,从区域一体化的视角思考问题和解决问题。

在一般的政府行为中,行政区划已经成为各级各地政府组织活动的边界。"行政区划界线成为每个省、市、县进行生产力布局、发展规划、基础设施建设、生态环境治理等经济活动的最大范围,区域地方政府之间的恶性竞争大于理性化的合作。"①当利益一致时,区域地方政府容易达成合作状态,单一地方政府无法应对区域内部公共问题时,合作情形容易出现;但是,当区域地方政府之间出现利益摩擦时,各级地方政府往往以行政区划为边界构筑各种行政壁垒阻碍一体化进程。当前,在政府活动中,区域各地方政府仍然保持着各自为政的习惯思维,形成了政府政策保护、基础设施分割、生态环境分割治理等诸多行政区行政现象。

行政区行政背景下,"地方政府往往囿于局部利益,对区域性公共事务采取'不作为'态度。更何况各地方政府都寄希望于'搭便车',即都不想付出治理成本,却坐享治理绩效,结果必然是区域公共性事务治理失灵。"②如何解决这一问题?区域公共治理是解决区域公共问题的基本思路,此时经济发展和政府治理的过程是一致的,区域一体化经济的发展要求突破地方政府的行政区划对经济的束缚形成统一的大市场,区域公共问题的出现同样也要求突破地方政府的行政区划形成合力解决溢出行政边界的区域公共问题。伴随行政区域内大量社会公共问题区域化发展,传统的"行政区行政"政府治理形态遭遇了现实的挑战,转向区域公共管理已经成为区域地方政府回应区域一体化时的必然选择。社会公共问题具有外溢性和渗透性,不断超越行政区划边界,为应对这一现象,行政学理论也从行政区行政发展到了区域公共管理。"'区域公共管理'作为一种新型的政府空间治理形态,已经愈发凸显并与'行政区行政'形态一道,成为行政区域内外社会公共问题治理的'双元'模式。"③

区域公共管理理论要求政府治理突破行政区划,形成地方政府间合作解决区域公共问题,区域公共治理理论则提出要吸引更多的社会主体共同参与区域一体化治理。区域一体化要求除实现区域政府间的合作之外,区域政府与上级政府,区域政府与市场主体、社会主体的合作也提上日程,倡导多元主体共同参与形成区域公共治理的框架。公共事务的管理与公共问题的解决、公共物品与公共服务的供

---

① 陶希东,赵鸿婕.2010年上海世博会与长江三角洲都市圈的联动发展[J].中国人口·资源与环境,2003(4).
② 金太军.从行政区行政到区域公共管理:政府治理形态嬗变的博弈分析[J].中国社会科学,2007(6).
③ 张紧跟.从区域行政到区域治理:当代中国区域经济一体化的发展路向[J].学术研究,2009(9).

给不再是单一地方政府任务,甚至也不仅仅是区域地方政府单独面对的工作,而是多元主体共同参与的事务。

三、应运而生的区域行政协议

为应对区域经济一体化和区域公共事务的合作治理,地方政府管理的模式也发生了变迁,由原来的行政区行政转向区域公共治理。在这一过程当中,各区域地方政府不约而地地选择了区域行政协议的方式来实现区域一体化的政府间整合以及对区域公共事务的合作治理,长三角地区、珠三角地区以及环渤海地区地方政府间缔结了大量的区域行政协议,有效地促进了区域一体化进程。

在众多的治理工具选择中,区域地方政府对区域行政协议情有独钟。区域地方政府之间通过签署行政协议实现区域地方政府之间的长效合作,也是通过区域行政协议方式实现在区域公共事务管理过程中的联动。在应对区域公共问题、提供区域公共服务和公共物品时,区域地方政府不再单打独斗,而是依据自愿缔结的行政协议享有权利并承担责任,共同解决区域公共问题。区域地方政府之间通过区域行政协议实现有效合作、共同管理区域公共事务的同时,改变了政府间过度竞争、不当竞争以至扭曲市场主体间竞争的现象,创造了区域内部的统一市场,为行政区经济走向区域经济一体化创造了条件。

由此可见,无论是经济一体化还是治理区域化,区域行政协议都能起到有效的促进作用。区域地方政府之间的行政协议为区域经济一体化创造了统一市场和空间,同样也为区域地方政府应对区域公共事务提供了基础,整合所有力量共同应对问题。因此,加强对区域行政协议的研究,深入探讨和完善区域行政协议显得非常有必要。

第二节　区域行政协议:多项治理工具的理性选择

伴随着经济全球化的步伐和区域经济一体化,我国的环渤海、珠三角、长三角、东三省及中西部,各地区都在为实现区域合作和协调发展而进行着艰辛的探索。经济合作与发展组织(OECD)把这种全球范围内府际合作趋势归结为以下几个原因:区域内部各地方政府之间需要协力处理环境保护和经济持续发展问题;区域内部各地方政府之间需要通力合作解决失业、贫穷和经济不平衡问题;区域内部各地方政府之间必须借由资源和行动的整合,在区域一体化过程中共同发挥作用,不断提升地方竞争力[①]。在西方的一些主要国家中,"政府间的合作在上世纪80年代以

---

① OECD. Local Partnerships for BetterGovernance. Paris:OECD,2001.

来有了很大改变,地方政府之间已不仅仅是竞争者,它们在许多领域展开了广泛的合作,成为西方各国地方政府间关系发展的一种主要趋势。"①

当区域一体化已经成为一种趋势,地方政府势必会卷入这一浪潮之中,以何种方式应对是区域地方政府需要考虑的问题。区域一体化进程中的地方政府面临成长压力,常采取以下两种应对策略:第一种策略是结构式协调,即通过改变政府结构协调区域政府间关系,如行政区划的调整合并或者形成双层政府结构。第二种策略是采用功能式协调,所谓功能式协调是指以功能或议题为导向的区域问题解决模式,它强调的不是政府结构的变革,而是强调政府参与引导并完成治理的过程,地方政府以区域联盟或区域会议、区域公共管理局的形式解决区域公共管理中的矛盾。以下具体分析两种协调模式下的多种治理工具,探讨区域地方政府为何乐于首先选择区域行政协议推进区域一体化。

一、结构式协调的治理工具

治理工具之一:行政区划调整

当前与区域一体化有关的地方行政区划改革有增加省级政府或者直辖市的数量、改变市管县体制为省管县体制以及改变城市层级体制和城市设置方式等多种形式。以上任何一种行政区划调整都会影响区域地方政府间关系的协调,从权力结构层面改变省与省、省市县、城市之间的关系,从而影响区域一体化进程。行政区划调整的影响远远超出简单的地理区划调整,往往涉及政治、经济、文化和社会发展等诸多领域。作为行政体制变革的一项重要内容,行政区划的设置和改革有着重大影响,这种方式也常常会被区域政府用于协调区域地方政府间关系。

由于区域经济一体化与行政区划的冲突在表面上表现为行政区与经济区的不一致,同时,调整行政区划提供区域一体化发展的空间是解决区域公共问题最直接的方法,因此,调整行政区划以解决面临的经济与社会问题就成为一个顺理成章的改革思路。"通过行政区划的调整与改革,可以直接解决现存的区际行政壁垒问题,将区际经济矛盾转化为区内经济问题加以解决,从而在一定程度上解决当前区域经济一体化过程中存在的突出问题。"②行政区划的调整可以在一定程度上解决区域一体化过程中遇到的问题,但是行政区域的调整能够一劳永逸地解决问题吗?显然不能,因为区域的疆界是永恒存在的,行政区划的调整只能在一定程度上解决问题,而且这种解决问题的方式是将行政区划之间的冲突内化为行政区划内部的冲突。有学者提出复合行政的理念,认为"解决当代中国行政区划与区域经济一体

---

① 王川兰.多元复合体制:区域行政实现的构想[J].社会科学,2006(4).
② 李金龙,王宝元.地方政府管理体制:区域经济一体化发展的重要制度瓶颈[J].财经理论与实践,2007(1).

化冲突的根本出路,并不在于行政区划调整,因为区域经济一体化并不必然要求行政一体化,而是加快政府职能转变"①。此外,行政区划调整的成本很高,不仅造成大量社会财富浪费、降低行政效率,还会对社会、经济、政治发展产生许多不良影响,而且"重新调整行政区划是一项复杂工程,涉及政治、经济、文化等各个方面,有可能会引起某些局部的不稳定因素"②,因此,尽管常被地方政府用来实现区域一体化发展,但行政区划只是区域一体化的多种治理工具之一,而且不一定是最佳治理工具。其运用条件较为严格,"一般来说,这种运用国家公共权力设定的大行政区域是一种刚性的制度化区域行政形式,它的条件比较苛刻,除考虑区域内部的经济、社会和文化情况,还需要考虑大行政区划与国家层面的统一与稳定之间的关系"③。

在应对区域一体化过程中,各个国家都会使用行政区划调整这一治理工具,当代中国与西方国家都会采用这一治理工具实现地方有效治理,也在一定程度上解决了地方政府间矛盾。但是因为行政区划调整需要付出较高成本并且可能带来许多负面影响,因此,在科学规划行政区划的过程中,需要考虑本国的政治、经济、社会发展、历史文化、地理条件和民族特点等多种因素,在行政区划的设计、调整、试点与推广等方面都需要慎重,对全国范围的行政区划的调整更需要提高到国家重大事项层面,统一设计,分步推进。

治理工具之二:双层政府

所谓双层政府是指在保持现有各个城市和县级政府权力结构不变动的情况下,由各市县政府共同派代表参与区域统一政府,由区域统一政府对区域内部需要统一规划与管理的事项进行决策和执行。这种双层政府形式对区域内部政府间关系协调的好处在于完成了统一管理的要求,但是没有大规模的行政区划变动与权力结构调整,在保持政治、经济与社会统一相对稳定的前提下完成区域统一政府和一体化发展的要求。

国外有这种地方政府间关系的调节模式,如英国大伦敦政府。大伦敦政府发展经历过这种区域一体化府际协调模式,在英国工党政府的推动下建立了大伦敦市政府,其中包括伦敦城和32个独立的自治市,大伦敦市政府由伦敦市市长和地方议会组成。大伦敦市市长负责制定大伦敦市的整体规划和各部门预算草案,地方议会则有权监督和质询市长。涉及大伦敦市的公共事务由大伦敦市政府管辖或

---

① 王健,鲍静,刘小康,等."复合行政"的提出:解决当代中国区域经济一体化与行政区划冲突的新思路[J].中国行政管理,2004(3).
② 孙学玉.公共行政学论稿[M].北京:人民出版社,1998:110.
③ 王川兰.多元复合体制:区域行政实现的构想[J].社会科学,2006(4).

者由大伦敦市政府和各自治市共同解决。其他事务,例如教育、社会服务、住房、垃圾处理、图书馆事务以及自治市规划等,均由各自治市选举产生的议会负责规划与执行。

在我国,有学者探讨并设计了长三角联合政府模式,以此来解决长三角经济发展一体化和长三角地区公共事务的治理。理想中的长三角联合政府特征在于它没有进行区划的彻底调整,只是在现有城市政府基础上再设置一个政府层级进行区域统一管理。但是,就当前长三角一体化的发展阶段来说,实现区域双层政府的条件还不够成熟,"其具体形式也有待商榷,是采取正式一级政府的形式还是准(亚)政府的形式,其权威性、合法性如何保证等等,这些都有待合适的时机来进一步地论证与实验"[1]。当相关问题都处于探讨阶段性,贸然设置区域双层政府并不是最佳选择。

在回应区域一体化的趋势时,这种区域政府间关系协调模式最大的问题在于:区域一体化的实体化双层政府已超出了区域地方政府的权限范围,需要得到中央层面的认可,而这一模式设计是否会影响到国家层面的统一与稳定是其能否得到批准的重要原因。另外,无论是正式的一级政府还是准政府形式,在既有行政区域不变动的情况下再增加一级政府,这无疑会增加行政管理的层级,这样的行政体系设计是否适应当前行政管理对效率目标的追求也是值得进一步思考的问题。

二、区域治理的功能式协调

治理工具之三:政府联盟

区域政府联盟(Councils of Governments,简称 COGs)机制,是一种在美国各州盛行的地方政府间合作的模式。COGs 是一种多功能的地区性合作机制,它常常由区域内部的地方政府之间自愿的或在州政府的规范安排下建立。"由地方政府创立的多重目的、多重管辖权的公共组织,它们将多个层级的政府成员聚集在一起进行总体规划、提供服务,并培育区域合作精神。"[2]

这些组织有不同的名称,有些称为政府联合会,有些称为规划委员会。美国地方政府常使用这一治理工具协调政府间关系,如旧金山湾区地方政府协会含纳 101 个城市和 9 个县为会员,区域内的主要城市为旧金山、奥克兰、圣荷塞三个大城市以及硅谷地区,地方政府联盟为区域内部的地方政府提供了协商探讨的平台。具体而言,大多数的 COGs 作为区域合作的协商平台,扮演地区性规划及协调性功能。在中国也有类似的区域政府联盟形式,例如长三角城市群包括上海、江苏、浙

---

[1] 王川兰. 多元复合体制:区域行政实现的构想[J]. 社会科学,2006(4).
[2] David Y Miller. The Regional Governing of Metropolitan America[M]. Boulder:Westview Press, 2002.

江和安徽三省一市几十个地方政府,它们以城市群发展合作论坛形式商讨共同发展问题。

区域政府联盟在政府间合作方面的优势:一是容易创设,地方政府间自愿协商即可成立;二是为区域公共问题的解决提供平等协商的平台。区域政府联盟通过关注某些特定的区域性问题,让区域成员共同参与讨论,在一定程度上实现了区域政府间的整合。这种区域政府关系协调模式最大的问题在于区域政府联盟权威不足,而这种权威不足首先根源于其自愿性,区域联盟内的成员可以自由选择进入或退出,缺少了权威性的管辖权,区域政府联盟对区域成员行为的影响力有限。与双层政府在结构形式上有一定的相似性,但是权限有很大差别,区域联盟没有实权,只是提供了一个区域政府平等协商的平台。

治理工具之四:特区政府及区域管理局

在美国不少地方政府的跨域发展中,特区政府或区域管理局是为解决区域公共问题而普遍使用的治理工具,是在州政府的授权下拥有充分的行政和财政自主权,并行使被指定的职权与功能的机构,与一般意义上州以下的地方政府存在着较大差异。当地方政府遭遇跨域公共问题时必然需要相互间的合作共治,地方政府间通过协商成立特区或管理局是一种可行的选择,这种模式有利于解决政府间遇到的公共事务溢出行政区划边界的问题。从功能层面考察,特区政府的主要功能是提供区域内地方政府的某方面共同需求,如交通运输、公共卫生、污染控制以及给排水处理等等。在中国也有类似于美国特区政府的形式,例如为解决河流湖泊的问题而成立的河流湖泊管理委员会,尽管河流湖泊流经多个行政区划,但是涉及河流湖泊的问题由特定管理委员会负责,这突破了行政区划的界限,为问题的解决减少了行政区划的阻碍。

在美国,特区政府和区域管理局数目众多,其产生有着特殊的背景。其一是联邦政府与州政府的鼓励。在这样的大背景下,上级政府为了引导其更大范围的发展常常会鼓励各个地方政府开发和实施某项计划、工程以实现环境保护、给排水以及水利灌溉等公共服务,并为此提供各种补助金。各个地方政府为获取这些补助金,可以自主协商成立特区政府作为完成计划的执行机构。其二是特区政府独特的运行方式。在美国,特区政府具有区别于州以下地方政府的独立举债及借款能力,而且还可以通过用者付费的方式来保证其公共财源收入。因此,建立特区可以避开州政府对城市政府债务或税收施加的限制,特区能够征收服务与使用费,具有相当的自由度。

总体而言,特区政府的模式优势在于:特区政府的成立往往基于政治上减少阻力的考虑。例如,当公共事务外溢问题扩及整个区域时,要将整个区域合并起来整体治理就相当困难,但通过设立特区来解决问题,相对而言则较为容易。不过,特区政府的设置也有其不可避免的缺点:特区这种政府形式的广泛存在,会与既定地方政府行政区划产生权力的重叠交割。特区的激增造成了治理机构的重叠、行政权的分散、管理权的分裂,妨碍政府统一行动,使得公共事务可能存在多头管理而影响行政效率。正是因为特区政府形式与现有的地方政府体制存在一定的冲突关系,所以区域地方政府治理过程中特区政府模式也并非是首选模式。

治理工具之五:政府间行政协议

政府间行政协议已经成为区域一体化过程中各国政府共同关注的话题。在美国,行政协议在州际合作中扮演着一个重要角色。州际协议有一个重要发展的历程,由早期的州际协定发展到当代的州际协议。具体来说,州际协议缔结的程序相比州际协定变得更加简单易行,正是因为程序上的简化,州际协议成为州政府乐于选择的重要治理工具,尤其是在公共服务领域,州政府之间签署了大量的行政协议。

美国行政协议主要分为两个层次:一是州政府之间的行政协议;二是州以下地方政府之间的行政协议。地方政府间协议是美国地方政府为履行跨行政区的公共事务合作时最常用的治理工具之一,据不完全统计,在美国有将近63%的地方政府之间签订了有关公共服务的协议或契约。与州政府之间签署州际协议的动力来源于对联邦权力扩张的抵制不同,州以下地方政府间协议获得快速发展的原因在于财政压力。地方政府间之协议安排获致高度的支持及流行,其主要原因在于美国地方财政的困窘迫使州以下的地方政府节省人力、物力和财力等支出,为达成公共服务供给的良好效果通过行政协议走向地方政府间的合作。

中美两国在区域行政协议发展上有着不同的背景,但是也存在共性之处是两国地方政府都将政府间协议作为解决区域公共问题的重要治理工具选择。当代中国区域一体化进程发展迅速,行政协议也成为地方政府间合作的重要治理工具,甚至可以说是首选治理工具。"为了解决区域经济协调发展问题,目前国内'长三角''泛珠三角''京津冀''中部''西部'和东北老工业基地等地区正在自发生成和示范'省际协议'模式。"①从某种意义上说,目前国内区域合作包括省际合作和市际合作,主要是通过行政协议的方式实现。在我国,地方政府间通过行政协议机制实现区域政府之间的有效合作,不同地域和不同行政层级地方政府有了共同参与的机会与探讨的合作平台。

三、治理工具的理性选择

当前,中国在解决区域经济一体化和跨域公共事务时选择区域行政协议不是

---

① 吕志奎.州际协议:美国的区域协作管理机制[J].太平洋学报,2009(8).

出于对财政问题的考虑,而是在多种治理工具比较中做出的理性选择。行政区划调整需要政治、经济、文化等多方面的条件准备以及由此可能带来的巨大成本和负面影响,因此区域地方政府往往会慎重选择这一治理工具。双层政府的成立不符合减少行政层级、提高行政效率的趋势,而且这一治理工具的选择权不在于区域地方政府而在于中央政府,中央政府在做出这一选择时往往会考虑国家层面的统一和稳定,因此也会慎重选择。区域管理局需要突破行政区划,实现统一管理,这会涉及中央和地方权力关系的调整,也具有一定困难。

与上述几种治理工具选择相比,将相对松散政府联盟和区域行政协议相结合,通过政府间会议的形式协商解决问题,通过区域行政协议固定参与各方的权利职责,这是中国区域治理中对上述工具的选择和创新。

区域联盟和政府间协议的结合,在一定程度上避免了其他几种区域治理工具的弊端,区域行政协议得到了更多的使用和推广。当然,上述几种区域治理工具并非截然分开,区域管理局也可以和区域行政协议有效结合,在条件成熟的地区通过中央和地方权力调整、区域行政协议缔结实现区域管理局职责权利关系的科学化,也不失为一种有效的区域治理工具。

第三节 区域行政协议的类型及其特点

区域行政协议作为区域地方政府在区域一体化过程中首选的治理工具,对其类型与特点的研究是有必要的,这给我们分析不同区域行政协议运行效果提供基础。因为全国各区域发展的情况不同,区域行政协议呈现出不同的类型,但是作为区域政府间的行政协议,各种类型的区域行政协议都具有一些共同的特点,研究区域行政协议的类型及其特点能为分析其运行效果的差异提供基础。

一、区域行政协议的类型

从不同的考察视角可以将区域一体化行政协议分为不同的类型,分类研究可以加深对区域一体化行政协议的认知,但是对区域行政协议的运行而言并不是每一种分类都是有意义的。这里,我们将直接影响区域行政协议运行的因素纳入考察范畴:① 是否跨越省级行政区划,分为跨省区域行政协议和省内区域行政协议;② 区域内部核心城市数量,分为单一核心区域行政协议和多核心区域行政协议;③ 是否由相同行政层级政府缔结区域行政协议,分为同级政府间区域行政协议和不同级政府间区域行政协议。当然,还有其他一些因素可能会影响区域的分类,例如区域所处的地理区位、社会文化对区域的影响等。但是,因为这些因素并不是直接影响区域内行政权力的行使或者协调,所以我们在研究分类时不将其视为最重要的分类标准。首先,以"是否跨越省级行政区划"和"区域内部城市行政层级是否相同"为分类标准,我们可以将区域一体化地区分为四种类型,与之相对应的行政协议也将呈现四种类型:

1. 跨省不同行政层级政府间的区域行政协议

这种类型的行政协议最大特征在于:一是缔约地方政府跨越省级行政区划;二是区域内部地方政府行政层级不同。跨省级行政区划意味着区域一体化不是发生在一个省级行政区划范围之内,至少涉及 2 个省级行政区划(包括直辖市)的若干地方政府。区域内部地方政府行政层级不同,意味着在区域内部地方政府可能有直辖市、副省级城市、一般地级市也可能有县级市。长江三角洲区域一体化行政协议即属于这一类型。长江三角洲城市群跨江苏、浙江、上海 3 省市,包括 1 个直辖市——上海,3 个副省级市——南京、杭州、宁波以及一些地级市——江苏省的苏州、无锡、常州、南通、扬州、镇江、泰州和浙江省的湖州、舟山、嘉兴、绍兴、台州。

2. 跨省相同行政层级政府间区域行政协议

这种类型的区域行政协议最大特征在于:一是缔约地方政府跨越省级行政区划;二是区域内部地方政府行政层级相同。目前,这种类型的区域行政协议极少,原因在于跨越省级行政区划的区域一体化一般是自然形成的多城市区域,中心城市和边缘城市的城市发展处于不同的发展阶段,在行政层级上也不太可能处于同一层级,处于边缘地区的一般都是行政层级较低的城市,甚至包含一些县级市行政区域。因此,当前区域一体化地区没有这种类型行政协议存在。

3. 省域内部不同行政层级政府间区域行政协议

这种类型的区域行政协议最大特征在于:一是缔约地方政府在一个省级行政区划范围内,不存在跨省域现象;二是区域内部地方政府行政层级不同。武汉城市群之间形成的区域行政协议即属此种类型,以副省级市为中心,包括若干副省级市、地级市以及县级市。武汉城市群以武汉为中心,包括 1 个副省级市——武汉,以及黄石、鄂州、黄冈、孝感、咸宁、仙桃、潜江、天门八市,其中,6 个为地级城市,2 个为省直辖县级市。武汉城市群为实现一体化所签署的行政协议即属此种类型。

4. 省域内部相同行政等级政府间行政协议

这种类型的区域行政协议最大特征在于:一是缔约地方政府不跨越省级行政区划,在同一省内,不存在跨省域现象;二是区域内部地方政府行政层级相同。长株潭城市群缔结的区域行政协议即属此种类型,在湖南省行政区划范围内,长株潭城市群位于湖南省东北部,包括长沙、株洲、湘潭 3 个地级市。长株潭一体化过程中长沙、株洲、湘潭三市缔结和执行的行政协议即属此种类型,是湖南省内部相同行政等级政府间的行政协议。

在上述分类的基础上,我们再考察其是否是单一核心或者是多核心的区域,则区域行政协议的类型就会变得比较明确了。区域一体化有以下八个种类:单一核心的跨省相同行政等级城市组成的区域;单一核心的跨省不同行政等级城市组成的区域;多核心的跨省相同行政等级城市组成的区域;多核心的跨省不同行政等级城市组成的区域;单一核心的不跨省相同行政等级城市组成的区域;单一核心的不跨省不相同行政等级城市组成的区域;多核心的不跨省不相同行政等级城市组成的区域;多核心的不跨省相同行政等级城市组成的区域。不同的区域一体化基础上运行的行政协议也不同,以上是以区域政府类型为基础进行的区域行政协议类型分析,区域政府类型复杂的程度直接影响着区域行政协议有效运行,行政协议的运行在多核心跨省不同行政层级组成的区域远比单核心不跨省相同行政层级组成的区域来得复杂。

建立于多重指标组合基础上的行政协议分类有助于我们较为深入地理解区域行政协议的类型,这是不可或缺的分类研究方法。此外,还可以用单一的标准为分类依据进一步考察区域行政协议类型。

1. 由缔约主体的层级可分为省际行政协议和市际行政协议

当代中国区域一体化过程中,行政协议从省级政府间开始。"2000年8月,浙江和黑龙江两省签订《关于促进两省粮食购销及经营合作的协议》。这是改革开放以来,我国第一份由不同地区政府部门签署的省级政府间协议。"①此后,长三角地区、珠三角地区和环渤海湾地区,众多省级政府之间不断缔约行政协议,通过行政协议,省级政府之间形成良好的合作关系。随着区域一体化进程的深化,单纯的省级政府间协议无法解决问题,区域行政协议主体进一步扩展,城市政府也进入到区域行政协议的过程,长三角、珠三角的诸多城市之间也缔结了行政协议,推动了区域一体化发展进一步深化。从省级政府间行政协议扩展到城市政府间行政协议,地方政府间通过协议进行合作成为常态。

2. 由缔约主体涉及区域范围分为整体行政协议与小板块行政协议

整体行政协议是指由区域内所有政府共同参与缔结的行政协议,与之相对应的小板块行政协议是区域内部局部地区政府参与的行政协议。与区域整体行政协议相比,小板块行政协议更为复杂,有以下几种情况:核心城市之间的合作协议,这主要表现为多核心区域内的关系;核心城市与边缘城市之间的合作协议,这是区域政府间关系协调一项重要的内容;边缘城市之间的关系,这是小板块行政协议的重要组成部分。整体区域行政协议与小板块区域行政协议在区域一体化过程中的作用都不可或缺,区域一体化既离不开区域整体规划,也离不开区域内部地区一体

---

① 有学者认为,2001年7月,上海市与江西省在上海签订《上海市江西省加强全面合作协议》是改革开放后的第一份省际合作协议。

化,这正如国家发展既需要整体层面的统一规划,也需要区域地区一体化的道理一样。

3. 由协议涉及主题可分为区域宏观行政协议与区域专题行政协议

区域宏观行政协议的参与者是政府,此处所指政府不仅包括各级政府,而且相关的政府职能部门也会涉及其中。区域宏观行政协议是指全方位合作的行政协议,在区域一体化规划中可能涉及交通、旅游、农业、公共卫生和城市规划等多个方面,主要表现为区域一体化的宏观战略和整体规划;而区域专题行政协议则专门针对某个领域合作签署行政协议,或者是交通规划,或者是公共卫生,或者是农产品供给。例如,由区域各地方政府就区域交通形成一体化规划,或者各地交通部门共同协商制定交通方面的行政协议,通过明确各地政府在交通领域合作的具体责任义务以促进区域一体化中交通设施的完善。

当然,契约主题、契约拘束力、主体意愿等因素也会影响区域行政协议运行,此处不将其作为区域行政协议的分类标准加以研究,将会在契约运行机制和主体契约精神中对上述因素展开探讨。

二、区域行政协议的特点

区域一体化行政协议的特点可以分为两个层面进行探讨:一是区域行政协议自身所具有的特点;二是当前我国区域行政协议具有的特点。区域行政协议作为区域地方政府间为达到区域一体化目的而缔结的协议,作为区域一体化的一项治理工具,其自身具有自愿性、协商性和制度性的特点。而当前我国区域行政协议具有的特点是现实情况的总结,区域行政协议制度的特点会在我国区域行政协议的运行中反映出来,实践中呈现的区域行政协议特点更多的是区域地方政府现实选择的反映。

从区域行政协议自身的特点进行考察,具有平等性、自愿性、协商性和制度性。

1. 平等性

区域一体化地区的地方政府行政层级并非完全相同,南京与省内的扬州和镇江、省外的马鞍山行政层级不同,但多个城市合作中能够放弃权力位阶的高低平等参与区域一体化进程,这不仅表现在议事过程中座次的安排不分主次,也表现在行政协议文本中权利义务的对等与平衡。

2. 自愿性

区域一体化区域行政协议是区域内各成员之间主动、平等、自愿开展合作的重要治理工具,其最大的优势在于参与主体的意思自治,即各成员既可以选择是否缔结行政协议和与谁缔结行政协议,可以选择缔结什么样的行政协议,也可以选择怎么缔结行政协议。正是这种自愿性的优势,区域内部的地方政府把区域行政协议作为重要的区域治理工具。区域行政协议的自愿性在主体层面表现为各缔约成员缔约过程的自由。

3. 协商性

区域一体化行政协议正是基于区域内部政府自愿参与而形成的,区域政府完成行政协议不是依靠行政命令,而是依靠政府之间的平等协商,只有相互之间平等协商才能完成有价值的、得到各方主动履行的区域一体化行政协议。尽管参与区域行政协议过程的地方政府可能处于不同的行政级别,但是区域行政协议不是依靠权威形式完成,行政层级不能起决定性作用。区域政府因为各自拥有不同的资源,在解决区域公共问题时形成相互依赖,在区域行政协议过程中都拥有了一定的发言权,相互之间的依赖更是使得高层级政府放弃了行政权威和命令形式而代之以相互间的讨论与协商。

4. 制度性

严格意义上的区域行政协议是一种具有法律效力的契约,因此,区域地方政府通过区域行政协议进行区域一体化整合具有制度性和规范性。区域行政协议虽然在缔结前的磋商阶段各参与主体可以平等协商,在缔约时也是自愿参与且未经过立法程序,但是行政协议在某种程度上类似于平等民事主体缔结的契约,在缔结生效之后具有约束力和强制性地对自由缔约各方都具有一定程度的约束力。由此可见,区域行政协议是一种能够实现区域一体化的具有持续性和稳定性的制度化合作机制。区域行政协议制度性的另一方面表现在行政协议的缔结并不是合作的结束,而是长期的制度化安排和合作的开始,具有持续性和稳定性,区域行政协议的制度化程度越高则更能够促进区域一体化的有效形成。

对我国当前区域行政协议进行考察,可以对其特点做出如下归纳:① 协议主题的广泛性。区域一体化不仅包括经济一体化,而且要求社会一体化。当然,随着政府对自身职能不断认知,区域行政协议更多地集中于公共服务领域,区域社会合作协议正日渐增多,广泛涉及就业服务、科教文体、环境保护、公共卫生以及社会福利等领域。② 缔约主体的多样化。既有省、自治区、直辖市等一般省级单位,也有副省级城市和一般的地级市;既有区域内部政府共同参与的宏观协议,也有区域部分政府之间缔结的板块协议;既有政府之间的协议,也有政府职能部门之间缔结区域部门行政协议。③ 区域行政协议的非规范性。这表现在三个方面:一是协议名称的多样化。因为无相关法律约束,区域行政协议带着主体随意性。二是协议条款的任意性,缔约主体可以依据喜好任意选择缔约条款,"从我国已缔结的上百份区域合作协议来看,内容大多比较原则和抽象,很多只是一种意向或认识,各方也很少有具体的或操作性强的实施细则"①。三是协议结构的非规范性。权利、义务、冲突解决模式和救济是协议的基本内容,但是从目前区域行政协议的内容考察,显然不够规范。④ 区域行政协议缺乏配套机制。区域行政协议作为区域主体之间平等协商而缔结的具有法律文本性质的政府间合作协议,其实施需要相关的机制配套,但是实践中却无相关的配套机制,而配套机制的缺失是影响运行效果的重要原因。区域行政协议的相关配套机制表现为组织设计、动力机制等诸多方面,其中最为重要的是动力机制,缺乏动力机制作为支撑,区域行政协议可能只会停留在书面,难以落实为行动。

本章小结

区域一体化作为地方政府必须面对的主题,在实践中,地方政府在行政区划、双层政府、区域政府联盟、特区政府以及区域行政协议等多元治理工具中更多地选择了区域行政协议作为推动区域一体化的工具,这不仅是感性选择,更是理性思考的结果。

区域行政协议作为地方政府理性选择的区域一体化治理工具,呈现出平等性、自愿性、协商性和制度化特征。与之相伴,当前我国区域行政协议存在以下特点:协议主题的广泛性、缔约主体的多样化、行政协议的非规范性以及缺少相关配套机制等。

---

① 喻少如.区域经济合作中的行政协议[J].求索,2007(11).

第二章
区域行政协议的政策网络分析

区域一体化是地区发展的一个重要趋势,行政协议是实现区域一体化的一项重要的治理工具。这里存在一个有趣的现象,为实现区域一体化,地方政府间签署了大量的行政协议,但是有许多行政协议缺少规范性且在协议运行过程中缔约主体不能依照契约精神去缔结行政协议、履行行政协议和解决契约过程中的冲突。因此,从理论层面上分析上述存在的现象,探讨区域行政协议行为背后的行动逻辑则显得尤为重要,这样有利于区域行政协议走上良性运作的轨道,也有利于促进区域一体化进程。

当区域一体化成为经济、政治和社会发展的必然趋势时,各层级多个地方政府共同参与到区域一体化过程之中已经成为必然要求。当前,区域行政协议是区域内部地方政府之间应对区域一体通过共同参与、平等协商而制定的书面协议,之所以会出现制定大量协议却不能规范运行的现象,究其原因在于:区域地方政府可能受到内外部主体的影响被动做出选择。具体而言,区域地方政府的行为可能受到区域中核心城市政府的影响,可能受到上级政府(包括中央政府和省级政府)权威影响,还有可能受到非官方力量的影响,做出不由自主的选择。除此之外,各参与主体在行政协议过程中的行为可能存在成本—收益层面的考虑做出相应选择。当行政协议预期收益大于其可能付出的成本时,地方政府的策略选择是积极履行协议;反之,当行政协议预期收益小于其需要付出的成本时,则可能出现消极甚至不履行行政协议的行为。当然,如果不履行行政协议带来的损失大于履行协议带来的损失时,地方政府还是会选择履行协议。

第一节 政策网络:区域行政协议的理论视角

尽管区域行政协议是由区域地方政府作为主体签署,但是影响其行政协议签署及履行还有复杂的内外部因素,中央政府、省级政府、市场企业主体和社会组织都可能影响区域行政协议运行过程。探讨区域行政协议主体行为选择不能只局限于考察区域地方政府之间关系,还需要考察多元主体形成的复杂的关系网络,考察多元主体间利益关系基础上的行为选择。因此,运用政策网络理论从关系网络和资源依赖角度分析区域行政协议运行过程,有利于寻找行政协议运行的内在动因。

一、政策网络理论和政策网络类型

政策网络理论兴起于20世纪70年代,被学者普遍接受的是罗茨的概念:"国家与社会行动者在政策过程互动中缘于资源依赖而结成的组织集群,这些集群与其他集群的不同之处在于资源依赖的结构不同。"[①]当代各种公共问题复杂性使得单纯依靠政府完成社会管理以及单纯依靠政府机构自上而下的政策制定这一传统模式变得不适应形势,需要多元主体进入政府治理过程,依靠各自掌握的不同资源共同进入政府治理过程,多元互动,自由参与,平等协商。随着全球化、知识化和信息化的不断发展,人类面临的各种社会公共问题越来越多,复杂程度也越来越高,"要解决这些问题,相应政策的决策、执行可能需要涉及许多国际组织、各国政府、不同层级的政府部门、公营机构、社会团体和私有部门"[②]。政策网络理论认为公共行政或者政策过程发生于相互依赖的许多主体形成的各种网络之中,区域行政协议正是发生在多元主体共同参与的区域一体化过程之中,区域行政协议多元行动者之间的关系网络以及多元行动者拥有的不同资源成为其在区域行政协议运行中行为选择的基础。

罗茨根据权力相互依赖关系以五个标准即利益集团的分布、成员、垂直的相互依赖、平行的相互依赖、资源的分配为核心来区分各种政策网络类型。具体而言,根据这五个层面的标准,罗茨界定了五种类型的政策网络[③]:① 政策社群。它建立在共同完成相关责任的基础上,是一种具有高度稳定性和限制性的网络,对成员数目有较多的限制。具体而言,这种网络具有高度垂直依赖性与有限的平行沟通。② 府际网络。这是代表地方政府利益的网络,这一网络的最大特点是一定数量的地方政府参与者为追求地方服务的提供而形成紧密联系的关系网络。这一网络垂直的相互依赖有限但有广泛的相互沟通。③ 专业网络。这是专业团体影响的网络,专家学者和知识力量在其中起着重要作用,因此专业网络代表特殊专业的利益并具有实质性的垂直互赖关系。④ 生产者网络。这是生产者扮演主要角色的网络,网络成员流动性较高,垂直的相互依赖关系有限,政府依赖生产者团体供给物质与传播信息。⑤ 议题网络。议题网络成员不太稳定,缺少共识,整合度低,参与成员权力不均衡,许多参与者掌握资源与沟通渠道有限。

---

① Marsh D, Rhodes R A W. Policy Networks in British Government[M]. Oxford:Clarendon Press, 1992.
② 朱亚鹏.公共政策研究的政策网络分析视角[J].中山大学学报(社会科学版),2006(3).
③ 同①.

在政策网络整个光谱中,处于两端的分别是议题网络和政策社群。议题网络(issue network)是指在政策问题尚不确定时,参与规划的主体并没有形成有效组织来专门应对某个或某些议题,参与者围绕着议题不断地进入,又不断地退出,这种政策行动主体构成的集合就是议题网络。H.赫克罗最早提出议题网络,他在《议题网络与执行机制》(1978)中认为:"多数政策议题的决策方式并非纯粹的'铁三角'模式,而可能在政党、国会、行政系统等正式组织结构之外所形成的一种非正式的、复杂的、开放的'议题网络'。"①非正式的、复杂的议题网络形态,议题网络的参与者不断变化且很难制度化。由此可见,议题网络就是政府核心行动者之外的一些与政策利益相关的多元主体结成的松散联盟,这种松散性表现在主体不确定、目标不明确、行动不完全一致。

处于政策网络光谱另一端的则是稳定性极高的政策规划中的政策社群。政策社群(policy communities)是指在政策中以共同的价值和利益为基础联系在一起的行动主体网络。政策社群成员之间不仅有相同的物质利益因素,更以相同的价值取向作为纽带紧密地联系在一起。政策社群的参与者可能会排除一些主体的参与,目的在于追求更多的经济或专业利益;参与成员拥有资源且类型不同,彼此交换资源,形成良性互动关系;参与成员为了在利益、价值与政策问题上形成共识,围绕政策议题有关的细节不断地相互交流信息;参与组织的内部资源分配是根据等级进行的,成员的利益不一定均等,但形成正和关系。

政策社群与议题社群除了在形式上的松散性和严密性上存在区别,还有一个重要区别是论辩的关注点发生了转移。"议题社群论辩中关注的中心是哪种议题更应当列为执政党组织和政府部门解决的优先范围,而政策社群则更为关注用何种方案来解决已经进入议程成为政策问题的社会公共问题。"②正是因为议题社群和政策社群所关注的中心不同,所以因议题而集合的群体也存在较大差异。不同的政策方案会让不同的团体或者个体参与者可能获得或者失去利益,在这一过程中利益和价值追求相同的利益群体和个体会走到一起,不断联系,形成整体。从议题网络的形成到政策社群的定型需要经过一定时间的积累,主体进进出出之后才会逐步稳定,并且政策社群定型之后也还存在一定的变化。

二、政策网络与区域行政协议

政策网络理论认为关系网络的形成建立在以下五种需要的基础之上:交流信息的需要、交换资源的需要、结盟的需要、追逐权力的需要以及相互协调的需要③。

---

① 胡伟,石凯.理解公共政策:"政策网络"的途径[J].上海交通大学学报(哲学社会科学版),2006,14(4).
② 严强.公共政策活动中的子系统[J].江海学刊,2007,14(2).
③ 朱亚鹏.政策网络分析:发展脉络与理论构建[J].中山大学学报(社会科学版),2008,48(5).

区域一体化过程中,多元主体之间有交流信息的需要,表现在区域行政协议方面,行政协议的行动者围绕议题交流相关信息、意见与建议,为多方的共同参与提供基础。多元主体共同行动除了需要有信息的交流之外,还需要交换各自所拥有的不同资源。在区域行政协议运行过程中,各参与主体所掌握的资源形式和质量都不相同,通过资金、人员、合法性和组织方面相互间的资源交换有助于区域一体化进程。"政策网络的参与主体基于经常性的互动和对资源的互相依赖,培养出共同的价值观,形成一套解决问题的机制。"[①]区域行政协议的各参与主体通过政策网络寻求拥有共同利益者,从而建立起主体在关系网络中的有利地位,满足追逐权力和利益的需要。对当前的区域地方政府而言,缔结行政协议一方面是应对区域公共问题和公共服务供给压力,另一方面则是为了控制关键资源,建立权力网络扩大自己的影响,在政治晋升锦标赛中取得好的位次。建立多元主体间的政策网络还在于相关主体试图通过结成网络来协调彼此间的观念、利益等方面的分歧,在政策过程中采取一致行动。区域行政协议签署的过程实质上就是区域地方政府在观念、利益方面的协调过程,将多方利益统一到行政协议的目标中,在履约的过程中也需要考虑各方的利益和需求,不断地协调契约执行过程。

区域一体化过程中,在制定某项协议的初始阶段可能会有许多主体表现出希望对政策输出产生影响,此时多元行动主体之间会形成议题网络。但是随着缔约过程的深入,并不是所有主体都有机会直接进入缔约过程,当前,一般都是区域地方政府和相关的上级政府能够最后进入区域行政协议过程,成为最终拥有决策权的政策社群。当然,在一些情况下,企业主体和NGO等一些非官方力量也会参与到区域行政协议运行过程中,形成多元主体参与的政策社群。从议题网络向政策社群转变,作为政策网络主体的区域地方政府一方面需要将上级政府引入区域一体化行政协议的过程,另一方面更需要向社会开放区域一体化的政策社群,将市场中的企业和社会中的非营利组织等力量引入到区域行政协议运行过程,使区域之外的多元主体力量,包括上级政府、市场和社会力量,不只停留在议题网络阶段,而是进入问题解决阶段成为区域一体化的政策社群。

用政策网络理论来分析区域行政协议最大的优势是将多元主体纳入关注范畴,关注从议题网络一直到政策社群阶段整个政策过程之中多元主体间的关系,避免了单纯的分析区域地方政府之间关系,无法全面考察多元主体对区域行政协议运行整体过程的影响。

---

① 朱亚鹏.西方政策网络分析:源流、发展与理论构建[J].公共管理研究,2006(12).

第二节 区域行政协议的行动者及关系网络

一、区域行政协议的行动者

尽管区域地方政府是区域行政协议的缔结主体,但是上级政府、市场以及社会的多元主体都在一定程度上参与到区域行政协议过程,因此,考察区域行政协议运行过程需要从多元主体形成的关系网络中寻找主体选择的行动逻辑。对我国的地方政府而言,当前区域一体化的基本目标是实现区域公共事务的合作治理,具体表现为促进经济一体化发展和增加公共服务的供给。为实现上述目标,不仅区域地方政府需要协力合作,中央与省级政府、市场和社会的力量都有机会参与到区域一体化的过程。具体而言,针对某一公共服务议题,区域一体化行政协议过程中的行动者主要有:中央政府及相关部委、区域一体化所涉及省级政府、区域各个地方政府(有些时候省级政府也可能成为区域地方政府)、全国/地方人大与政协、NGO组织、相关企业、专家以及大众媒体等。在区域一体化过程中,各级政府、市场企业以及社会的多元行动者追求的利益不尽相同且相互接触频率和强度也不相同,尽管各个行动主体在区域行政协议过程中总体目标是实现合作与共赢,但是相互之间的矛盾(包括阶段性的和区域性的矛盾)一直都存在,因此,区域行政协议运行过程中存在着复杂的多元主体间关系网络。

区域一体化的多元参与主体为适应区域一体化的目标与进程,围绕信息交流和资源共享进行了有效互动并交织成复杂的关系网络。在这一过程中,区域行政协议运行网络中的多元参与者之间可以形成多样化的网络类型,除了政策网络光谱两端的政策社群和议题网络,还有专业网络、府际网络和生产者网络。专业网络是以专业知识团体为核心的网络,在区域行政协议运行过程中,区域一体化研究机构、地区交通设计院、城市规划研究院以及与行政协议相关的法律专家和政策专家等可能共同形成专业网络。府际网络是以区域地方政府为核心所组成的网络。地方政府面临共同的区域公共问题,根据各自所拥有资源的不同,通过相互间的交往与互动形成府际网络。生产者网络是以生产者团体为主要角色的网络,生产者网络在区域行政协议中同样发挥作用。在有关公共服务供给的区域行政协议中,政府只是公共物品和公共服务的供给者,却不一定是直接生产者,政府往往通过向企业购买公共服务然后向公众提供,因此,会有很多相关企业参与其中影响着区域行政协议过程。与政策社群和议题网络主要描述利益集团与政府间关系不同,专业网络、府际网络和生产者网络等几种关系网络主要描述一般组织间关系。

二、多元主体形成的关系网络

多元主体之间形成了复杂的关系网络(图2-1),此处,我们选择与区域一体化密切相关的网络关系作为重点考察对象,重点分析以下几种关系类型:区域内政府间关系、区域政府与相关政府(中央政府及相关职能部门、有隶属关系的省级政府)的关系、区域政府与非官方力量(企业、NGO、专家、大众媒体及社会公众)之间的关系。

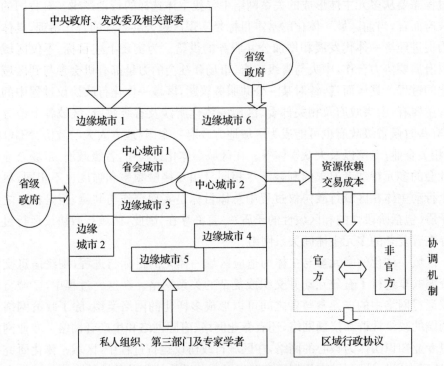

图2-1 区域行政协议的行动者关系图

1. 区域内部复杂的政府间关系

区域一体化的地方政府通常有两种划分:一是作为中心城市的区域地方政府,中心城市的数目可能是一个,也可能是两个以上;二是作为边缘城市的区域地方政府,区域一体化发展过程中一般都会形成中心城市和边缘城市,两者相互配合,协调发展。基于这种地方政府类型的划分,区域一体化内部形成三种地方政府间关系类型:一是中心城市之间的合作关系,这种关系一般存在于多中心一体化地区,而不存在于单一中心一体化地区,区域中心城市政府间的协调发展是区域一体化的基础;二是中心城市与边缘城市之间的关系协调,中心城市和边缘城市由于掌握的资源量不同,因此可能导致在区域一体化的政策网络中处于不同的地位,因此,这两种地方政府之间进入行政协议过程需要中心城市政府做出相应的让步,促进双方平等互助;三是边缘城市政府之间关系,在政策网络中处于相对弱势地位的地方政府之间为获得在区域一体化中更有利的位置,通过资源交换增强实力,实现在区域行政协议中更多的话语权,从而在区域一体化行政协议缔约过程中获得更多的利益。在上述几种地方政府关系的基础上,进一步探讨如何实现区域地方政府共同参与行政协议的运行过程就有了一定的可行性。

2. 区域政府与上级政府间关系

从区域政府与中央政府关系考察中,作为掌握大量资金与政策资源的中央政府,其资金或者政策输出将会不同程度的影响区域地方政府,的行为选择,这主要表现在中央政府有关区域政策、城市政策、户籍政策、转移支付政策等多方面政策对区域地方政府行为的影响,因此,探讨区域行政协议中地方政府的行为选择也需要考虑中央政府的政策和资源供给。一般而言,尽管中央政府及相关部委对全国范围内的区域发展会有统一的发展规划,对现有各地方区域一体化战略通常不会反对,但是当地方政府主导的区域一体化过程与其制定的全国性的区域发展规划战略相违背时,中央政府会影响区域地方政府,促使其调整具体发展方向。在中央政府主导的区域发展过程中,地方政府在区域一体化发展过程中可能有多种态度:一些地方政府能够从区域一体化中获得较大利益,其参与热情也比较高;与之相对应,一些获利很小的地方政府或者利益损害的地方政府则不会太积极甚至比较反对区域一体化过程,对区域行政协议也往往会消极应对。

从区域地方政府与省级政府的关系考察,如果区域一体化处于一个省域范围之内,省级政府与区域地方政府之间是管辖与被管辖关系,地方政府之间无法通过相互协商解决的矛盾可以通过省级政府进行协调。如果区域一体化跨越了省级行政区划,行政区划的矛盾可能会形成相邻省份之间的关系冲突,此时,区域地方政府间关系协调以及区域行政协议的运行往往需要区域一体化所涉及省份之间进行相应的关系协调。例如,南京都市圈区域内部不仅包含江苏省的南京、镇江、扬州、淮阴,还包含安徽省的马鞍山、芜湖等四个城市,对南京都市圈地方政府间关系的协调往往需要从江苏和安徽两个省级政府之间进行关系协调。对跨省区域一体化地区而言,区域行政协议运行更需要从区域政府和所涉及省级政府的关系来考察。由此可知,区域行政协议的运行需要从区域地方政府与相关省级政府间关系网络中考察。

3. 区域地方政府与非官方力量的关系

在区域一体化的过程中,企业生产者、NGO、专家学者、大众媒体和其他社会力量也会影响区域一体化政府间关系协调。区域一体化的行政协议不是封闭的体系,而是开放的体系,市场、社会等非官方力量都有机会参与其中,从而形成官方协调与非官方协调的相互影响和推动。

从企业组织层面考察,不同企业可能做出不同的选择,有一些企业积极赞成区域一体化,尤其是能够从区域一体化过程中受益的交通、旅游等诸多企业;当然,也有一些可能因此而受损的企业,如一些受地方政府保护成长的企业,这些企业可能会选择消极应对甚至阻碍区域行政协议的运行。从 NGO 层面考察,NGO 的发展一般不会受到行政区划的约束,而只局限于一个城市或者县城内部,往往要求突破行政区划形成区域一体化的发展空间。在区域行政协议过程中,NGO 的态度选择一般以是否违反公共利益为基准,当区域行政协议目的在于促进区域一体化,解决地方政府面临的跨域公共问题时,NGO 则会投出赞成票,否则 NGO 则会投反对票。具体而言,在处理跨域环境问题,区域地方政府通过签署行政协议促进区域一体化发展,帮助解决区域环境污染问题时,环境 NGO 通常会赞成区域行政协议。反之,当区域行政协议促进一体化过程中带来许多负面影响,造成环境恶化时,许多环境 NGO 则会表达反对意见。

从专家学者层面来考察,对区域一体化发展规划、思路、方法,不同专业的学者可能从不同的角度进行探讨,基于各自学术观点、基本立场、利益倾向在区域一体化行政协议过程中或者积极倡导,或者竭力反对,或者只是冷静旁观无明确态度。此外,还可以从大众媒体角度考察。在区域行政协议运行过程中,大众媒体也会参与其中,报道区域一体化及区域行政协议运行过程的相关新闻与观点。媒体在报道时,不一定立足于促进区域一体化展开报道,也可能反对区域一体化,报道各参与主体的反对观点。多元行动主体通过大众媒体相互联系、表达观点,增强了在区域行政协议中的话语权,影响行政协议运行过程。

通过对区域行政协议的行动者及其关系网络的分析可以看出,由于区域一体化行政协议形成的主导者不同,可能出现两种类型政策社群:一种类型是区域内地方政府自主协调形成区域一体化行政协议,这种类型的行政协议是区域政府自发型行政协议;另一种类型的行政协议是由上级政府主导形成,这是一种外力型的区域行政协议。区域一体化及区域行政协议运行已经形成复杂的政策网络形态,无论是哪种类型的区域一体化,如果单独从区域内部的政府之间寻找区域一体化政府协调方法已经变得不符合现实要求,区域地方政府的行为选择受到多元外部主体的约束和影响,这也是众多的区域签署了区域行政协议但却呈现不同运行效果的原因之一。总体而言,在区域一体化的政策网络中研究区域地方政府协议行为的选择,除了考虑区域内政府间关系,应该将区域政府与上级政府的权力关系纳入考察范围,也应该将可能影响行政协议运行的非官方力量作为考察对象。

第三节 区域行政协议的主体资源与策略选择

区域一体化进程中,地方政府并非是区域治理的唯一主体,企业、NGO、专家学者以及公民个人也是治理的当然主体。区域内部政府间关系、中央政府和省级政府对区域政府的外部干预会影响区域行政协议的一体化;政府层面的政策供给、企业层面的经济参与以及社会层面的资源供给也会影响区域行政协议的有效运行。区域行政协议的有效运行必须正视组织间资源相互依赖的事实,应尽可能地将各级政府组织、企业和社会组织以及公民个人等纳入其中,整合资源共同致力于各个层次的议题,促进公共目标的实现。在关系网络中探讨区域行政协议,行动者处于资源的相互依赖之中,中央政府及相关职能部门的政策和资源供给、企业层面和社会层面的资源供给都会影响区域行政协议的制定、执行及其再制定与执行,但这一切并不意味行政协议所有的参与者拥有相等的权力。"就他们所有的权力而言是不平等的,各自的资源和接近政策的机会是不公平的。"[①]但是,当政策网络的各个参与主体处于相互依赖之中时,主体间关系是合作关系而不是对立关系,区域行政协议各主体拥有不可替代的资源,使得多元行动者之间不一定处于支配和被支配关系,他们有了更多的行为选择的机会。在这种情境中,每个参与者行动选择所依据的是各自拥有的资源在政策过程中的重要性以及由此决定的其在关系网络中的地位,处于强势地位的上级政府有一定的行为选择逻辑,相对而言处于弱势地位的区域地方政府和社会团体也有行为选择的依据。

一、政策网络中的主体资源

与政策行动者及关系网络一样,主体资源占有及相互依赖也是理解政策网络的关键所在。资源依赖理论强调一个组织最重要的目标,就是要想办法减少对外部资源供应组织的依赖并且寻找一个可以掌握影响组织关键资源的方法。资源依赖理论的核心假设是"组织需要通过获取环境中的资源来维持生存……没有组织是自给的,都要与环境进行交换"[②]。组织与其他组织处于相互联系以及由各种联系形成的关系网络中,组织所需要的资源包括物质资源、财政资源和相关信息资源都是从环境中得到的,因此任何组织都要依赖于这些外部资源的供给者。基于上述理论可知,在区域一体化过程中,每一个行动主体不可能完全掌握所有的行动资源,所以进行资源交换是区域一体化和区域行政协议运行过程中必然发生的行为。

---

① 朱春奎,沈萍.行动者、资源与行动策略:怒江水电开发的政策网络分析[J].公共行政评论,2010,3(4).
② 邓锁.开放组织的权力与合法性[J].华中科技大学学报(社会科学版)2004,(4).

罗茨研究英国中央与地方政府关系时,曾提出地方治理过程中行动者之间所拥有并用以进行合作或竞逐的资源通常包括政治的、经济的、法律的、信息的与组织的资源五种,即权威(authority)、资金(money)、合法性(legitimacy)、信息(information)与组织(organization)。"正因为这些资源相互依赖特质的存在,政策过程不再是过去的官僚模式,而是一种多元参与模式。政策网络的参与者不仅来自公共部门,而且还有私人部门,这些与某项特定政策有着直接或者间接利益的参与者交织在一起。"①由此可见,区域行政协议不是通过垂直的权威命令和层级节制来形成,而是由利益攸关者基于资源依赖,通过彼此协商互动、共同缔结完成的。

1. 权威

"权威是指决定政策方向或授权给其他组织、团体的权力。这通常是政府机关(尤其是中央政府)的资源。"②在区域一体化过程中,拥有权威资源,能够影响行政协议运行的政府机关有中央政府及相关部委、区域一体化所涉及的省级政府以及区域地方政府,各级政府因为行政层级的不同而拥有不同的权威资源,最直接的表现是区域一体化行政协议不能与上级政府(中央政府和省级政府)的区域发展规划相违背。

从中央政府层面考察,由于中央政府对地方的财政预决算、地方经济与社会发展规划、资源的配置等具有决定权力或重大影响,中央政府对地方政府的优惠政策和特殊待遇能为地方经济的发展创造重要条件,"中央政府的天平倾向对该地方政府的竞争优势具有绝对性的决定力量"③。如果中央政府介入区域经济一体化,由于其掌握资源质量最高,所以有能力直接控制一体化的整个进程。从省级政府层面考察,在区域行政协议运行过程中省级政府也起着重要的影响作用,对辖区内部的城市政府有重要的权威资源即行政管辖权,直接影响区域行政协议的有效运行。从区域地方政府层面考察,作为拥有权威资源的一种表现形式,区域地方政府拥有一定的决策权。在政府间关系协调时,权威则是奠定资源分配、共同承担责任的重要基础。在政府与非官方力量关系建立时,权威是维系公共利益的重要支柱。因此,权威作为一项重要的资源,在区域行政协议过程中可以授权关系网络中的其他组织以协调一体化过程中多元主体间关系。

2. 资金

资金是政策网络有效运行的重要资源,区域行政协议能否有效运行同样离不开资金的支持。从资金层面来考察区域行政协议主体,中央政府是最大的资金拥

---

① 石凯. 政策结果的多面向:寻访新政策网络理论[J]. 社会科学研究,2008(5).
② 朱春奎,沈萍. 行动者、资源与行动策略:怒江水电开发的政策网络分析[J]. 公共行政评论,2010,3(4).
③ 汪伟全. 当代中国地方政府竞争[J]. 晋阳学刊,2008(6).

有者,省级政府和一般的地方政府在这一点上无法与中央政府抗衡。除政府部门以外,非官方组织包括企业组织和非政府组织也掌握一定量的资金保证其能够参与到区域行政协议过程中,甚至在一定程度上可以促进或者阻碍区域行政协议的运行。在区域基础设施建设过程中,区域地方政府有时也需要依靠相关企业和非政府组织参与到建设过程中,相关企业和非政府组织占有大量的资金为其在区域一体化行政协议中增加了话语权。对于区域地方政府而言,其行政职能的发挥依赖于是否有充足的财源。为提升地方治理的绩效,目前地方政府均强调施政的成本收益,通过引进民间的资金以充分发挥综合效益。

3. 合法性

合法性是指社会成员基于某种价值信仰对政治统治的正当性表示的认可,这里合法性指的是区域行政协议各主体行为的正当性。正当性作为一种资源,可增进地方政府运用其他类资源的合法性。一个组织是否具有民意基础或能否代表在这个政策领域内受到政策影响的民众,是这个组织是否具有合法性的衡量指标。在区域一体化行政协议中,各方主体或多或少具有一定的合法性,但是总体而言,作为政府机关的行政协议如何获得社会公众的认可是区域行政协议面临的最大的合法性问题。

非政府组织及其他社会力量的认可代表着区域行政协议具有一定的合法性,与政府组织相比,非政府组织及其他社会力量本身专注于公共利益,因此代表着一定的合法性。区域行政协议过程中,区域地方政府需要关注中央政府和省级政府的外在影响,但同样也需要关注非政府组织及其他社会力量的利益表达。

4. 信息

"信息即是权力,但目前地方治理的过程中,较强调借由信息的公开化以增进人民对政府的支持度;而在地方府际关系上,则亦强调借由信息的分享来强化彼此的合作关系。"[①]在信息资源的掌握上,政府机关是最大的信息拥有者,相关领域的企业也会拥有一定数量的信息。在区域行政协议运行过程中,政府与企业也掌握着较多的信息,在这些信息未向社会公众公开之前,公众很难获得。哪怕是区域行政协议影响范围内部的居民,与政府公共权力和企业经济实力相比,一般都处于弱势,很难有大量的人力、物力和财力去了解相关信息。因此,在区域一体化行政协议参与过程中,社会主体往往由于信息不通,处于弱势地位。

5. 组织

组织包括人员、技术、土地、硬件设施与设备。在这一方面,政府依然占有明显的优势地位。从社会公共事务的治理主体上看,政府是管理国家和地方行政区域

---

① 朱春奎,沈萍.行动者、资源与行动策略:怒江水电开发的政策网络分析[J].公共行政评论,2010,3(4).

内部公共事务的权威主体,具有更强的组织能力。与之相比,民间力量则缺少与之匹配的组织能力,但是民间力量可以通过与一些组织化程度高的国际组织的联系,例如非政府组织可以通过与国际非政府组织互动增强其组织能力。地方政府的组织能力亦是治理过程中的重要资源,传统的科层组织体制具有令人信服的行动能力,目前还有网络型组织或伙伴型组织等组织设计被加以运用。

R. Leach 和 J. Percy-Smith 延续 Rhodes 的观点,但做了部分增补及修正,他们增列了人力、土地以及社会资本三项资源。此外,他们主张许多政策网络中的主体行动者会透过相互合作而非高度对抗来整合各类资源。

二、区域行政协议主体的行动策略

区域行政协议中多元主体的行动策略大致有两种:一是积极参与,建构行政协议运行所需要的组织结构以促进行政协议的运行;二是在行政协议运行过程中,消极参与,当主体在区域行政协议中无法获利,缔约主体会消极介入协议运行过程。在区域一体化行政协议网络中的多元行动者,因为各自占有的资源类型和数量的差别,势必在资源上形成相互依赖,各个主体面临区域一体化任务需要走向联合。根据各自的目标和资源占有的差异,区域一体化参与主体选择志同道合的行动者作为自己的盟友,然后采取各种选择策略、游说、施压来影响区域一体化行政协议过程。

1. 上级政府的行为选择

在区域一体化行政协议运行过程中,与区域地方政府相比,中央政府和省级政府占有更多的资源:权威和资金。区域一体化行政协议是否能够顺利运行需要得到上级政府的支持,不能与中央政府有关全国区域发展的统一规划相矛盾,也不能与所涉及省级政府的地方政府发展规划相抵触。中央政府通过政策供给和资金调配引导全国范围内的区域发展,当区域发展规划与中央政府的区域发展目标不一致时,中央政府可能不会予以政策与资金方面的支持。省级政府的行动可能更为积极主动,当区域发展规划和省级政府有关省域发展规划相冲突时,省级政府可能会通过行政命令、政策供给和资源引导等多方面手段进行干预,原因在于省级政府更加关注省域范围内部政治稳定、经济发展和公共服务供给。

2. 非官方主体的行为选择

区域一体化行政协议过程中,企业是多元主体中的一个重要行动者。行政协议过程中,企业可能分为两类:支持者和反对者。支持者通常是能够从区域一体化过程中获得利益和发展空间的企业,区域一体化过程中区域行政协议能够促进交通、旅游、公共卫生、环境保护和农副产品供给等方面一体化,这些企业可以从中获得发展机会和赢得利润而成为区域一体化行政协议的坚定支持者,甚至会通过各种策略选择来促进区域一体化行政协议的形成。与之相对,有些企业在地方政府地方保护主义下成长,可能会因为区域一体化而受到损失,这些企业可能会成为区域行政协议运行的强烈反对者。

与企业主体不同,非政府组织在区域一体化行政协议过程中更多的关注于促进公共利益,如果区域内部公众在区域一体化过程中是受益的并且区域一体化与非政府组织战略目标不冲突,则非政府组织可能会选择赞成区域行政协议,否则也可能会通过各种资源、关系来阻碍区域一体化行政协议的制定和执行。专家学者在区域一体化过程中可能促进或者阻碍行政协议的运行,他们会通过专业知识影响区域一体化行政协议的有效运行,还会通过与相关政府部门、非政府组织、媒体之间的联系扩大影响力,从而促进或者阻碍行政协议的运行。

非官方组织所掌握的资源与区域地方政府相比存在较大的异质性,作为非官方主要主体,企业占有较多的资金和信息资源,而非政府组织占有较多的合法性资源,与区域地方政府在资源交换与互动中存在较好的互补性。非官方组织在区域行政协议运行中的行动策略是依据协议与其利益、价值取向的契合度,当两者高度契合时,非官方组织的资源与区域地方政府之间形成互补关系;当两者之间形成矛盾冲突时,非官方组织的资源与区域地方政府之间形成博弈关系。

3. 区域地方政府的行为选择

区域地方政府在一体化行政协议过程中,因为各自所处外部环境的差异、目标取向的不同、利益获得层面的考虑等多重因素,在行政协议运行的过程中或者积极主动或者消极被动,甚至拒绝参与。区域地方政府的行为选择有一定的内在逻辑,一般而言,区域中的中心城市因为掌握更多的资源,与区域内部其他城市相比较通常都会积极主动地促成区域一体化。区域中的边缘城市对区域一体化行政协议的态度,因其从区域行政协议获得利益大小而区分为积极、消极直到拒绝。地方政府在进入区域行政协议阶段的行为选择时必然会考虑各项成本问题,这些成本包括寻找适当的合作对象的搜寻及信息成本,签订合作契约时的议价成本,以及为了完成实际交易活动的监督履约成本等。具体来说,当地方政府间履行行政协议所获利益小于付出的成本或者不履约需要付出的成本不足以威胁违约主体时,缔约主体往往不愿意履行区域行政协议。对地方政府区域行政协议行为进行分析时,规模经济、投机成本和治理成本三项变量会影响区域地方政府之间缔结和履行行政协议的意愿[①]。以下分别说明这三项变量。

(1) 规模经济。所谓规模经济是指生产某种产品,因为规模增加导致单位成

---

① 江岷钦,孙本初,刘坤亿. 地方政府间建立策略性伙伴关系之研究:以台北市及其邻近县市为例[J]. 行政及政策学报,2004(38).

本降低而获得的利益。当生产单位之间通过相互合作来扩大生产规模获得更大的收益时,即可达到规模效益递增,反之即是规模效益递减。从区域地方政府合作关系的角度来看,如果合作可以促成规模经济获得大于地方政府单独经营的利益,则地方政府间的合作意愿将提高。对区域政府而言,如果区域政府通过行政协议在区域一体化中联合起来能够获得更大的利益,则区域政府之间签署并履行区域合作行政协议的愿望会提升;反之,如果合作无法促成规模发展,则地方政府间的合作意愿将大为降低,区域政府间签署行政协议的愿望会降低,或者尽管行政协议已经签署但是缔约主体在履约时消极应付。

(2) 投机成本。对区域行政协议过程而言,所谓投机成本是指区域政府由于投机行为即不履行行政协议而带来的损失。如果区域行政协议的行动者预期投机行为所产生的成本较高,则比较愿意与其他行动者建立较为稳定的合作关系,在此背景下区域地方政府之间缔结行政协议并遵照履行的主观愿望增强;反之,区域行政协议的行动者若预期采取投机行为所付出的成本较低,采取"搭便车"的行为不会带来较大损失,则比较不愿意与其他行动者建立常态性的伙伴关系,在此背景下,区域地方政府缔结行政协议统一各方行动的主观愿望则会降低,在缔结区域行政协议之后履约的积极性也会降低。

(3) 治理成本。所谓治理成本指的是行动者间在建立合作关系时,自身所能够保留的剩余控制权多少的考虑。治理成本越高,表示行动者在伙伴关系中的剩余控制权越少;治理成本越低,则表示其在伙伴关系中的自主性越高。对区域一体化过程中的地方政府而言,如果区域行政协议能够保留更多的资源,帮助其赢得更大的资源自主性并处于关系网络中的优势地位,区域地方政府会选择积极参与契约过程;反之,如果行政协议需要地方政府付出很多资源,影响其资源自主性,则地方政府会选择消极应对。

在此,如果交易成本分析框架与政策网络类型分析相结合,可以推论出以下区域地方政府的三种策略性行动:① 当预期合作关系能够形成较大的规模经济,则地方政府间较愿意建立具有紧密合作关系的政策社群;反之,当预期合作关系所能够形成的规模经济小,则地方政府间较容易发展出宽松的议题网络合作关系。② 当机会主义的预期成本越高时,地方政府间的伙伴关系将越稳定、长久,区域地方政府之间缔结区域行政协议统一各方行政意愿增强;当机会主义的预期成本越低时,地方政府间的缔结协议合作意愿将越弱。③ 当治理成本越高时,地方政府会因自主性的降低可能选择逃避合作关系,也可能选择完全依赖其合作对象,两者都不利于长期而稳定之合作关系的发展,从区域行政协议层面来讲缔结的可能性越小;反之,当治理成本越低时,通常地方政府会因保有较多的剩余控制权而愿意维持既有的伙伴关系,也愿意通过缔结区域行政协议维护正式的府际合作关系。

第四节　运行机制和契约精神：
政策网络中的区域行政协议

当前,区域行政协议运行效率与质量最重要的影响因素是契约运行机制和主体契约精神,而考察这两个方面因素都需要将其放在区域行政协议多元主体形成的政策网络之中,即考察多元主体政策网络影响下的主体运行机制和契约精神,以此探求区域行政协议运行效果不彰的内在原因。

一、区域行政协议过程中的运行机制和契约精神

尽管有多重因素都会影响区域行政协议运行效果,但是参与主体能否设计有效的运行机制并具有良好的契约精神是影响区域行政协议运行的最重要因素。当区域行政协议具有科学的契约运行机制并且各个契约主体严格遵守契约精神时,区域行政协议才有可能达到预定的目标;反之,当运行机制存在缺陷或者主体缺少契约精神时,区域行政协议很难达到预期效果。

所谓契约机制是指区域行政协议过程中目标的确立、契约组织的设计和动力机制的构建。区域行政协议目标导向的确立对行政协议运行产生重要的导向作用,科学的组织设计能为行政协议运行提供基础,而动力机制的形成是行政协议参与主体积极行动的源动力所在。区域行政协议目标的确立与地方政府的职能密切相关,政府职能重心的转换会影响区域行政协议目标导向的确立。例如,当政治统一成为国家层面的工作重点时,区域行政协议则可能以政治统一为目标导向,当区域行政协议影响政治统一时,行政协议则可能受到上级政府的干预而流于形式。当区域行政协议目标合理确立之后,如何将区域行政协议付诸实施需要有合理的组织设计,因为合理的组织设计可以提供一定的平台,为区域行政协议签署、执行和冲突提供组织基础。此外,如何驱动各种组织行动起来完成预期的目标需要有动力机制保证。相关动力机制主要是指在地方政府之间建立起利益共享、平等协商和信任机制,让区域地方政府不是在命令服从下进入契约过程,而是主动进入契约过程。

契约精神层面主要考察区域行政协议过程中的契约自由、主体平等、契约遵守和契约救济。自由合意的区域行政协议是保证各参与主体权利的必要前提,只有各参与主体自由合意才能表达出各自真实的意思,确立行政协议的目标、各缔约方的权利义务,这样才有利于促进各缔约主体主动履约。契约平等是契约精神的另一个重要方面,只有缔结协议的各参与主体处于平等的地位,才有可能进行有建设

性的讨论,缔结真实而有价值的区域行政协议。相反,如果缔约协议的各方处于不平等的地位,则平等协商就不可能存在,在这种情境下缔结协议中主体的权利义务可能失衡,命令服从关系则会在一定程度上破坏行政协议的运行,这会为以后区域行政协议的有效运行留下主体违约的可能。契约遵守是区域行政协议的一个重要环节,区域行政协议的遵守是契约缔结之后的必然环节,也是保证行政协议能够持续运行的重要环节。契约精神的最后一个考察点是契约救济,作为契约精神的重要组成方面,契约救济精神有利于保证区域行政协议缔结各方的权利,避免因有些缔约主体违约招致他方主体利益受损,这有利于促进区域行政协议参与主体的积极履约,也有利于下一次区域行政协议行为的发生。

二、关系网络中的区域行政协议

正如以上论述,运行机制包括契约目标的确立、契约组织的设计和动力机制的形成等多个环节,契约精神包含主体自由、平等以及信守承诺等诸多方面。上述契约运行机制和契约精神遵守的任意一个环节都不是单一区域行政协议参与主体能够单独完成的,区域行政协议的运行除了受区域地方政府间关系的影响外,还会受到中央政府和省级政府的外部压力,甚至在区域行政协议过程中还会受到非官方(企业、NGO、政策专家、媒体)的意志和力量的影响,因此,考察区域行政协议运行需要构建政策网络中的运行机制和契约精神分析框架(图2-2)。

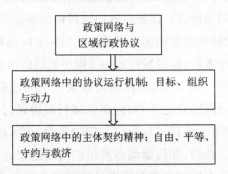

图2-2 区域行政协议的分析框架图

1. 关系网络中的运行机制

多元主体形成的关系网络影响着契约过程,影响着行政协议的运行机制形成。首先,关系网络影响着区域行政协议的目标确立。以下这些多元主体的目标是一致还是冲突都将影响区域行政协议目标的确立:中央政府有关区域一体化发展的宏观战略以及中央政府有关政治统一、经济发展和公共服务供给的安排序列;省政府的区域发展战略和省级政府间目标的合作与冲突;区域政府间竞争与合作状态;

区域政府的辖区民意,即非官方的民意表达,尤其是企业和非政府组织、政策专家、媒体以及普通民众对区域一体化的意见表达所形成综合的辖区民意。当上述主体能够围绕同一议题形成共同的目标时,运行机制有效运转就有了坚实的基础。如果上述主体目标间存在较大差异,或者尽管长远目标一致,但是存在阶段性差异和区域性差异,那么区域行政协议的有效运行可能存在众多阻力。

组织设计同样受到多元主体的影响,契约目标确立之后的组织设计是为了保证区域行政协议的有效运行。组织设计需要提供一个多元主体共同参与的基础,为多元主体平等协商制定区域行政协议提供平台,为区域行政协议的履行提供组织保证,为区域行政协议的冲突提供组织设计。基于当前现实,区域行政协议的组织设计通常有两个路径:一是通过中央政府的权威建构适应多元主体参与的组织结构;二是区域政府之间通过相互沟通建立政府间组织,完成行政协议的制定、履行和冲突解决。中央权威的组织建构需要考虑省级政府和区域各个地方政府的现实情形;同样,地方政府协商建立的组织结构也需要经过中央政府的同意和批准,且尽量不与省级政府的区域发展相冲突。无论是中央政府的组织设计还是区域政府间组织设计,都需要考虑多元主体的利益并为多元主体的共同参与提供组织平台。

区域行政协议的动力机制包括利益共享机制、平等协商机制和主体间信任机制,关系网络影响保证机制的建立与运作。首先,多元利益主体共同参与的区域行政协议需要考虑主体的利益平衡,只有各参与主体都能够从区域行政协议中获得利益,行政协议才能有效运转,因此针对多元主体而言,利益共享机制显得尤为重要。其次,多元主体的利益共享需要多元主体能够平等协商,以主体间的平等协商代替主体间的命令服从关系。平等协商机制能够帮助各参与主体了解相互之间的利益要求、真实想法,促进各参与主体间的相互了解以及对区域行政协议的认知,促进利益共享机制和信任机制的建立。最后,多元主体的信任机制有利于区域行政协议的履行。当多元参与主体之间存在着信任机制时,一方主体履约时预期其他参与者也会遵守区域行政协议并积极履约,这样才会积极完成行政协议中约定的义务。如果缺少信任机制,己方的积极履约可能换来对方的消极应对,在这样的心理预期下己方可能也消极应对,那么区域行政协议就不可能达到预期目标。

2. 关系网络中的契约精神

长期的契约实践形成了富有见解的契约精神,契约精神是对实践的提炼,契约参与主体具有契约精神有利于区域行政协议能够顺利运行并达到预期目标。契约精神存在四个重要内容:契约自由精神、契约平等精神、契约信守精神和契约救济精神。缔约过程中,区域一体化的多元参与主体因为相互间资源依赖会选择共同参与到行政协议过程之中,但是参与主体存在资源占有的差异,所以在区域行政协议运行过程中,不同参与主体可能采用不同的行动策略直接影响契约精神的遵守。

第一,主体平等有利于契约的形成并最终达成契约目标。区域协议运行过程中,多元主体尽管存在着相互间的依赖关系,但是参与主体占有资源的差异势必带来对契约平等精神的挑战。在区域一体化和行政协议运行过程中,资源占有量较大的地方政府往往占有关系网络中的主导地位,这些居于更有利地位的区域政府,应该在协议过程中选择更积极的态度、做出相应的姿态、让出一定的利益促进契约精神的遵守。在一些区域行政协议中处于相对弱势地位的地方政府,平等地争取区域行政协议中的利益也是促进契约精神有效遵守的前提。

第二,契约自由是契约精神的重要组成部分。契约自由是指行政协议不是基于命令服从,而是多元参与主体真实的意思表示。区域行政协议多元参与主体因为资源占有的不同,在区域行政协议缔结的过程中可能因为资金、土地、信息资源的相互依赖而自由选择进入区域行政协议过程。但是,区域地方政府也有可能因为上下级的权威服从关系,在区域行政协议过程中出于外力影响而进入或者退出行政协议过程。如果基于权威服从而非主体真实意思表示进入或者退出契约过程,这不利于缔约主体遵守契约承诺。

第三,守信承诺同样影响区域行政协议的运行过程,并影响下一次区域行政协议的缔结与履行。当前,区域行政协议主体是否遵守契约可能受到多方面因素的影响:契约主体真实的意思表示、契约主体可以从中获得的利益以及契约主体对违约成本的计算等。而真正的契约信守精神表现为只要契约内容是基于各参与主体真实意思,各行动主体都会主动而自觉地履约,不受外部压力的影响。如果各缔约主体在任何条件下都能够信守承诺,则契约过程可以有效运行,也可以促进下一次缔约过程的产生。

第四,契约救济精神是契约精神的重要组成部分,也是区域行政协议能够进入下一次缔约过程的重要保证。在区域行政协议运行过程中,当一些契约主体不履行行政协议时,积极履行协议者利益可能受损。此时,只有通过契约救济实现对违约者追责和对守约者补偿,才能让契约过程得以延续。这一过程需要关注两个方面:一是通过契约救济对违约者的追责,使其完成此次契约中的义务和在下一次契约中信守承诺;二是通过契约救济让区域行政协议中守信的缔约方利益获得补偿,从而实现利益的总体平衡,保证信守承诺的缔约方有意愿继续进入下一轮区域行政协议过程。

本章小结

探讨区域行政协议的有效运行不能只从区域地方政府间关系视角考察,而应该将影响区域行政协议运行过程的多元主体纳入考察范围,从多元主体形成的政策网络中探讨区域行政协议运行。

区域行政协议的行动主体有中央政府、与区域一体化相关的省级政府、区域一体化的地方政府、企业、NGO、学者、媒体以及其他非官方组织。多元主体形成三种重要的关系网络:区域一体化地方政府间关系网络、区域一体化与上级政府间关系以及区域一体化与非官方力量的关系。因为资源依赖关系,各行动主体之间形成互动合作关系。但是,因为区域行政协议的多元主体基于占有资源的不同,各行动主体在政策网络中占有不同地位。也正是因为占有资源的不同,各个主体在区域一体化和区域行政协议运行过程中可能采用不同的参与策略。

基于政策网络理论形成分析区域行政协议的框架,即政策网络中的运行机制—契约精神分析框架,从地方政府的外部行为选择和内在契约精神分析区域行政协议中的主体行为。

第三章
区域行政协议的运行机制考察

区域一体化行政协议签署、履行整个运行过程处于复杂的环境之中,需要有明确的目标、科学的组织结构以及良好的动力机制保证,只有当这三者同时具备时,区域一体化行政协议才能够有效运行。分析区域行政协议运行的宏观环境,可以明晰外部环境与行政协议运行机制的内在关系。确定行政协议的目标在于寻求行政协议的缘起,即为什么要进入区域行政协议过程,如果没有明确的目标,签署区域一体化行政协议只是在走过场,参与主体也将缺少明确的目标导向。科学的组织结构是区域一体化行政协议能够有效运作的组织基础,有关行政协议的组织设计包含缔结行政协议组织、履约组织以及冲突解决组织,组织结构的设计涉及区域行政协议运行的整个过程,离开组织基础,行政协议难以有效运行。除了明确的目标设置、科学的组织结构外,良好的动力机制也同样重要。考核区域行政协议的动力机制可以从三个层面着手分析:上级政府考核导向下的政治竞争压力、辖区民意导向下的服务供给压力以及政府间的信任关系。恰当的行动动力能够促进行政协议主体利益共享、平等协商和协力合作,保证行政协议有效制定、执行并走上良性循环之路。

第一节 区域行政协议运行的关系网络

区域一体化过程中的多元主体形成了复杂的关系网络,为地方政府间基本关系的形成确立了宏观背景,地方政府间协议是在这样的背景环境下完成的。区域行政协议通常是在区域地方政府之间完成的,有必要以区域政府为核心对区域行政协议的关系网络进行详细考察:其一是区域地方政府与中央政府、省级政府之间的关系。因为行政权力的上下级隶属关系,区域地方政府在行为选择时势必受到上级政府(包括中央政府和省级政府)的影响。其二是区域地方政府之间的关系。这是区域行政协议多元参与主体的核心关系所在,也是关系网络中的核心关系。其三是区域地方政府与企业、非营利组织和专家学者等多元主体之间的关系。在市场经济逐步发展、公民社会日渐成长的过程中,企业、非营利组织、专家学者和大众媒体都将参与到区域一体化发展过程中,清楚地分析上述三层关系,可以更好地理解影响区域行政协议主体做出行为选择的内在原因。

一、中央、省与区域政府:中央集权下的地方分权

我国是实行中央集权和地方分权相结合的单一制国家,既保证国家事务的统一领导,同时又充分发挥地方的积极性和主动性,使地方享有一定的自主权。在中央集权的体制下,地方政府权力来源于中央政府的授予,为了管理公共事务的需要,由中央政府自上而下地授予地方政府一定的权力。在这种关系模式中,地方政府权力受中央政府权力的统辖,必须服从中央政府的权威,中央政府和地方政府、上级政府和下级政府的关系是命令与服从的关系,在这种关系网络中区域地方政府的行为选择受中央政府和省级政府的影响。

在中央集权的背景下,政府在不断研究地方分权。20世纪50年代,毛泽东在著名的《论十大关系》中提出:"应当在巩固中央统一领导的前提下,扩大一点地方的权力,给地方更多的独立性,让地方办更多的事情。"[①]改革开放以来,为了调动各方面的积极性,把中国的经济建设搞上去,邓小平提出:"现在我国的经济管理体制权力过于集中,应该有计划地大胆下放,否则不利于充分发挥国家、地方、企业和劳动者个人四个方面的积极性,也不利于实行现代化的经济管理和提高劳动生产率。"[②]其后,中央与地方关系的思路逐步理顺,在保证全国政令统一的前提下,逐步划清中央和地方的职责,做到地方的事情地方管,中央的责任是制定大政方针和进行监督,明确区分了三个层次的事务——全国性和跨省事务、地方性事务以及共同管理的事务,这有利于进一步处理好中央与地方政府间关系。2004年,宪法修正案对中央与地方关系做了基本规定:"中央和地方的国家机构职权的划分,遵循在中央的统一领导下,充分发挥地方的主动性、积极性的原则。"在这样的分权背景下,区域地方政府有了更大的自主权限,这为地方政府间自主地缔结协议提供了有效的权力基础,地方政府可以通过缔结协议促进区域一体化进程,但是这种自主权可能会受到上级政府的外部干预。

无论国土面积大小,地方政府治理过程中必然要发生整体与部分、中央与地方之间的关系,这种关系体现在两个方面:一是行政层级。当前,从中央、省、市、县到乡镇有多个行政管理层级,行政层级主要有三种模式:① 四级制,即通常所说的省—地级市—县—乡镇四级。四级体制的形成源于1982年的市管县体制改革。为了加快城乡一体化建设步伐,就在原来的省县之间增加了地级市这一层级。

---

① 毛泽东著作选读:下册[M].北京:人民出版社,1985.
② 邓小平文选:1975—1982[M].北京:人民出版社,1983.

② 虚四级制,即省、自治区—地区、自治州—县—乡镇,实行这种模式的地区或自治州仍然保留原来的地区行署,不是一级政府只是派出机构。③ 三级制。我国极少数地方采用三级制模式,这是符合宪法规定的政府层级模式。如海南省、浙江省、吉林省以及四个直辖市就是省或直辖市直接管理属县、县级市。二是权限划分,即以行政区划为基础,按照一定的原则将国家权力在各级政权机关中进行配置。在行政管理过程中,中央政府、省级政府、区域地方政府拥有不同的权限,区域内部地方政府也因为行政层级的不同而拥有不同的权限,例如直辖市、副省级城市、一般地级市与县级市在行政管理中拥有的权限各不相同。

从中央政府到地方政府,行政层级和权限划分两个方面的结合,形成了国家权力的地域分布格局以及中央与地方之间的权力关系模式,这就是国家权力体系的纵向结构。区域行政协议是在这样的背景下运行的,正因为如此,中央政府、省级政府有了干预区域行政协议过程的法律和权力基础。对区域行政协议而言,中央政府、省级政府与区域政府的关系是最重要的外部关系,区域行政协议运行在不同地区可能面对不同的政府间关系,在三级制地区与四级制地区政府间关系复杂程度不同且地方政府的权限也不尽相同,因此,区域行政协议运行的难度也不同。

二、区域政府间关系:行政区划间的政治锦标赛

行政区划又称为行政区或政区,是根据相关法律的规定对国家地理区域进行辖区的划分,并在此基础上建立、运行相应的地方行政机关以完成行政管理任务。作为大国治理的基本措施,行政区划是必然的选择。行政区划和层级管理不仅实现了中央治理地方的宏观框架,而且也对地方政府之间的基本关系进行了外部规定。地方政府的主要行动是在行政区划范围内完成,其关注的焦点也主要集中在行政区划范围之内,但是伴随着区域及区域公共事务的逐渐增多,省、市、县各层级政府在突破行政区划范围后进行了深度合作。

行政区划的存在让地方政府成为一个个独立的单元,而中央主导下的地方政府锦标赛让竞争成为地方政府间关系的主要形态。"晋升锦标赛作为一种行政治理的模式,是指上级政府对多个下级政府部门行政长官设计的一种晋升竞赛,竞赛优胜者将获得晋升,而竞赛标准由上级政府决定,它可以是GDP增长率,也可以是其他可度量的指标。"[①]中国地方行政体制由省、市(地区)、县和乡镇四级政府构成,基于行政区划的中国行政管理体制在不同层次上的同构性使得晋升锦标赛得以普遍推行。特别是改革开放以后,政府官员能否治理好经济、促进经济发展成为其能不能升迁的重要考核指标,地方官员之间围绕GDP增长而进行的晋升锦标赛

---

① 周黎安.中国地方官员的晋升锦标赛模式研究[J].经济研究,2007,42(7).

模式是理解地方政府行为选择的关键线索之一。"晋升锦标赛本身可以将关心仕途的地方政府官员置于强力的激励之下，因此晋升锦标赛是将行政权力集中与强激励兼容在一起的一种治理政府官员的模式。"[①]在这种激励模式下，地方政府官员专注于经济发展，促进地方经济的快速发展，但是对区域地方政府而言，也不可避免地在一定程度上扭曲正常的竞争关系，有时甚至为赢得政治晋升锦标赛而引起很多非法竞争行为。

区域行政协议在区域地方政府间高度竞争的背景下运行，区域地方政府间缺少合作的内在动力，这不利于区域行政协议有效运行达到预期目的。对中央政府而言，三十多个省级行政区划是政治锦标赛的参与者；对省级政府而言，辖区城市政府是政治锦标赛的重要参与者。在省管县体制推广之后，政治晋升锦标赛则进一步拓展到市县政府之间。区域地方政府之间的关系也被纳入政治锦标赛环境之中，其合作的动力远没有竞争的压力大，探究其内在原因在于政治晋升博弈的基本特征是一个官员的晋升直接降低另一个官员的晋升机会，这使得同时处于政治和经济双重竞争的地方官员之间的合作空间非常狭小，而竞争空间巨大。况且对政府官员而言，政治晋升是一种不可阻挡的诱惑。"晋升与不晋升存在巨大的利益差异，这不仅表现为行政权力和地位的巨大差异，而且在政治前景上也不可同日而语：不晋升可能意味着永远没有机会或出局，而晋升意味着未来进一步的晋升机会。"[②]被动进入竞争过程，主动参与竞争，成为区域地方政府间关系的基本形态。

区域地方政府间关系最大限度地影响着区域行政协议的运行效果，区域行政协议运行对各参与主体的要求是更多的信任与合作，但是在政绩考核压力下的晋升锦标赛使得地方政府缺少合作的内在动力，当地方政府间处于政治锦标赛之中时，地方政府间出现冲突和不当竞争的机会可能远高于合作概率。由此可见，行政区划并不是带来冲突的真正原因，影响区域行政协议运行的原因在于基于行政区划的地方政府间有关官员晋升的政治锦标赛。

三、多元主体共同参与：政府、企业和非政府组织

在管理社会公共事务的过程中，政府在很多方面不同程度地发挥了有效作用。在地方政府治理过程中，地方政府是当然的主体之一，其主要职能在于发展经济和提供公共服务，就是把蛋糕做大并分好蛋糕。在地方治理过程中，地方政府另外一个职责是在公共服务供给过程中将市场企业和社会非营利组织整合到一起共同完成地方政府治理。市场失灵、政府失灵表明区域政府治理过程中，单纯依靠政府或

[①] 周黎安.中国地方官员的晋升锦标赛模式研究[J].经济研究,2007,42(7).
[②] 刘剑雄.中国的政治锦标赛竞争研究[J].公共管理学报,2008,5(3).

者单纯依靠市场都不可行。同样道理,单纯依靠非营利组织也无法完成公共服务和公共物品的供给。一个健全的公共服务供给体系必须包含这三种机制,寻求政府、市场和社会互动的联结点,建立起三者之间的主体互动关系和多中心合作的社会公共服务供给体系。

在区域公共服务和公共物品供给中,政府是当然的主体,政府在供给公共服务的过程中承担着主要责任,但是在公共服务和公共物品供给过程中,政府直接生产并供给公共服务和公共物品并非是最优选择,由政府定制、企业生产实现合作供给是一个可选择的途径。单纯依靠企业供给公共服务和公共物品不可行,因为作为市场主体的企业能够参与公共服务和公共物品供给,其行动动力在于获得利润,所以还需要政府介入其中对企业进行引导和规范,实现公共服务和公共物品有效供给及供给均等化。对非政府组织而言,因其民间性、志愿性和公益性等特点,决定了其可以发挥在公共服务和公共物品供给中的作用,促进社会和谐的作用。与市场企业主体不同,非政府组织与政府目标任务具有更大的相似性,因此,政府与非政府组织更具有合作基础。"在互动合作模式中,建立政府与民间组织的共同体关系是未来发展的基本方向。政府与民间组织在相互独立的基础上建立创新的合作伙伴关系,应是一个持续的良性互动过程。"①因为非政府组织的志愿性和广泛参与性,所以民间组织可以做许多政府想做而做不到、想做而做不好的事情,实现政府与非政府组织之间的有益互补。除此之外,非政府组织还有其他社会力量,包括政策专家、媒体、社会公众,也会对政府的行为进行监督,成为地方政府治理过程中的第三种力量。

区域行政协议正是在上述多元主体形成的关系网络中运行,中央集权下的地方分权使得区域地方政府在具有缔约自主性的同时也受到上级政府的外部影响;区域地方政府间的晋升政治锦标赛,使得行政协议存在缔结必要性的同时,主体却缺少充分履约的内在动力;非官方力量的充分参与,使得区域行政协议得到外部力量帮助的同时有了更多的外部监督。区域行政协议在这种关系网络中运行,区域地方政府的行为选择、契约主体是否坚守契约精神以平等的身份进入契约过程、自由决定主体行为、履行契约中规定的责任与义务、对契约中受损方进行补偿,这一切也都需要从关系网络中寻找主体选择的内在原因。

第二节 多元目标导向的区域行政协议

在关系网络之中探讨区域行政协议的目标选择,主要探讨下面这个问题:区域

---

① 王建军.论政府与民间组织关系的重构[J].中国行政管理,2007(6).

一体化行政协议的目标是旨在保持政治统一和稳定,在于促进经济持续发展,还是不断增加区域地方政府公共服务供给能力。多元主体的目标诉求在总体一致的情况下,可能出现阶段性和地区性的冲突,而行政协议的目标则是在多元冲突中得到确立。

一、地方政府职能重点的转换

新中国成立七十余年,政府职能的重心不断地发生转变,大致可分为三个阶段:从政治导向、经济导向发展到公共服务导向。从新中国建国之初到改革开放是第一阶段,这一阶段的职能重心是政治统一和经济发展。在建国初,政治统一成为从中央政府到地方政府最关注的问题,在保证政治统一的前提下,逐步恢复国民经济也成为政府面临的重要任务。第二阶段是从改革开放到2003年,地方政府职能的重心在于发展经济。这一阶段,政治统一依然最重要,但是这更多是中央政府层面考察的问题,对地方政府而言,政治统一已经不再是政府工作的重中之重,而经济发展导向则逐渐成为地方政府工作职能的重点。第三阶段是从2003年开始至今,政府职能的重点在于发展经济,同时关注公共服务供给。对地方政府而言,经济发展依然是中央考核地方政府的重要指标,但是"非典型性肺炎"疫情暴发之后,公众对公共服务的要求逐步突显出来,提供公共服务成为促进经济发展之外政府工作的另一个重点。

1. 新中国成立初期至改革开放前:保持政治统一,追求经济恢复

在国家发展的急剧变革时期,经济、政治、文化与社会诸领域的剧烈变动必然要求建立适应新的形势稳定的政治秩序。新中国成立之初,社会经济和人民生活亟须恢复,而恢复和发展经济、提供人民生活必需品的首要前提之一就是重新建立起一个统一的社会秩序。因此,在这一阶段,党和国家的中心工作是建立和巩固新生的人民政权,政府工作的重中之重是重新建立政治秩序并保持政治统一。

建立统一的政治秩序只是手段而并非目的,统一的政治秩序是为了恢复经济,提高人民生活水平。1951年西藏和平解放之后,国家的主要任务转移到实施经济计划、振兴国民经济的新阶段。在这一阶段,政治统一依然是政府工作的重点,但是却一步一步地转向了经济发展。概括这一时期政府工作,其重点在于维护中央权威,为恢复和重建秩序创造一个统一的外部环境,并在和平统一的政治秩序中恢复生产和发展经济,提高人民的生活水平。因此,可以说,这一时期政府工作职能的重点是建立既有利于中央对地方形成强有力的控制,又有利于经济发展、人民生活水平提高的宏观政治、经济和社会秩序。

总体而言,在新中国成立初期到改革开放前这一时期的政治环境下,在政治统一基础上追求经济发展是政府工作的思路。中央政府、省级政府和市县地方政府

的基本关系是在政治秩序和经济发展的双重目标导向下完成的。这一阶段,政府间关系重点在于协调中央与地方的关系,或者说是纵向政府间关系显得更为重要,而地方政府之间的横向联系不多,尚没有出现适合区域行政协议发展的外部环境。

2. 改革开放至2003年:经济发展占绝对主导地位

重建并保持统一的政治秩序是新中国成立初期政府工作的一项重点,而经过新中国成立后30年的发展,到改革开放时期,已经形成了稳定的政治秩序,因此,到改革开放后政治统一导向已经让位于经济发展,政治统一和政治秩序退到幕后,经济发展成为政府工作的首要关注点。这只是政府的工作重心发生转移,并不意味着政治统一已经不再重要,对政府而言,这意味着当统一的政治秩序已经建立时经济发展才是政府更需要关注的话题,但是当经济发展与政治统一形成冲突时,政府首要关注的依然是政治统一。

中共十一届三中全会确定党和国家工作的重点转移到社会主义现代化建设上来,经济发展成为各级政府的工作重点,发展经济可以强大地方政府的整体实力和提高人民的生活水平。对地方政府而言,经济发展超越了政治导向,成为地方政府工作的重点。改革开放以来,"经济改革和发展成为各级党委和政府的头等大事,经济绩效也就成了干部晋升的主要指标之一。这就使得地方政府围绕经济绩效展开了激烈竞争,使得地方政府官员非常热衷于 GDP 和相关经济指标的排名。"[①]在地方政府极度关注经济发展的环境中,依政府工作的职责,这一阶段公共服务也应该被提上议事日程。但是由于经济不发展带来的巨大压力和地方政府在认识上存在的偏差,因此经济建设在政府职能中占据了全面的压倒性优势地位,而政府的公共服务职能却没有得到相应的重视。

3. 2003年至今:追求经济发展,同时开始关注公共服务

21世纪初,特别是在2003年"非典型性肺炎"疫情暴发以后,"弱势群体的显性化等一系列问题的出现,促使中国以突出公平因素和反思市场因素的作用为契机,开始集中地思考建设服务型政府的课题,政府的公共服务职责得到了前所未有的重视"[②]。以当前地方政府的职能重心而言,经济发展导向仍然是地方政府的主要职能重心所在,但是,随着辖区民众公共服务需求的日益增强,地方政府也必然要不断增强自身的公共服务供给能力。区域内部地方政府也不例外,区域内部各地方政府在政治晋升锦标赛的环境中追求着经济发展的目标。但是2003年"非典型性肺炎"之后,公共服务也成为地方政府面临的一个重要课题。服务型政府建设作为中国政府发展的新阶段,意味着政府职能关注的重点发生重要转移,由侧重于

[①] 周黎安.官员晋升锦标赛与竞争冲动[J].人民论坛,2010(5).
[②] 赵聚军.中国行政区划研究60年:政府职能转变与研究导向的适时调整[J].江海学刊,2009(4).

直接推动经济发展,逐步转变为更加注重公共服务供给职责,政府职能中公共服务所占比重不断上升。

当前,对地方政府的考核完全摆脱经济发展指标的条件尚不成熟,但是公共服务供给的压力却是区域地方政府不得不面对的新情况。尽管经济发展依然是各级政府面临的最大压力,但是经济发展不再是单一的目标导向。当区域公共服务成为公众对政府日益增长的需求时,这种需要一定会对区域地方政府形成外在压力,或者通过对中央政府的影响传导到区域地方政府。例如,当经济发展对环境保护构成重大破坏时,公众对此强烈呼吁,引起了从中央到地方各级政府的重视,很多地方环境保护已经提上了议事日程,平衡经济发展与环境保护已经成为地方政府发展经济时必然的理性选择。经济发展是地方政府考评的主要指标,公共服务供给的相关方面也逐渐成为上级政府对区域地方政府进行考核的重要层面。

二、区域行政协议目标的选择

区域行政协议作为地方政府间的协议行为,其关注的焦点伴随着地方政府职能重点的转换而发生变化。当前,作为一级地方政府,无论区域内部政府涉及直辖市、地级市还是县级市,其主要的职能重点已经转向经济发展和公共服务,而相应的政治导向已经成为中央对地方政府包含区域政府的一种潜在的要求。毫无疑问,区域一体化不能影响大国政治统一的宏观政治格局,在不影响政治统一要求的前提下,政治统一这样的政治导向已经不是区域内部地方政府考虑的主要问题。既然经济发展和提供公共服务已经成为区域政府的主要职能目标,那么区域一体化行政协议理所当然的主要围绕经济发展和公共服务供给进行。

1. 经济导向的区域行政协议

当行政区经济发展到区域经济阶段时,作为政府主导推动的市场经济,区域一体化行政协议一般都是从经济领域的合作开始。以长江三角洲为例进行考察,1997年,长三角城市经济协调会的召开标志着长三角地区政府之间的合作制度开始起步,各城市共同签署了《长江三角洲地区城市合作协议》,确定设立旅游、规划、科技、信息、产权等项专题合作。2002年,第二次沪苏浙经济合作与发展座谈会召开,通过了"区域经济合作原则和计划",这标志着长三角地区地方政府确立了合作的共识,长三角地区进入快速区域一体化发展阶段。考察国内区域一体化地区,区域地方政府间合作大多从经济领域开始,并且经济领域一直是区域地方政府关注的重点问题,区域行政协议也从关注区域经济一体化开始并向其他领域扩展。

2. 公共服务导向的区域行政协议

随着我国经济的快速发展和社会的全面进步,公共服务的供给问题成为社会各界关注的热点话题和焦点问题,人民群众对公共服务的需求日益多元化和复杂化。创新区域公共服务供给模式以提高公共服务水平已经成为时代的重大课题,这一主题的转换在区域行政协议的过程中也清晰地表现出来。区域管理介于中央政府的宏观管理与地方政府的微观管理之间,其合法性权力主要来源于中央政府的让渡和地方政府的上交。区域行政协议可以更好地贯彻中央政府有关建立服务型政府的理念,将地方政府因为行政区划局限而无法高效完成的公共服务供给任务纳入区域地方政府职权范围之中,从更高的范畴来更好地完成。与地方政府可能更关注于行政区划间的竞争相比较,区域一体化行政协议则主要将目光集中于地方政府间的合作,将公共服务作为行政协议的重要目标导向。

3. 双重导向下的区域行政协议

区域行政协议目标的确定与政府职能重心的转换密不可分,同时受到上级政府和辖区民意的双重影响。政治忠诚是指下级政府对上级政府的尊重和服从,而辖区民意指的是地方政府在治理过程中尊重行政区域内部民众意愿。区域地方政府会同时面对上级政府和辖区民意两个方面的影响,在一体化行政协议过程中面临着表现政治忠诚还是关注辖区民意的双重选择。在政治锦标赛的压力下,上级政府的考核导向将对区域地方政府产生重要影响。除此之外,随着民生民主日益成为公众讨论的热点问题,辖区民意也成为政府需要更加关注的重要问题,在政府官员升迁的考核中民生民主相应的将占有更大比重。

当前,区域地方政府的政绩考评中,将辖区民意引入对地方政府行为的约束机制中已经成为学界和公众的共识。针对现状,对地方政府的绩效考评和干部作用完全摆脱 GDP 指标,单纯依靠民意来进行不太可行,因此,上级政府对下级政府的政绩考评依然使用的是经济发展指标,不过民意所占比重已经越来越大。

目前,在政治忠诚和辖区民意的双重导向下,区域行政协议主题主要集中在经济发展和公共服务供给两个领域。区域政府对相关行政协议的积极程度却存在一定的差异:一类是区域地方政府间经济协议,当某项行政协议有利于区域经济发展的时候,这项行政协议会受到地方政府的积极推动;反之,如果行政协议不利于区域经济发展,地方政府则会消极应对。另一类是区域政府间公共服务供给的协议,分为两种情形:第一种情形是当这些公共服务协议能够促进区域经济发展,为地方官员赢得政治锦标赛时,区域内部的地方政府同样会积极参与推动。第二种情形是尽管公共服务供给的行政协议无益于区域地方政府赢得政治锦标赛时,地方政府可能消极应对,也有可能基于对政府职能的认知选择继续履行协议。

尽管政治秩序、经济发展与公共服务不存在内在的矛盾,政治秩序能够为经济发展提供秩序保证,而经济发展也可以促进地方政府提高公共服务供给能力,因此,政治秩序、经济发展与公共服务是相互关联、相互促进的。但是,对区域地方政府而言,在签署行政协议过程中面临着目标导向的冲突。这些导向冲突表现为:上级政府以经济发展为考核目标导向与辖区公众对公众服务日益增长的需求之间存在着阶段性的矛盾,对地方政府而言,依据上级政府的导向还是辖区民意需要决定其行为,这是一个需要考虑的问题。尤其是我国实行基层民主以后,地方政府官员对辖区民意更加关注,除了对上有"政治忠诚"的要求,在经济上要有所建树,在民生问题上,"辖区民意"直接影响到官员获得职位与否。当上级决定与辖区民意和谐一致时,地方政府会积极推动行政协议。但是,当两者之间出现阶段性冲突时,区域地方政府的行为则会出现犹豫。

当前,政治忠诚与辖区民意未能实现有效统一,双重目标导向存在着一定的阶段性矛盾,直接影响区域行政协议的运行。在全国经济发展区域不平衡的大背景下,区域地方政府对政治忠诚和辖区民意的选择呈现不同状态,全国范围内双重目标导向呈现不同的矛盾状态影响着区域行政协议的运行,使其呈现出不同的运行效果。

第三节 区域行政协议运行的组织考察

"我们生活在一个组织化了的社会。组织就是我们生活和交往的社会现实,离开了组织就无法理解我们的社会,也无法安排我们的行动。"[①]区域行政协议的运行需要有组织结构保证,协议缔结、协议履行以及冲突解决都需要有相应的组织结构来完成,离开组织结构的支持,区域行政协议则很难真正有效运行。因此,考察区域行政协议运行效果,区域行政协议的组织设计是否科学是重要因素,而组织设计包括三部分内容:缔约组织设计、履约组织设计和冲突解决组织设计。

一、区域行政协议组织设计

我国当前有关区域行政协议运行的组织机构主要是区域地方政府的联席会议制度,而联席会议制度通常只是出现于行政协议签署阶段,并不贯穿于区域行政协议的整个过程。在区域行政协议履行阶段,没有特定的机构完成区域行政协议,协议的履行一般依靠区域缔约主体的各自履行。在区域行政协议中很少涉及协议冲突解决条款,因此,有关协议冲突解决的机构设置也相应地很少提及。

1. 行政协议的缔约组织

区域行政协议缔约形式大致有两种:一是组织化的缔约,区域政府通过组织化形式进行相互讨论与协商,共同缔结行政协议,这种组织化缔约基础可能是松散的组织形式,也可能是紧密型的组织形式。二是非组织化形式,区域政府之间通过要

---

① 张康之,李东. 任务型组织之研究[J]. 中国行政管理,2006(10).

约—承诺的形式完成区域行政协议的缔结,在这一过程中,参与要约—承诺的区域政府数目可能是两个,也可能是更多个。

当前,我国区域行政协议采用的通常是组织化的缔约形式,行政首长联席会议制度是缔结行政协议最为重要的程序平台,长三角区域、珠三角区域、南京都市圈基本上都是通过该程序缔结行政协议,这是一种松散型组织形式。在实践中,各缔约机关的行政首长通常都喜欢通过会议制度的方式来完成要约、承诺与价值考虑的过程并达成一致意思表示,从而最终缔结区域行政协议。不难看出,行政首长联席会议制度是比较适合中国国情的,为区域地方政府提供了充分交流的平台。但是,这种程序平台也存在明显的缺陷,比如会议时间比较短,并不能解决所有问题,行政首长往往因为事务繁忙,不可能把所有的精力投到行政协议的缔结中来。为了解决这个问题,实践中又出现行政代表出席会议制度。行政代表出席会议制度的特征是行政机关的专业人员或副职代表行政首长全面处理行政协议的缔结事务,但是到最后行政协议署名生效环节,大多由行政首长签字生效,这种组织设计能在一定程度上弥补行政首长联席会议的缺陷。

上述两种缔约形式都存在着一定的缺陷,影响区域行政协议的缔结过程。行政首长联席会议制度时间局促,不能处理日常的事务性工作;行政代表出席会议制度权威有限,不能对重大事项做出决策。实践中往往会提出更高的要求,即建立一种同时具有上述模式优点而避免其缺陷的组织形式。

2. 行政协议的履约组织

区域行政协议的履约模式有两种:一是缔约机关各自履约,这种履约模式不需要设计共同的履约机构,行政协议规定的权利义务由各缔约方自行履行;二是专门机构独立履约,由区域政府共同协商成立独立的履约机构,将完成行政协议义务的职责交由统一机构行使,由其负责区域行政协议中需要完成的任务。

当前我国区域行政协议包括南京都市圈的区域行政协议履约组织的模式选择的是第一种模式,这种履约模式需要协议主体具有高度的契约精神,否则就会影响行政协议的运行效果。正是由于行政首长联席会议在履约过程中存在上述先天性的缺陷,区域地方政府试图对这一模式做出调整,很多行政协议约定在其基础上增设日常工作小组。工作小组设立大都是为了处理行政协议履行过程中的日常事务性工作,比如信息沟通及相互协调等,从而具体落实区域行政协议的内容。日常工作小组往往只能处理日常性或纯粹事务性的工作,对重大事项的决策却具有建议权而无决定权,必须交由行政首长完成决策工作,这样的决策程序不可避免地导致行政效率低下,影响行政协议的履行。当契约主体不履行协议时,日常工作小组对此也无能为力。

在履约组织设计方面,除了对行政首长联席会议进行完善,还可以考虑建立专门机构独立履约。在现有体制下如何设计独立机构,完成区域行政协议的任务,是值得思考的问题,因为独立机构履约明显的优点在于:明确的履约机构保证区域行政协议的顺利履行,有利于缔约组织掌握履约进度,在履约过程中出现问题时有明确的问责对象。与之相比,由缔约机关各自履约的形式在缔约机关众多时很难控制履约进度,出现问题时更难找到明确的问责对象。

3. 冲突解决的组织设计

区域行政协议冲突解决也需要组织基础,现实中有关冲突解决的组织选择大致有以下几种:上级行政机关解决模式、作为第三方的法院解决或仲裁解决模式和缔约机关自行解决模式。

上级行政机关解决模式是指当各缔约机关因履行行政协议而产生纠纷时,由它们的共同上级行政机关裁决。从我国现有的行政实践来看,这是一种最常见的处理行政权限纠纷的程序。这一模式的优点在于调解方案易于得到有效执行,保证行政协议的顺利完成。因为上下级行政机关之间是领导与被领导的关系、命令与服从的关系,对上级机关行政协议纠纷的处理方案,下级机关必须无条件执行。但是,这一方式也存在两个弊端:一是上下级之间复杂的关系确实会影响行政协议冲突的正确衡量;二是在跨省区域行政协议冲突中,寻找共同的上级往往可能要追寻到国务院,国务院作为中央政府将过多的精力花在各区域行政协议冲突的协调上既不经济也不科学。

对于行政协议纠纷的解决而言,司法程序无疑是实现公平正义的最佳方案,但司法体制本身却面临着严重危机。经济社会的繁荣带来了社会冲突的增加,权利意识和法治意识的增强也使公民愿意将纠纷提交给法院来解决,法院在效率、质量和公正中寻找平衡,使得司法工作不堪重负。与之相比较,仲裁克服了上述缺点。毫无疑问的是,仲裁具有"灵活性、非正式性、效率性以及程序对应于实体的适当性"等优点,最重要的意义是"这些非正式程序可以增强行政过程中当事人的满意程度,使他们能够更加直接地参与到与自己有关的决定制作过程之中"[①]。但仲裁体制也存在困难,谁来充当中立第三方,区域地方政府作为社会管理的当然主体是否愿意将区域行政协议冲突问题交与此主体来解决。

缔约机关自行解决模式认为,因履行行政协议而产生纠纷时可以由各缔约机关之间自行协调解决。该程序在解决行政权限冲突的实践中得到广泛使用,其最大优势是弥补了行政首长联席会议的缺陷,即当行政协议纠纷已经产生并刻不容缓的需要解决,而行政首长联席会议却可能无法即时举行,临时组成具有权威性的组织可以起到替代作用。该方案的另一优势在于充当中立第三方的是区域地方政

---

① 何渊.行政协议:中国特色的政府间合作机制[J].政府法制研究,2008(5).

府共同参与的委员会,多方出于区域一体化目的进行合作讨论可以从根本上解决问题。

二、区域联席会议组织整体思考

区域行政协议的组织结构设计需要放在多元主体形成的关系网络中考察。从中央层面来讲,区域政府间组织设计不能影响其区域发展的统一战略;更不能影响国家层面的政治统一。从省级政府层面来讲,区域政府间组织结构的设计不能与之形成权力冲突,也不能影响其省域发展的整体规划。对区域地方政府而言,组织结构的设计需要为政府间合作提供一个平等讨论、自由合意的平台。这个平台的构建不仅可以使区域地方政府平等自主地参与讨论,而且能够提供让上级政府(包括中央政府、省级政府)和非官方组织(包括企业、NGO)共同参与的空间。

区域政府联席会议组织运行的优点在于不是按照既定的、僵化的规则行事,而是更多地注重组织成员的主观选择。如果说正式组织更多地依赖于组织的正式规则和结构效力的话,那么这种松散的组织设计则更多地依赖于组织成员的合作精神和自主性,让组织成员能够围绕组织目标去做出自主性的行为选择。在区域政府联席会议过程中,各参与主体之间因为目标的趋同性、资源依赖性需要共同协作完成区域公共问题,因此,合作的手段不再依靠命令服从,而是主体间的协商。区域政府联席会议、行政代表出席会议制度以及区域政府联席会议日常工作小组是当前区域行政协议运行的组织框架,这些组织设计基本上也是依照参与主体间平等的原则进行的。从实践过程可以看出,当前区域地方政府意在通过制定区域行政协议实现区域一体化,但是从区域地方政府的组织设计可以看出区域一体化更多地停留在目标层面,很多时候并未被视为必须完成的任务。

当前区域行政协议运行效果不明显的一个重要原因即在于组织设计的不科学。针对当前区域行政协议运行的联席会议模式存在的缺陷,如何建构科学的组织结构,提供区域一体化行政协议运行的基石,科学的组织结构需要达到以下几点要求:① 区域行政协议组织设计需要适应中央层面的统一规划和政治统一,同时也不违背所涉及的省域发展;② 能够为多元参与主体提供平等参与的平台;③ 组织设计能够保证行政协议整个运行过程;④ 组织设计具有一定的约束力,保证行政协议的运行。从上述几点要求来考察当前区域行政协议主要的组织设计——行政首长联席会议,这一组织设计提供了地方政府共同参与的协作和协议平台,但是行政首长联席会议的设计缺少一定的行政权威,对各参与主体没有约束作用,无法保证区域行政协议的运行。区域首长联席会议的组织设计无法参与到行政协议的整个运行过程,从协议签署、履行直到冲突的解决,区域首长联席会议只能在缔约阶段发挥较好的作用,这种组织设计是有缺陷的。此时,区域行政协议的履约需要契约主体具有高度的契约精神,没有信守承诺精神,缔约主体各自履约会带来很多矛盾。我国各区域一体化过程中,地方政府组织设计并未能为区域行政协议的运行带来强力支持。

具体而言,区域行政协议的运行过程中,联席会议组织模式存在的一些缺点影响着区域行政协议的良性运作。首先,区域行政首长联席会议组织设计区域政府联席会议并不是一个常设机构,每年一次或者几次的区域行政首长联席会议无法解决区域地方政府面临的大量问题。其次,区域行政首长联席会议缺少权威性,很多时候区域联席会议做出的决议或者签署协议对缔约主体没有真正的拘束力。究其原因在于区域地方政府之间不存在命令服从关系,而是基于资源依赖的合作关系,区域联席会议本身不是一个具有权威的组织形式。区域行政协议权威来源于各参与主体共同协商议定,作为平等主体各自意思表达的结果理应得到各主体的自觉遵守,但是当区域行政协议文本缺少规范化而缺乏约束力时,区域联席会议则更是无能为力。再其次,区域行政首长联席会议只是各参与主体共同协商制定一体化行政协议的协商平台,很少涉及其后的行政协议的履约及冲突的解决。行政协议签署之后的履约过程可能存在各种冲突,但是区域行政首长联席会议却没有相应的组织设置和安排来应对履约过程中可能出现的问题,原因在于区域行政首长联席会议组织本身的特点也决定了在履约和冲突过程中出现的问题超出其时范围之内。

第四节 区域行政协议运行的动力机制

当前,区域行政协议中地方政府行为的动力一般有以下两种来源:第一种动力来源对上级政府考核的重视,即考核导向下的政治竞争压力。这种区域地方政府间竞争压力从根本上说是来源于上级政府基于行政权威对下级政府的考核,因为考核的形式是通过地方政府间的政治晋升锦标赛来完成,地方政府的行动动力在于通过地方政府间合作共赢实现政治锦标赛中更好的位次,所以区域地方政府面临着巨大的外部压力。第二种动力来源于区域地方政府对公民需求的重视,即民意导向下的服务供给压力。当区域地方政府对政府职能有一定的道德认知时,对辖区民意及相邻行政区划民意的关注会促使区域地方政府间缔结协议,以更好地履行政府职能。第一种动力是来自于上级政府,在当前我国行政体制下,地方政府官员的政治升迁主要由上级官员考核决定,这一考核模式决定在上级政府考核中获胜是区域政府行动的主要动力来源。第二种动力是来自于辖区民意,政府成立的目的即在于满足公众的需求,特别是"非典型性肺炎"疫情暴发以后的区域地方政府面临辖区公众提出的公众服务更高要求,对公众服务的更多关注使区域地方政府更多缔结行政协议走向共享与合作,在平等协商中形成有别于权威形式的动力来源。

一、考核导向下的政治竞争压力

为了在政治锦标赛中获得胜利,地方政府间展开竞争,因此,地方政府行为动力很大程度上可以从上级政府基于权威的考核模式中去寻找。区域一体化过程中,为了在竞争中获得更大的胜利,地方政府还可以选择联合竞争,即通过地方政府间的合作获得竞争优势。当区域一体化成为政府必须面对的课题时,区域地方政府通过签署行政协议共谋发展,集体获得在政治锦标赛中处于有利的地位。此时,处于区域行政协议中的各个地方政府已经不是你死我活的竞争,而是通过合作共赢实现整体排名提升。

在区域行政协议的多元主体结构中,主体间的平等参与契约过程并不意味着缺乏一个协作规则的主导性的组织,区域行政协议过程中依然存在起主导作用的政府组织,传统权力与权威仍然在起作用。一些行动者具有更大的权力,拥有更多的资源,在多元关系网络中可以对其他个体施加权力压力。从政府履行职能角度来看,这种基于权威命令的政府间合作关系是一种被动形式的合作关系,地方政府合作的目的不是为了更好地履行政府职能,而是为了在政治晋升锦标赛中获得好的名次。这种基于竞争的合作关系在一定程度上可以促进政府间的合作,但是因为地方政府在合作中的被动参与,使得合作过程中始终伴随着一种不确定性。当合作过程有益于地方政府获得靠前的政治锦标赛名次时,地方政府会积极参与区域行政协议的运行过程;反之,地方政府可能消极应对甚至从行政协议过程中退出。

基于权威的地方政府政绩考核是通过政治晋升锦标赛完成的,一方面,区域地方政府想通过区域行政协议取得共赢,实现区域地方政府整体实力的提升,赢得政治晋升锦标赛;另一方面,区域地方政府之间不可避免地存在利益方面冲突,从而破坏合作的整体环境,区域地方政府就是在这种矛盾的心态中进入区域行政协议运行过程的。总体而言,政府间签订合作契约目的就是意图从合作中获利,即合作方都以合作是否对自己有利作为是否签订及充分履行行政协议的取舍标准,只有缔约各方均感到有利可图,互惠双赢的合作契约才能顺利完成。为实现合作共赢的目标,区域地方政府之间需要进行沟通,了解各自的利益需求,通过协商签署协议,实现利益共享。

具体而言，在上述外部压力存在的情况下，对区域政府间关系的协调主要体现在利益关系的协调与利益结构的调整，对区域政府与上级政府包括中央政府关系的协调主要体现在权力结构的调整，对区域政府与企业、NGO关系的协调则主要表现在区域一体化过程中共同参与、平等协商。

二、民意导向下的服务供给压力

对于区域地方政府而言，除了关注上级政府的意图外，还要关注辖区民众的意愿。尽管上级政府与辖区民意并不是截然的矛盾对立，但是可能存在阶段性的目标错位。对区域地方政府而言，上级政府意见非常重要，民意导向也是其不得不考虑的重要因素。

政府职能一方面表现为处理好集中和分权、公平与效率等五大重要的社会关系，而另一方面则是回应辖区民意，完成公共服务与公共物品供给。地方政府间的合作除了基于上级考核的压力，也可能是建立在政府职能认知的基础之上。从某种程度上讲，重视辖区民意实质上就是在履行政府职能，因此，为更好地履行政府职能，地方政府需要重视辖区民意。当辖区公众提出公共服务和公共物品供给方面的需求时，为更好地履行政府职能，地方政府应该积极应对，甚至协力合作共同应对。例如在遇到公安、消防、环境污染、食品安全等众多问题时，各级各地政府都有主动应对的职责，也正是基于政府的职能，所涉及的各级政府及相邻政府都有应对的需要，合作便成为可能。

那么如何基于政府职能建构有效的政府间合作关系？其基本逻辑是政府合作的动力来自于对政府职能的恪守、对辖区民意的重视，当地方政府认为提供公共服务是理所当然时，政府间合作即有了坚实的基础。因此，不断强化政府对其职能的认知，在共同应对单一政府无法解决的问题时可以有效地促成政府间的合作。一般来说，区域政府间更可能基于政府职责，通过区域行政协议形成有效的合作关系，因为区域政府间有可能面对共同的治理难题，比如邻近政府的环境治理、公共卫生和公共安全等问题，因此需要协作的机会更多。

应对区域公共问题时，多元参与主体之间存在着相互的依赖关系，为实现更好的公共服务和公共物品供给进行协商对话，有效协调不同行动主体的具体目标。当前，区域一体化地方政府在民意导向下的服务供给压力下会通过签订行政协议实现公共服务的合作供给。区域一体化过程中的不同参与主体围绕着特定的公共问题或政策议题，"通过对话、协商、谈判等集体选择和集体行动，达成共同治理目标，并形成资源共享和相互合作的机制与组织结构，建立共同解决公共问题的纵向的、横向的或两者结合的组织网络"①。

具体而言,在面临公共服务供给压力时,对区域政府与上级政府关系的协调主要体现在政府权利义务的划分。对区域地方政府之间的关系协调主要表现为资源共享、责任共担,协力合作解决区域公共问题。对区域政府与企业、NGO关系的协调则主要表现在区域公共服务供给中合作方式改进。

三、基于利益共享的信任关系

信任关系是区域行政协议有效运行的基石,如果上述两种动力导致的政府间合作能够实现利益共享的规范化和制度化,那么就有助于在区域地方政府之间形成信任关系。为实现区域一体化行政协议的有效运行,需要在多元主体间培养信任关系,主要是在区域地方政府之间培养信任关系。行动主体之间存在着相互信任,可以推动多元主体之间的合作并降低合作的成本,促进区域地方政府的集体行动,实现多元主体为共同的目标而通力配合。良好的信任关系基于行动主体对共同利益的认同,促使多元主体严格约束其主体自利的一面,弘扬行动者利他的一面,有利于建立统一的利益互惠、相互信任、通力合作的政府间关系。

人与人之间的信任有助于人与人之间更多的交往与合作,当信任从个体层面进入政治层面,政府间的信任同样也可以促进政府间的交往,减少合作的成本。政府层面上的合作可以基于很多基础,或者是法律规定、上级政府的命令,政府职责或者是基于政府间信任关系。基于信任的政府行政协议在缔约过程中易于达成合作协议,缔约成本小,并且在履约过程中也会主动承担作为缔约方的责任,在很大程度上减少了责任追讨环节在事后保证的成本,建立在主体间良好信任关系基础上的区域行政协议成本低、效率高、质量优。

当前,地方政府间合作无论是源于考核导向下的政治竞争压力还是民意导向下的服务供给压力,相对于其他政府间关系,区域地方政府之间更易于建立相互之间的信任关系。究其原因,在于政府间合作有了三个现实:信息的多渠道、合作主体的多元化和对合作低成本的追求。首先,无所不在的信息网络为地方政府之间基于信任的合作提供了更多的相互交流的渠道,为政府间合作主体提供了更多的识别合作方信用的方法与手段。其次,合作主体的多元化则使各地政府有了更多的选择合作对象的机会。多元合作主体的选择,使得各区域地方政府更加珍惜合作的机会。最后,区域地方政府间合作对低成本的追求,也为区域行政协议的缔结与履行提供了动力。基于信任的政府间合作,在缔约、履约、冲突解决的过程中都

---

① 李中政,诸大建.网络治理视角下服务型政府建设初探[J].探索与争鸣,2008(12).

能够减少谈判的成本,政府间合作也适应了规模经济的要求,适应区域地方政府降低合作成本的追求。

利益共享是建立区域政府间信任关系的重要基础,地方政府无论是出于提高政治锦标赛名次还是提供有效的公共服务的目的,对辖区的关注是其工作的重点所在,保证其"辖区利益"是促进地方政府走向合作的动力,实现区域地方政府之间的利益共享也是促进地方政府间建立信任关系的基础。区域一体化进程中,作为多元主体的地方政府是相互独立的个体,具有各自不同的利益诉求,区域地方政府间的合作关系和信任关系需要建立在"辖区利益"的基础上,当各地方政府通过利益共享能够实现"辖区利益"时则更倾向于走向合作和信任;反之,地方政府则更倾向于不合作,也难于建立信任关系。通过利益共享能够提供地方政府之间建立信任关系的基础,而信任关系的建立有利于实现区域地方政府间的利益共享,从而促进地方政府在政治锦标赛和公共服务供给中走向合作。区域地方政府间的利益共享和信任关系是一种互动关系,是一种相互促进的关系。

从我国区域行政协议的运行过程考察,影响地方政府间信任关系的核心因素是利益共享,而影响利益共享效果有两个方面的主要原因:一方面是地方政府的行为动力,不同的动力直接影响地方政府的行为选择,基于考核的政治锦标赛压力易于引导地方政府走向竞争,基于民意的服务导向可能引导地方政府走向合作,相比于竞争关系,地方政府间的合作更容易建立信任关系。另一方面是地方政府间利益协调机制,地方政府间的利益协调机制也间接影响地方政府间合作关系,有效的利益协调机制有利于地方政府间找出共同利益,缺少利益协调机制或低水平的利益协调机制也会影响地方政府间建立信任关系。

第一,从当前区域行政协议中地方政府的两种行为动力考察,当区域地方政府行为动力在于在政治锦标赛中获胜时,区域行政协议主体的关系更多的是竞争关系。此时,地方政府之间建立起有效的信任关系存在一定的困难,原因在于地方政府的行动目标是利己的且相互冲突的。当区域地方政府出于更有效地履行政府职能目标,即应对区域公共问题或者更高效地提供公共服务和公共物品而缔结区域行政协议时,缔约主体间合作的动力更大,也有益于建立起主体间的信任关系,原因在于此时地方政府的行动目标是利他的且相互帮助的。总体而言,当前区域地方政府之间主要是基于考核导向下的政治竞争压力而通过区域行政协议形成合作关系,这在一定程度上影响有效动力机制和地方政府间信任关系的建立,也影响了区域行政协议的有效运行。

第二,在这一过程中,利益协调的作用在于实现利益共享,从而在区域地方政府间建立起信任关系,更好地推动地方政府间合作,促进区域行政协议运行。因为行政区划边界的存在,地方政府更多关注"辖区利益",而各个辖区利益不可能完全一致,就可能形成冲突,利益协调机制的建立目的在于在不同的利益主体间形成有效的沟通和交流,寻求共同利益,因此,建立有效的利益协调机制有利于实现区域地方政府间的利益共享,进而建立区域地方政府间的信任关系。从当前我国区域地方政府间关系以及区域行政协议运行层面考察,利益协调主要通过区域政府联席会议形式进行,各区域一体化地区利益协调体系处于不同水平,因而也直接影响区域地方政府间信任关系及区域行政协议的运行效果。

本章小结

区域行政协议从文本走向实践操作离不开行政协议的运行机制,缺少有效的运行机制无法实现区域行政协议的有效运行,因此,必须从目标确定、组织设计和动力机制形成等方面完善区域行政协议的运行机制。

当前,我国区域行政协议运行包括南京都市圈行政协议,在目标确立上存在多元主体间冲突,组织设计中偏重缔约而忽视履约和冲突解决,而在动力机制上未能形成利益共享、平等对话以及信任机制。上述情况直接影响区域行政协议运行效果。

第四章 区域行政协议的契约精神考察

契约关系从交易领域进入政治领域,契约精神不仅影响着市场主体之间协议的运行,也直接影响着政府主体之间行政协议运行的效果。只有参与区域行政协议的主体具有契约精神,真正地实现主体平等、自由合意、信守承诺、违约救济,区域行政协议才能够有效运行并产生积极的效果,否则,区域行政协议只能停留在文本形式,甚至文本形式的行政协议也无法规范化甚至是无效的。

如何实现区域行政协议的有效运行,可行的选择是多元主体本着"主体平等、自由合意、信守承诺和违约救济"的契约精神,以追求利益共赢为宗旨,建立以中央政府和省级政府、区域地方政府、市场企业、非政府组织共同参与的网状互动组织,以平等协商的方式完成区域行政协议过程。但是,在区域行政协议运行过程中,多元参与主体处于一定的关系网络之中,契约主体的目标确定和行为选择受其他主体影响较大,多元主体不一定能平等自由地参与到协议过程,主动履约和有效救济也会遇到多重困难,从而导致区域行政协议运行效果不明显。因此,观察区域行政协议运行过程中存在影响契约精神的内外部因素,以契约精神为视角分析影响区域行政协议效果不彰的原因是一个可行的思路。

第一节 作为"准契约"的区域行政协议

一、契约与区域行政协议

所谓契约,简单地讲,就是独立、自由、平等的个体通过协商而确立共识,达成兼顾性或互惠性交易,并接受由此而来的必要约束[①]。无论是源于缔约各方的合意还是一方和多方的单方允诺,契约都必须按照所有各方都能接受的原则来划分利益才算恰当。可见,契约成立有以下一些要件:缔约主体的独立平等、契约行为

---

① 张凤阳.契约伦理与诚信缺失[J].南京大学学报(哲学·人文科学·社会科学),2002,38(6).

的互利互惠、契约具有一定的约束力。首先,缔约主体间的关系直接影响契约能否真正缔约并有效运行,对缔约主体的最基本要求即是不存在相互隶属关系,缔约各方能够以平等身份进入契约过程,在契约过程中独立自由地做出行为选择。其次,契约中的互惠互利是缔约主体平等参与的结果,也是缔约之后得到有效执行的前提条件。如果只是一方或几方获利,那么其他缔约主体则没有缔约的必要,其后也无履约的动力。最后,契约是一种在法律上具有约束力的协议,这种约束力来源缔约主体的自由同意,当缔约主体以意思表达一致为基础形成契约时,遵守和履行契约则会得到法律的约束和保护。

在我国实践中,区域合作一般通过省市长、厅局长和主任联席会议制度实现,参与各方主体通过共同参与、自由讨论、平等协商,共同缔结区域行政协议,推动区域一体化进程。作为联席会议所达成的一种结果,区域行政协议是经过联席会议磋商、协调而缔结的,尽管区域地方政府之间可能存在行政层级的差异并且区域地方政府的城市化水平、经济发展水平有差异,但是因为缔约主体共同处于特定的关系网络中而形成相互间的资源依赖,单纯依靠任何一个地方政府无法完成区域一体化,因此,在共同完成区域行政协议缔结,推进区域一体化过程中,各地方政府只能选择以平等的身份自由参与到其中,所以从这个意义上我们可以将区域行政协议看作是某种类型的平等契约。

在目前情况下,宪法有关地方政府合作规定和"政府关系协调法"的缺位,使得政府间的合作缺少成文法律依据,区域一体化过程中区域地方政府行政协议的签署在一定程度上可以减少无法律保证的不确定性。在区域一体化发展中,因为有区域行政协议的保证,参与合作的政府能够预期未来的合作走向,并可能从合作中获得利益,尽管现实中有些政府存在着违约的可能和事实,但有了区域行政协议的存在,其他合作方的利益也不会无法保证,其他合作方可以通过违约责任的追偿而获得受损利益的补偿。作为"契约"的区域行政协议,通过明确缔约的目标、参与主体的权利义务、履约方式和违约救济,可以保护合作各方参与主体的信心,促使区域行政协议的顺利完成以及下一次合作协议的产生,让区域一体化的政府间合作成为制度化的常规行为。基于契约的政府间合作使政府之间的合作行为有了确定性,对可变的预期有了保证性,合作的政府之间因为经常性的契约合作会逐步产生信任关系,促使更高层次的基于信任型的政府间合作产生。

二、准契约:区域行政协议的定位

当前,区域一体化已经成为不可阻挡的趋势,大多数区域地方政府也意图通过建立合作关系在政治锦标赛中获胜或者更好地供给区域公共服务,因此,地方政府之间有着较强的合作意愿,实践中通过缔结区域行政协议将这种意愿表达出来,可以看出区域行政协议是地方政府间较强合作意愿的产物。

地方政府通过区域行政协议形成合作关系,这种合作关系是一种"弱联合"形式。所谓"弱联合"是指地方政府受到行政协议的强制性约束较小,有很大的自主性和行为选择自由。这种"弱联合"区别于行政区划调整的政府间合并、双层政府的政府合作等联合方式,属于一种自我管理形式。同样,这种"弱联合"也有别于一般商业领域或者民事关系契约的硬约束形式,不同于其他必须遵守的契约条款行为模式,在缔结和执行协议时有较大的自主选择权,属于一种软约束形式。区域地方政府可以依据主体的需要选择行政协议条款,现实中多数是有较大的随意性和自主性,缺少要求区域地方政府必须如何的规范化条款,可见是一种"弱联合"形式。

区域行政协议是区域地方政府间强合作意愿下采用的"弱联合"形式。区域行政协议与一般的商业领域或者民事关系契约不同,是一种准契约形式。准契约意味着区域行政协议是一种契约,地方政府自由协商制定协议、自愿接受协议约束形成合作关系。准契约意味着区域行政协议与一般的契约存在差异,地方政府通过区域行政协议形成合作关系,但是这种契约的约束力不是硬性约束,更多地依靠地方政府自觉,是一种软约束形式。定位区域行政协议为"准契约",原因在于即便在区域行政协议缔结之后,其履约与否的决定权在于地方政府,这一过程缺少外部监督。

从缔约主体考察,一般的商业领域或者民事关系的契约主体是两个独立自由的主体,有更大的选择主体行为自由,而区域行政协议尽管也是平等行政主体间协议,但是主体间关系有其独特性,存在一定的外部约束,即外部力量影响和干预下的平等主体间关系。一般情况下,地方政府在行政协议的过程中受到上级政府的约束和非官方力量的外部干预,实践中,地方政府通过制定不完全规范的行政协议,突显出一些政府间合作意愿。与具有严格约束力的"硬契约"相比,"准契约"给予地方政府以更多的弹性选择,在强意愿的背景下形成一种"弱联合"形式。

作为一种准契约的区域行政协议,如果只停留在强意愿"弱联合"形式阶段,则区域行政协议没有办法最大限度地发挥作用,因此,需要在一些领域将区域行政协议规范化和制度化,以促使区域行政协议更好地发挥作用。具体而言,在一些涉及公共服务的特定领域如交通一体化、旅游一体化、通信一体化等,区域地方政府可以择机突破,建立规范化、制度化的区域行政协议,促使地方政府更好地履行契约、促进区域一体化进程。

三、区域行政协议中的契约精神

契约精神是指存在于商品经济社会,而由此派生的契约关系与内在原则,是一种自由、平等、守信的精神。从区域行政协议运行过程看契约精神的具体表现,主要有四个重要内容:契约平等精神、契约自由精神、信守承诺精神和契约救济精神。区域行政协议的有效运行需要有契约精神的支撑,离开契约精神支撑的区域行政协议运行很可能无法实现签署行政协议的原初目的。

"作为一种自愿协议,契约内在地蕴含着平等要求。"①契约平等精神是指缔结区域行政协议的主体地位是平等的,缔约双方享有平等的权利并共同履行义务,互为对等给付,无人享有超出契约的特权。主体平等是契约制定和执行的基石,在区域行政协议行为中,契约平等意味着地位平等、权利平等和义务平等。地位平等是指不论现实中存在何种差异,但是只能以平等的身份进入契约过程;而权利、义务平等在区域行政协议过程中体现为利益共享、责任共担。如果缔约方地位不平等,那么契约的基本理念就会被破坏,因此在合作时,需要放弃行政层级差异、辖区经济水平高低及由此带来的资源占有的差异,以平等的状态进入缔约过程。"如果没有这种对等,契约就会与其本来意涵相悖,变成一种命令—顺从、胁迫—屈服的强制性关系。"②

契约自由精神也是契约精神的重要内容,契约自由作为私法自治的核心内容,强调契约拘束力的根源在于当事人双方的意思或意愿,而不是来自外部力量的干涉。契约过程中的自由合意反映了当事人之间的一种自由合意的意志关系。契约自由包含以下四个方面的含义:① 选择是否缔约的自由。即当事人双方有权自主决定是否与他人缔结契约,缔约自由是契约自由精神最基本的原则,区域行政协议主体缔约的权利不受外部力量(包括上级政府)的干预。② 选择契约对象的自由。即当事人决定与谁订立契约的自由,因此,认可当事人选择契约相对人的自由也是契约自由的一个重要表现。③ 确定契约内容自由。即缔约主体有权选择契约条款,缔约者可以自由商定契约主体的权利义务、履行契约的方式、契约生效的时间地点、违约责任的承担等事项。④ 缔约方式自由。即当事人有权自由选择意思表示的方式。古代法一个非常重要的特征是注重缔约的形式,采用法律规定的方式是契约能够生效的重要前提,否则可能导致契约不能成立。与古代法不同,当前缔约方式自由意味着只要区域行政协议主体同意,缔约的方式可以自由选择而不需要有固定的形式,这不影响行政协议产生法律效力。

信守承诺,任何契约都意味着某种程度的约束,缔约主体在享有权利的同时需要承担相应的义务,它要求区域行政协议缔约各方即区域地方政府都做出或明或隐的承诺,并庄重地恪守这种承诺。缔约方可能出于两种目的而信守承诺:① 当

---

① 张凤阳,李永刚. 契约:交易伦理的政治化及其蔓延[J]. 文史哲,2008(1).
② 同①.

契约方通过理性的利害权衡,认为守信利大于弊则会做出守信的选择;② 信守个人自由的意志表达,既然缔约出于当事人的自由意志,尽管履约过程中实际不能获得收益,缔约人还是应当为此承担责任,就像是他在自愿施加约束一样。第一种情况是利益权衡,而第二种情况则是信守承诺,是区域主体富有契约精神的外在表现。在契约过程未提炼出契约精神之前,人们订立契约源于彼此的不信任,契约的订立采取的是强制主义。当契约上升为契约精神以后,人们订立契约源于彼此的信任,当契约信守精神在社会中成为一种约定俗成的主流时,契约的价值才真正得到实现。

  为了保证契约的有效运行,防止违约情形的出现,违背契约者要受到制裁,受损害方将得到有利于自己的救济。在商品交易中人们通过契约来实现对主体损失的救济,当缔约方因其他缔约方的违约行为遭受损失时,有权提起违约之诉,从而使自己的利益得到最终保护。当契约过程进入到政府管理领域,区域政府之间订立契约即区域行政协议,一方主体不履约或者消极履约给他方带来利益损害时,受损失的地方政府可以通过订立的契约而得到救济,这是契约救济精神的体现。多元主体之间订立区域行政协议只是协议过程的开始而不是结束,履约的过程不能忽视,保证缔约各方执行契约,对违约者追讨责任是契约过程的必要延续。任何契约都要求各缔约方都做出承诺,并严格地恪守这种承诺,否则契约就是一纸空文。只有存在责任追讨机制,才能保证参与订立合作契约的政府遵守其缔结的契约,否则契约将流于形式。契约救济环节的存在能够促进区域行政协议主体主动履行协议,有利于培养区域政府良好的契约精神。

  基于契约精神的区域行政协议运行过程,为区域政府间合作关系提供了制度保障,契约精神使无合作经历的政府之间能够预知合作结果,促进初次合作关系的形成和多次契约行为的延续。契约精神贯穿于整个区域行政协议的运行过程,缔约阶段的契约自由与平等、履约过程中的信守承诺和冲突解决过程中的契约救济等共同构成了区域行政协议过程中的契约精神。选择契约精神为视角,考察缔约主体间是否平等、自由,是否能够积极履约和对违约行为进行救济,是观察区域行政协议运行效果的重要视角。

第二节　平等与自由:区域行政协议缔约的前提

  区域行政协议的多元参与主体之所以能够联合起来共同应对区域问题是建立在资源依赖基础上的,各参与主体所占有资源的多少和质量直接影响其在关系网络中的地位,处于有利位置的网络行动者可以通过控制资源流向来获取对其他行动者的支配权和影响力。除此之外,处于关系网络中优势位置和占有更多资源的缔约主体除了运用行政权威干预区域行政协议运行外,还可能通过一些潜在的方式影响其他缔约参与者。在区域一体化行政协议过程中,尽管各参与主体基于资源的相互依赖,能够以平等的地位参与到区域行政协议过程之中,实现缔约过程需要的形式上的主体间平等与自由。但是,由于行政层级和经济发展水平的差异,各缔约主体在关系网络中处于不同的核心—边缘位置,多重因素影响下契约主体的自由与平等精神会受到影响,从而直接影响到区域地方政府的行为选择和行政协议的有效运行。

一、缔约过程中的主体平等

1. 多元主体的平等参与

区域行政协议缔约过程,就是多元利益主体共同协商的平等参与过程。缔约过程有效运行的前提是多元主体能够以平等的身份共同参与缔约过程,区域政府之间资源依赖、区域政府与上级政府的资源互动以及区域一体化跨越行政区划,在一定程度上消解了上下级间的命令服从关系对区域行政协议主体平等的影响,促使区域地方政府进入平等合作的运行轨道,但是行政协议缔约过程中存在着多重因素影响着契约主体的平等参与。

关系网络中多元主体因为资源依赖而形成相互密切联系的关系,网络中的契约主体以平等地位参与区域行政协议的整个过程,为区域一体化的行政协议签署和履行奠定了基础。但是,资源依赖不能完全保证区域政府以完全平等的身份参与区域一体化行政协议的整个过程,现实中存在着很多影响多元主体平等参与的因素:其一,从政治层面考察,区域地方政府由于行政层级导致其在区域一体化行政协议过程中发言权会不同程度的受到影响。区域一体化范围内可能存在直辖市、副省级城市、计划单列市、一般的地级市以及县级市等不同的城市行政级别,进入区域行政协议过程的地方政府需要以平等的地位进入,行政级别的不同导致其在地方治理过程中的立法权、行政权等权限都存在差异,这对于不同城市以平等的权利参与区域一体化过程有明显的阻碍作用。其二,从经济发展层面考察,区域一体化过程中各地方政府间差异还表现在城市化及经济水平不同带来的资源占有的差异。尽管处于一个区域范围之内,但是不同城市的城市化及经济发展水平不一样,这使得不同的区域地方政府在一体化过程中处于不同的核心—边缘位置,也使不同的区域地方政府在区域一体化行政协议签署和履行过程中处于不同的地位,可见,城市化及经济水平的差异也会影响区域地方政府平等参与行政协议过程。

仅从区域内部政府间关系考察是不全面的,还需要将更多的参与主体纳入考察范围。当区域一体化发生于省域范围内时,区域地方政府是行政协议的主体,而当区域一体化跨越省级行政区域,可能会有更多的区域行政主体参与到区域行政协议中,这些主体包括中央政府和相关的省级政府。从实践经验上看,与省域范围内区域一体化相比,跨省区域一体化存在更多困难。具体而言,中央政府、相关省级政府和区域地方政府如何平等地参与到区域行政协议过程中存在着较大的困难。当多方利益处于一致化时,中央政府、省级政府及区域内部地方政府可能会以平等的身份参与到区域一体化的行政协议,但是当利益或者规划发生冲突时,外部力量包括中央政府与省级政府都有可能会以行政权力影响区域一体化行政协议的良性运转,改变契约缔结需要的主体间的平等状态。区域一体化行政协议的运行过程可能会受到国家层面的行政力量影响,如果区域一体化行政协议影响到国家层面的区域统一规划时,或者区域一体化行政协议影响到国家层面的政治统一时,中央政府会通过行政力量影响区域一体化行政协议。同理,当区域一体化过程有益于省域经济发展和公共服务供给时,区域一体化行政协议可能不会受到来自省级政府的行政权力干预;反之,区域一体化行政协议的运行会受到相关省级政府的外部压力。与省域范围内的区域一体化相比,中央政府更加关注跨省域的联合,因为跨省域一体化除了需要实现区域政府间合作,往往还会涉及两个以上省级政府关系的协调,而省级政府间关系协调的主体就是中央政府。

如何实现区域行政协议多元主体的平等,保证行政协议有效缔结和履行,这需要构建多元利益主体平等参与区域行政协议框架,具体来说包含三个步骤:第一步是实现区域内部各地方政府从行政区划内部科层制管理走向跨区域联合管理,构建一种超越传统科层制管理模式的组织网络模式;第二步是中央政府、省级政府平等参与到区域行政协议过程,以行政协议的方式明确区域地方政府、中央政府以及相关省级政府的权利和义务,这样可以保证区域行政协议有效运行,不受外部行政力量干扰;第三步是在强化政府引导的同时,倾听市场企业和社会的声音并鼓励其广泛参与。区域行政协议的制定和履行,为企业、NGO和公众的平等参与提供一定的空间,减少非官方力量的反对力量。

2. 契约中权利义务平等

权利义务平等是契约主体平等的外在表现,是指区域地方政府在契约过程中共同享有权利并承担义务。区域行政协议中权利义务平等的具体表现是:在区域行政协议缔约过程中各方拥有平等的发言权、能够真实地表达主体意愿;在区域行政协议中各方的权利义务是对等的,不允许一方获利,而他方受损的情况存在;契约平等就意味着区域一体化过程中各参与主体在行政协议过程中要实现利益共享和责任共担。

只有在区域行政协议中建立利益共享机制,实现各缔结主体的权利义务平等,才能提高区域地方政府缔结与履行区域行政协议的积极性。首先,区域一体化的行政协议可持续运作的前提是缔约方都能从中获利,如果只是一方或者几方获利,而其他缔约方无法从中获利,受损方则没有履约和再次缔结协议的动力,行政协议不可能持续运行。在一系列区域一体化行政协议中,只有保证各缔约参与方都能获得利益,这样才能保证缔约各方的参与热情。从当前区域一体化过程来看,一体化必然涉及不同地方政府之间的利益分配,需要区域一体化地方政府有大局意识和合理的利益共享机制。其次,区域一体化的行政协议不是一次完成的,可能有多项协议,如果不能保证本次协议中各个缔约方都能从中获利,那么区域一体化过程需要建立区域内部利益补偿机制。通过区域利益补偿制度建设,实现区域内部政府间的利益共享,从而促进区域行政协议的有效运行。

考察区域行政协议运行的过程,如果不能建立利益共享机制,也没有建立利益补偿机制,那么希望区域行政协议获得良好的运行效果几乎是不可能的。在现有的行政考核体制下,地方政府间关系在政治晋升锦标赛中面临更多的竞争压力而缺少合作的动力。具体表现为,在市场经济建设过程中,地方政府作为独立的利益单位,极易出现本位主义倾向,采用机会主义行为追求本地利益的最大化。原因在于科层制下,上级政府对下级地方政府的考察主要是通过经济增长速度等具体经济指标进行的,地方政府就会采取多种博弈策略和手段来促进当地经济发展,以此获取更多的政治成长空间。可见,在当前科层管理和政治晋升的大背景下,地方政府之间更多的处于巨大的竞争压力之中,实现区域利益共享动力并不大。因此,区域行政协议必须通过明确的条款规定各缔约方的权利和义务,保护其在缔约过程中的平等。

在当前区域一体化过程中,缔约主体是否平等参与差异很大。现实中地方政府制定的区域行政协议情况差异较大,有些明确规定了缔约方的权利义务,而有些却没有提及,因而在协议运行过程中呈现不同效果也就不难理解了。

二、缔约过程中的自由合意

区域一体化过程中,以区域内部政府为主体的行政协议过程能够做到自由合意,即各参与主体能够独立自由的进行意愿表达、选择协议对象、探讨协议内容及选择履约的方式进行缔约是区域行政协议具有可行性、契约过程走向可操作化的基础。从我国区域一体化实践考察,影响区域行政协议有效运行的力量可能来自中央政府、省级政府,也可能来自非官方的社会力量。

在区域行政协议缔结过程中,各参与主体因为各自行政层级的差异、经济发展水平的差异以及资源占有程度的不同,在一体化行政协议过程中处于不同的地位。中央政府因为对权威、资金等资源的充分占有,它可以直接控制区域一体化的整个进程。其采取的具体工具与方法大都是拘束性的或权威性的,主要包括三类:其一,直接改变当前的行政区划,比如建立统一的立法、行政和司法机构,对各行政区域的经济和社会发展进行有法律拘束力的规划和规制。其二,变相改变现行行政区划。该方案在原省、市行政区划的基础之上增加一级机构,因而实际上也是一种以统一或改变行政区域范围为基础的方案调整。其三,可能违背地方政府意愿的区域一体化规划。因此,由中央政府直接主导的区域一体化过程不是最好的选择,由其主导的区域行政协议过程,地方政府没有足够的参与空间和参与的动力,这样的选择直接影响区域地方政府主体自由讨论和自由合意,地方政府甚至没有机会参与其中。

对省级政府而言,与区域一体化过程中的市县政府相比,其不仅拥有更多的资金、信息、人力资源和土地资源,而且更具有权威性,在行政权力上与区域地方政府形成直接隶属关系。在现有的行政考核体制下,省级政府更加关注省域范围内的经济发展和公共服务供给,因此,当省域地方政府在区域一体化发展中影响省域发展整体战略时,省级政府的外部干预成为必然。省级政府的外部干预也有两种常用方式:一是区域内部基层行政区划的调整;二是直接的行政命令干预。与中央政府直接主导的区域行政协议过程一样,当省级政府直接控制区域一体化进程时,区域地方政府同样也没有机会自由地讨论并表达各自的意愿。

与政府机关相比较,非官方主体(企业、NGO、政策专家和新闻媒体)尽管所掌握的资源不同,但是也可以对区域一体化行政协议的运行构成外部影响。非官方主体包括企业、NGO、政策专家和新闻媒体之间通过加强相互间的联系,并与政府机关间保持更多的接触,能够更好地发挥其在区域行政协议过程中的作用。当区域行政协议目标设计或履约过程与非官方力量的意向相冲突时,非官方力量会强烈反弹,通过多种手段影响区域行政协议的运行。例如,有些时候区域一体化会影响区域环境保护,各种环境保护非政府组织都会通过多种途径影响区域行政协议的运行。

目前,区域一体化过程中的行政协议通常都是以政府主导的方式进行。当然,政府主导也有类型区别:一是上级政府(中央或者省级政府)主导下的区域一体化行政协议过程,在这一过程中,区域地方政府是被动参与其中,区域地方政府参与的原因是基于上下级政府间命令—服从关系;二是区域政府主导的区域一体化过程,这种主导在某种程度上是一种封闭的状态,上级政府包括中央政府和省级政府没有参与到一体化过程中,这样也不利于区域行政协议的有效运行;三是多元政府联合主导下的区域一体化行政协议过程,这种协议模式是多元政府主体共同参与的过程,在实践中这种协议模式是区域地方政府之间通过平等协商缔结协议,而后经由上级政府包括中央政府和省级政府某种形式的批准或认可。

比较上述三种区域一体化行政协议模式,第一种是上级政府主导模式,优点在于可以从全局范围统一规划区域一体化发展;但是缺点在于缺少地方政府的主动参与,区域地方政府没有自由的合意过程,可能使行政协议流于形式。第二种模式,地方政府起到了主导性的作用,上级政府并没有参与其中。其基本模式是通过地方政府之间的合作,并最终实现区域经济一体化。该方案有利于区域地方政府利益的充分表达,但是在缺少上级政府参与时签署的区域行政协议可能会在其后的运行过程中受到上级政府干预。可见,此方案缔结过程存在主体自由,但是履约过程中可能失去履约的自由。第三种模式兼有前两种模式的长处,又克服了其存在的缺点。从区域行政协议的契约自由层面考察,最佳模式应该是多元政府联合主导的区域地方政府主导模式。在这种模式中,区域地方政府有自主缔约的权利,能够充分讨论、自由表达主体意愿;中央政府的认可则可以统筹全国范围内区域一体化发展规划,避免区域发展过程中区域范围的交叉重复,影响区域行政协议的有效运行;省级政府的批准或认可,可以避免行政协议执行过程中的外部行政命令干预而影响自由合意的行政协议有效运行。从南京都市圈看,南京都市圈得到了中央的许可,但是与南京都市圈密切相关的江苏、安徽两省并未就此达成共识,江苏与安徽区域一体化发展过程中,皖江开发区将马鞍山纳入范围之内,而南京都市圈也将马鞍山纳入其发展范围之内,出现这一现象的原因在于区域发展的省域规划中缺少统一协商和协调。

　　多元政府联合主导模式使得各级政府以主人翁的精神积极推进一体化,该方案很好地协调了中央政府、省级政府及区域地方政府的利益,使得两者实现了良性互动,最终共同促进区域经济一体化的实现。当然,必须指出的是,该联合方案需要以地方政府为主而以上级政府为辅。区域合作主要是各成员方之间的事,中央政府和省级政府无法越俎代庖,区域地方政府自由参与、充分协商至关重要。此外,如何更加有效地发挥中央政府和省级政府在区域行政协议中的作用同样值得思考,即如何保证区域行政协议的运行不受到上级政府的行政权威干预,保证缔约区域地方政府能够自由选择履约行为。另外,第三种模式还需要考虑如何为非官方力量参与到区域行政协议过程预留足够的空间,这样才能够保证区域地方政府自由选择主体行为。

　　由上述分析可以看出,如果区域地方政府在缔约过程或者在履约过程中缺少自由,将直接影响区域行政协议的运行效果。当前,在全国范围内,各区域地方政府在区域一体化的模式上存在差异,也带来了在区域行政协议过程中主体自由方面的差异,正是因为这些差异的存在,区域行政协议的运行也存在不同效果。

第三节 守信与救济:区域行政协议履约的基础

除了在缔约阶段需要契约精神,区域行政协议主体在履约阶段同样应该具有契约精神,即在履约过程中能够信守承诺和契约救济。缔约阶段的契约精神可以帮助各参与主体制定规范的、利益共享的、权利义务均衡的区域行政协议,而履约阶段的契约精神则可以保证区域行政协议的有效实施和区域地方政府间更多次地缔结行政协议。

一、影响契约信守精神的多重因素

各缔约主体是否信守承诺,坚持履行区域行政协议中规定的权利义务,是区域行政协议能否发挥效力的重要影响因素。从现实层面考察,缔约主体是否履行承诺有三个影响因素:① 外力干预,缔约主体履约行为受外部多元主体力量影响;② 利益驱动,缔约主体履约行为受到是否获利影响;③ 信任关系,缔约主体履约行为受到区域地方政府信任关系的影响。

1. 从外力干预层面对地方政府的行为选择进行考察

区域地方政府在区域行政协议过程中进行行为选择时常常会受一些外部因素的影响,不能单独的做出判断和决定,是否坚持契约精神是其行为选择的一个依据。其一是上级政府区域发展规划影响区域行政协议过程中地方政府的行为选择。城市政府和县级政府在区域一体化行政协议过程中往往受到中央有关区域发展统一规划和省级政府有关省内区域发展规划的影响。其二是区域行政协议过程中地方政府的行为选择往往会受到企业组织、NGO、政策专家、公民个体及媒体等多重因素的影响,这种影响甚至有时会超过第一种影响力。

区域地方政府进行主体行为理性选择之时,需要充分考虑外部影响力对其行为选择的干预。具体而言,外部影响力主要包含四个方面的因素:当区域一体化在一定层面影响到国家的统一时,中央政府会干预区域行政协议的运行;当区域一体化行政协议与相关省级区域规划不一致时,省级政府可能会运用行政权力影响行政协议的有效运行;当地方政府过多的关注地方经济发展时,市场企业组织尤其是区域内部的大型企业组织对地方政府行为的影响巨大;而随着公民社会的发展,以非政府组织为主的社会力量,包括政策专家以及公共媒体都会对地方政府的行为选择产生影响。由此可见,地方政府的行为除了受到来自行政领域上级行政权力的影响外,还会受到来自市场领域和社会领域的多种区域一体化参与主体的影响,区域地方政府需要在多种力量的影响之下寻求个体的理性选择,坚持履行行政协议有时会成为区域地方政府不可能的选择。

2. 从利益获得层面对地方政府行为选择进行考察

区域一体化建立在地方政府行政区划的基础之上,一体化行政协议的制定与执行并不能够消解地方政府的行政边界。因为上级政府(包括中央政府和省级政府)对区域内部地方政府的考核是以行政区划为单位的,所以地方政府的行动逻辑是在区域一体化行政协议过程中获取利益甚至是追求利益最大化,从而在地方政府的考核中处于优势地位。当地方政府利益受损时,尽管区域获得了一体化发展,但地方政府依然有可能采取消极应付的态度。

区域行政协议是一个持续不断的缔约过程,多元主体并非只有一次缔约和履约机会,这个过程通常是不断重复的,在一次缔约中处于受损情形的地方政府可能在下一次缔约中获得利益补偿。这可以解释为何尽管一些地方政府在区域行政协议履约过程中处于劣势地位,在履约后不能获得预期的利益甚至利益受损,但是地方政府依然选择将协议进行到底,原因就在于区域内部已经建立了利益共享机制,信守契约的精神可以为下次区域一体化行政协议的有序运行提供保证,此次协议过程中利益受损的政府可以在下次协议过程中获得补偿。

一般来说,区域地方政府的行为选择依据是是否能够在地方政府竞争中处于优势地位,在区域行政协议中获得相关利益则有利于地方政府在未来的竞争中处于优势地位,因此是否获利则成为地方政府行为选择的标准。从中可以看出,如果地方政府只是出于获得利益而履行区域行政协议,这不能视为地方政府具有契约精神;但是,当主体利益受损时依然能够履行行政协议,则其中存在契约精神。为什么说此时主体间存在契约精神?原因在于受损方坚持履约是契约精神的表现,利益受损主体对契约补偿的期待是建立在相信他方主体会信守承诺,这也是契约精神的具体表现。

3. 从政府间信任关系考察地方政府行为选择

政府间信任关系影响地方政府行为选择,信任危机可能导致地方政府做出不守承诺的行为选择。信任危机不仅存在于个人之间,也存在于区域一体化行政协议运行过程中,区域一体化需要区域内部的地方政府基于相互信任的合作与互动。一般来说,区域一体化行政协议过程中信任的缺失具体原因在于以下几个方面:其一,市场行为主体为最大利益驱动做出许多不守承诺的行为,这种不规范的竞争行为会由企业之间进入到政府之间。政府竞争带来市场过度竞争和竞争扭曲,成为区域一体化过程中影响行政协议有效运行的影响因素。其二,对市场、政府等主体违约行为惩罚的威慑力不足,市场违约和政府违约的成本不足以威慑到缔约主体走上守约道路。

区域行政协议的主体是区域地方政府,地方政府相互之间的关系尤其是信任关系是区域行政协议能够有效运行的前提条件。当区域行政协议签订之后,地方政府,包括各参与主体即进入到履约阶段,只有在预期其他各方都将有效地履行协议的有关规定时,己方才会正常履行协议中的义务。"行动者在决定是否信任他人时,常常需要评估他人过去是否可信、滥用信任的动机如何、存有什么样的控制系统来防止他人对其信任的滥用。"[1]行动主体间的信任能够使网络运转起来,如果区域行政协议的各缔约主体能够预期未来的结果与走向,则会依据契约中规定的权利和义务做出自己行为的调整。若区域主体之间缺乏信任关系,缔约主体履约的积极性势必受到影响,区域行政协议运行则会受阻。对当前的区域地方政府而言,首次履约过程中区域地方政府主体的行为表现直接影响着他方主体的看法,在多元主体间形成的关系网络中,一方主体的违约行为会破坏主体间的信任关系,直接影响区域行政协议的运行。

当前,我国区域地方政府行政协议的运行处于不同的环境之中,有些地方政府没有外部干预,能够从行政协议中获得利益,多元主体间已经形成信任关系;而另一些区域地方政府则处于外部力量干预、缺乏利益共享和缺少信任关系的背景之中,这种差异性无疑会影响区域行政协议的运行。

二、影响契约救济精神的多重因素

区域一体化行政协议过程中存在一些冲突现象:① 区域一体化协议之间的冲突或与法律的冲突。这种冲突一方面表现在区域一体化过程中政府缔约的协议与之前行政协议之间的冲突、部门行政协议与整体区域行政协议的冲突以及小板块行政协议与区域整体行政协议的冲突几种情形;另一方面是区域行政协议与现有的人大立法、行政法规的冲突。区域行政协议之间的冲突需要缔约主体清理行政协议之间的冲突,避免缔约的法律层面的冲突。与人大立法和行政法规层面的冲突则要在国家法制和地方法制建设两个层面做好立法协调工作,废除与一体化有冲突的地方性法规政策,建立和健全与区域一体化有关的法律法规,为区域一体化行政协议提供良好的运行环境。② 区域一体化行政协议与上级政府(中央政府或省级政府)的发展规划不完全契合,出于自发的区域地方政府主导的区域行政协议很有可能与省级区域规划或者国家级区域发展规划相冲突,这也会影响行政协议的进一步运行。③ 缔约各方履约过程中存在的冲突。区域一体化行政协议中一

---

[1] 谢坚钢.嵌入的信任:社会信任的发生机制分析[J].华东师范大学报(哲学社会科学版),2009(1).

般都需要有明确的缔约各方的权利义务。在考虑现实情况的基础上,区域一体化行政协议的缔约各方可能采用不同的态度对待自己的权利义务:积极履约、消极履约甚至出现不履行义务的行为。这会引起协议参与方的不满,这种不满可能会影响区域一体化行政协议的持续有效运行,更有可能影响下次缔约行为的发生。④ 政府、市场与社会在区域一体化过程中,在区域行政协议运行的过程中,政府、市场和社会的目标追求不完全一致,政府的目标在于追求经济发展和公共服务的供给,市场的目标在于为企业营利创造良好环境,而非营利组织在此过程中更多的关注于公益事业,这种目标层面的不同可能在协议运行过程中出现矛盾,多元主体的外部压力同样会影响行政协议的效力。

无论是上述哪种情形出现都有可能导致区域行政协议无法运行甚至无疾而终,而区域行政协议在实际运行中出现上述情况的可能性较大,这就需要建立救济体系保证缔约方的利益,从而保证区域行政协议的效力及其顺利运行,也可以为行政协议的 N 次缔结提供基础。当前影响契约救济的因素主要有两个方面:一是救济体制的选择困难;二是利益计算及补偿的困难。

目前,我国区域行政协议冲突救济有三种常用的解决方法:一是依靠上级政府解决。由于上级政府与缔约主体间有千丝万缕的联系,这种关系会影响上级政府的独立判断。此外,依靠上级政府解决问题,辖区内多个地方政府间复杂的矛盾可能使上级政府疲于应付。二是依靠第三方解决,即司法解决或者仲裁解决模式。当区域地方政府之间在契约执行过程中出现矛盾时,通过法院来解决争端。在我国现行的法律体制下,通过诉讼程序来解决协议纠纷困难较大。依靠独立的仲裁机制来解决行政协议问题需要区域政府在签订行政协议过程中就做出共同承诺,事先指定独立的仲裁机构作为出现协议争端时的仲裁主体,从而实现协议的有效救济。仲裁机制具有独特的存在价值,比如中立、程序简单,但是区域地方政府可能不愿意将行政区划内的行政决策权交给他方决定。三是缔约机关自行解决模式,即由产生矛盾的各方当事人在区域组织内部共同确认第三方参与人,由第三方参与人和相关责任人建立矛盾解决组织,这种组织设计克服了上述两种救济方式存在的缺陷,又增加了问题解决方案的执行力度。

契约救济的实质是对利益受损方进行利益补偿,因此,探讨契约救济需要考虑区域行政协议主体间的利益获得和损失。利益补偿的有效实现并不完全在于救济形式,还表现为是否建立了有效的利益补偿机制。利益补偿机制"指的是各地方政府在平等、互利、协作的前提下,通过规范的制度建设来实现地方与地方之间的利益转移,从而实现各种利益在地方政府间的合理分配"①。此时,需要在契约主体间进行准确的得失计算,没有这一环节,任何完美救济形式的建立都无济于事。利益补偿机制有利于区域行政协议的缔结和履行,促进各缔约主体积极主动地进入区域行政协议过程缔约履约实现区域一体化。但是现实中存在困难的地方在于地方政府的获利和利益受损有时很难用定量方法计算,这时如何设计利益补偿机制也成为一个比较困难的事情,无法对利益受损者进行准确补偿。

观察当前区域行政协议运行过程中的契约救济,产生契约救济的情境大量存在,但是区域地方政府如何选择救济形式存在困难,并且在进行利益补偿时存在一定的问题。如果区域地方政府能够清晰明确上述问题,则区域行政协议有可能取得良好的效果。但是不同区域地方政府在这一方面的意愿和能力存在差异,这也使得不同区域行政协议运行呈现不同效果。

无论是缔约过程中的契约平等、契约自由,还是履约过程中的契约信守和契约救济,都需要充分考虑三个方面的主体及相关机制的建立,因为这直接影响到区域行政协议的效力及其运行效果。简而言之,区域一体化不只是政府的工作,区域问题涉及方方面面的利益,包括政府、市场和社会等方面。因此,区域治理不是单靠政府的力量,而是多元化、多层次主体的治理,必须吸纳区域利益相关者加入,实现共同治理。在多元主体中考察区域地方政府的契约精神是可行的选择,当地方政府能够坚守契约精神时,区域行政协议能够取得良好的运行效果,反之则无法取得良好的运行效果。

第四节 区域行政协议:契约精神的文本再现

区域行政协议文本是各缔约主体行为选择的文本表现,缔约主体是否具有契约精神在行政协议文本中会展现出来,行政协议文本规范化程度也会影响到各参与主体在履约过程中是否恪守契约精神。在区域行政协议文本中,主体契约精神更多地表现为契约的规范化,契约文本的规范化主要是考察契约文本是否具有效力性。当契约文本有恰当的目标设计、明确的权利义务关系、清晰的履约及冲突解决方式和明确的生效时间方式时,可以说契约文本是规范化的。契约文本是区域行政协议运行的基石,契约文本的规范化程度直接影响着区域行政协议运行的效果,当区域行政协议缺失效力条款导致文本不规范时,运行机制设计再完善也将无济于事。

---

① 张明军,汪伟全.论和谐地方政府间关系的构建:基于府际治理的新视角[J].中国行政管理,2007(11).

一、区域行政协议文本存在的问题

目前,区域行政协议运行缺少法律的明确规定,区域一体化行政协议都是在政府之间自由协商的过程中形成,文本格式和运行过程方面都缺少明确的法律规定。解决这一问题的方法是尽快制定相关的法律法规,对行政协议格式文本以及运行过程都以法律的方式加以明确。区域行政协议的制定目的是为了执行,因此在协议条款制定方面有一定的要求。但是现实中区域行政协议的条款尤其是效力条款的缺失无法保证协议的正常履行,对不执行协议和违反协议的情况也无能为力。

总体而言,影响行政协议效果的主要条款有权利义务条款、履约条款、冲突解决条款、效力条款等,这些条款是否存在、是否科学、是否可操作会影响区域行政协议的运行。考察当前区域行政协议,许多区域行政协议文本设计存在较大的随意性。有些区域行政协议的条款数量很少,有些区域行政协议条款很多,协议条款从几条到几十条,各不一样;此外,条款设置随意性较大,设计了一些不必要的条款,却忽略了一些必备条款。但是,当前很多区域行政协议最大的问题在于未明确各方权利义务、缺少履约设计及冲突解决。当然,这些问题在区域地方政府看来可能并不是问题,更有可能是他们有意为之,通过这样"软约束性"的区域行政协议保证其在后续过程中的行为自由,但这并不影响我们从"应然"角度的分析。

1. 缺少协议各方权利义务的设置

区域地方政府之间签订一体化行政协议的目的在于进行经济发展或公共服务方面的合作,因此在区域一体化的行政协议文本中理应涉及缔约各方的权利义务,没有设定权利义务的一体化行政协议缺少可操作性。协议各方如果不清楚履约过程的权利和义务,则协议无实际操作的可行性。在实践中,很多区域行政协议以模糊的表达提及缔约方权利义务,很难确切得知各缔约主体的具体权利义务是什么,缔约主体没有行动依据。

2. 缺少明确的履约形式规定

区域一体化行政协议中明确的权利义务还需要有具体的履约形式加以保证。履约形式一般有两种:一是机构履约,成立具体的履约机构保证一体化行政协议的正常履行;二是区域地方政府自行履约。各自履行模式是指参与区域一体化行政协议的地方政府各自履行行政协议规定的义务,而与之相对应的是设置专门机构履行行政协议中的义务。无论以哪种方式履约,都需要在区域一体化行政协议中有具体而明确的规定。从现实情况分析,多数区域行政协议不设置明确的履约方式,没有明确缔约主体履行义务,具体方式是由各个地方政府自主决定怎么履约。各自履行协议需要主体信守承诺,主动承担责任与义务,当主体不主动履约时,区域一体化行政协议则会形同虚设。

3. 缺少冲突解决条款

在实践中,无论是区域经济一体化已基本成型的长三角地区和泛珠三角地区的行政协议,还是区域合作刚刚起步的其他区域的行政协议,区域行政协议的一个基本特征是没有涉及违约责任条款和纠纷解决机制条款。在我国,区域一体化协议可能是由区域内部两三个政府之间形成合作协议,也有可能是由区域内部所有政府达成合作协议。由于行政区划分割导致的地方政府利益的客观存在,各缔约机关在履行或实施行政协议的过程中不可避免地会产生摩擦甚至激烈冲突。违约行为其实并不可怕,关键是出现问题如何解决,出现问题如何界定责任。无论是哪一种情况,区域政府之间往往都会存在一定的分歧之处,这种分歧不仅是在协议缔结之初,还有可能发生在协议执行的过程中,因此,建立责任条款和冲突解决条款非常必要。我国的区域行政协议几乎都没有约定协议履行中纠纷责任条款和解决机制,法律没有规定行政协议纠纷的解决机制。

至于效力条款,我国区域行政协议有关效力条款的缺失主要有以下三种[①]:① 没有提及效力问题。诸多区域行政协议没有涉及有关效力的条款,没有涉及协议条款生效问题,则无法保证协议的履行。② 虽然提及效力问题,但并不明确。有些区域行政协议提及了生效问题,但未明确如何生效、何时生效,也无法保证协议的履行。③ 明确没有法律效力。这种情况虽然是少数,只是明确区域行政协议参与方有达成协议的意向,却没有具体协议生成。

当权利义务条款、履约条款、冲突解决条款、效力条款等诸多条款都存在不规范现象时,区域行政协议的软约束性得到了切实体现,但是这种现象不利于行政协议的有效执行。

二、区域行政协议的规范化

区域一体化行政协议文本是行政协议各参与主体尤其是区域地方政府行为选择的结果,条款的明细化和规范化是区域行政协议能够有效执行的保证。当前区域行政协议存在着规范化程度的不同,这也是各地区域行政协议运行效果不同的直接原因所在。规范化的区域行政协议主要包括两个方面:一是从形式上考察,协议规范化是格式条款的规范化;二是从内容上考察,协议规范化是权利义务的平等化。

1. 区域行政协议形式规范化

区域一体化行政协议文本是行政协议各参与主体,尤其是区域地方政府行为

---

① 何渊. 行政协议:中国特色的政府间合作机制[J]. 政府法制研究,2008(5).

选择的结果。条款的规范化和明细化是区域行政协议能够有效执行的保证,从区域一体化行政协议的协议文本内容角度进行解读,行政协议的内容主要包括①:

(1) 标题条款。当前区域行政协议常用的标题包括协议、意见、宣言,当然,其他一些标题在实践中也有使用,例如同意书、意向书、议定书、规划和共识等等。多样化的标题也体现了区域行政协议软约束性特征,但是从区域行政协议规范化的角度出发,区域地方政府在缔结协议时应该注意两个方面:一是可以依据区域行政协议内容的涵盖范围及其重要性选择合适的标题;二是同一类型的区域行政协议尽量统一使用标题,避免不必要的混乱。

(2) 介绍性条款。介绍性条款主要说明区域行政协议缔约的主要目标、缔约机关和缔约的基本原则等,这一部分条款为区域行政协议具体条款的安排指明方向和原则,指导后续条款的设计、各方主体职责的确定、达成目标的手段等。规范化的区域行政协议应该设计这一条款,介绍性条款是指导性条款,有利于指导区域行政协议的顺利缔结,也有利于区域行政协议缔结后的执行。

(3) 权利义务条款。如果说介绍性条款提出了目标、主体以及缔约原则,那么权利义务条款部分则是提出解决问题的方案。有明确的目标指向,即区域一体化过程中存在的问题或者未来可能需要解决的问题,为解决问题需要形成解决方案,这些解决方案在区域行政协议中表现为各缔约主体的权利、义务以及双方的共同事务,它们不仅是区域行政协议中最主要和最重要的条款,更是区域行政协议不可或缺的条款,离开这一部分的安排,区域行政协议只会流于形式,其效力更无从谈起,哪怕有设计生效日期的效力条款也没用。

(4) 履行方式条款。现行的法律缺少对行政协议的履行方式做出相应的规定,这种缺憾只能由各缔约组织在缔结行政协议时自行约定,弥补法律不足,而具体形式就是约定履行方式条款②。履约条款和介绍性条款、权利义务条款一样是区域行政协议中的重要条款,如果希望协议得到有效履行,则设置履约条款是保证。从履行方式条款开始,区域行政协议进入到实际履行操作,因为法律的缺位,规范化的区域行政协议必然要求明确履约的形式和履约的组织。

(5) 冲突解决条款。在实践中,无论是区域经济一体化已基本成型的长三角地区、泛珠三角地区的行政协议,还是行政合作刚刚起步的其他区域的行政协议,一般都没有涉及违约责任条款和纠纷解决机制条款,这其中原因也可以理解,区域一体化合作协议在地方政府看来是软约束性的行政协议,无违约责任条款和纠纷

---

① 何渊. 论行政协议[J]. 行政法学研究,2006(3).
② 同①.

解决机制条款是为各地方政府留下较大自主空间。但是,无冲突解决条款设计的契约是不完整的契约,没有安排冲突解决条款,遇到履约过程的矛盾无法解决,不利于契约过程的顺利进行,也不利于培养协议主体守约精神。

(6) 生效时间及方式条款。"生效时间是确定行政协议何时发生法律效力的唯一依据,它应当成为行政协议的必备条款。"[①]生效日期及其方式无疑是行政协议中最为简单的内容,但这种简单性并不能成为否定其重要意义的理由。区域行政协议的签署往往由缔约机关的行政首长进行的,它是行政协议发生法律效力的必要条件。区域一体化行政协议在条款中需要明确协议生效的时间和方式,尽管这个条款在行政协议条款中属于比较简单的条款,但是如果没有这一条款,前面所规定的缔约各方的权利义务、履约形式和冲突解决方式都会流于形式,因为契约没有生效时间和方式则可能永远被搁置,哪怕前面所有的条款规定得再详细也无济于事。生效时间和方式是确定行政协议发生法律效力的唯一依据,它应当成为行政协议的必备条款。从当前的实践来看,我国的很多行政协议并没有约定生效时间,往往只有签署时间,这一情况也在一定程度上影响区域行政协议的有效运行。

2. 区域行政协议内容规范化

单纯形式的规范无法保证区域行政协议的有效运行,还需要从内容上规范契约文本,只有形式与内容共同达到规范化要求的契约文本才能保证其后期的有效运行。所谓区域行政协议内容规范化有以下几个方面的表现:

(1) 行政协议内容规范化表现为区域行政协议要选择恰当的主题缔结协议。围绕政治统一稳定、区域经济发展还是公共服务供给缔结协议,区域地方政府有较大的选择权,而准确地选择缔约主题有利于契约的有效运行。

(2) 内容规范化表现为缔约主体的确定。在区域一体化过程中,多元主体都会产生积极或消极影响,因此,让关联密切的主体进入区域行政协议的运行过程是内容规范的表现形式。

(3) 内容规范化表现为缔约各方权利义务的平等。权利义务的平等是指缔约方承担一定的义务则相应享有一定的权利。权利义务是对等的,不能只承担义务不享有权利,也不能只享有权利而不承担义务。权利义务平等表现为利益共享和责任共担,即区域行政协议的各个缔约主体在行政协议运行过程中共同享有协议带来的利益,不能一些主体获利,而另一些主体受损。同样,也不能只有一些主体承担责任,而另一些主体置身事外。

---

① 何渊. 行政协议:中国特色的政府间合作机制[J]. 政府法制研究,2008(5).

（4）区域行政协议的规范化还表现为科学的组织设计，即缔约形式、履约形式和冲突解决形式的科学设计。区域行政协议形式上具有相应的缔约、履约和冲突解决条款还不足以保证协议的有效运行，只有科学的组织设计才能提供足够的支持。

从区域行政协议形式规范和内容规范两者关系考察，只有建立在内容规范基础上的形式规范才是有意义的。从契约形式角度考察，介绍条款、效力条款等条款的缺失可能直接导致区域行政协议的无效化。从契约内容角度考察，效力条款的存在还需要从内容上进行规范，只有各个缔约主体权利义务平等、共同获利、共担责任的介绍条款才能落实，效力条款才能真正起到作用。当前区域行政协议运行效果不同，其中一个重要原因即在于各区域一体化地区缔约的行政协议在形式和内容的规范化程度不同，当然，这也是区域行政协议主体契约精神的外在表现。从契约精神视角探讨区域行政协议的运行效果，能够在区域行政协议运行机制的基础上更深入地挖掘一些地区区域行政协议运行效果不佳的原因。

本章小结

区域行政协议主体的契约精神是主体行为选择的内在动因，主体的契约精神贯穿于区域行政协议运行的整个过程中，在缔约过程中表现为主体间的平等与自由缔约，而在履约过程中则表现为信守承诺和违约救济。

当前，我国区域行政协议在运行过程中，存在主体不平等、意思表达不自由以及违背承诺和违约无法追责的现象，这些现象违背了区域行政协议的主体契约精神，会影响区域合作的实际效果，需要在实践中加以改变。

第五章
南京都市圈行政协议运行分析

都市圈作为区域一体化发展重要类型,其发展非常值得关注。以南京都市圈为例探讨行政协议运行对分析我国区域一体化行政协议有着积极的现实意义。南京都市圈的协调发展已经由早期自发的地区性要求上升为江苏省整体发展战略的重要内容之一,它的执行有着范本意义。南京都市圈是目前国内较为成熟的都市圈之一,但不可否认的是,南京都市圈行政协议运行仍存在一定的问题,这些问题在很大程度上制约了南京都市圈的进一步发展。要促进南京都市圈的发展就要对这些问题进行深入探讨,探究其深层次原因,这样才能找到解决问题的有效办法。

选择南京都市圈行政协议作为区域一体化行政协议运行考察的个案有一定的参考价值。第一,作为第一份被省政府和国家批准的都市圈规划,南京都市圈可以视为典型的区域一体化地区,对其经验和缺点总结具有较高的参考价值。第二,南京都市圈跨越江苏、安徽两省,涉及江苏省的四个城市和安徽省内的四个城市,是典型的跨域治理的一体化区域。第三,尽管南京都市圈得到了国家批准,但是尚未上升为国家战略,因此,南京都市圈与中央政府、江苏和安徽政府的关系需要协调,处于复杂的政府间关系网络中。第四,在南京都市圈中,各城市政府处于不同的行政层级,南京为副省级城市,而其他七个城市属于一般的地级市。不同的行政层级之间的平等对话机制如何发挥作用值得更多的关注与借鉴。第五,尽管南京都市圈目前是单一核心的区域一体化地区,这对多核心的区域一体化地区存在一定的借鉴困难,但是,其未来发展方向可能走向宁合一体化发展,形成多核心区域一体化,总结其由单一核心地区走向多核心地区有一定的参考价值。正是因为上述五点原因,对南京都市圈行政协议的探讨研究,有助于总结当前区域一体化行政协议运行中存在的问题与经验,为构建有效的区域行政协议运行框架提供基础。

第一节 南京都市圈一体化及关系网络

一、南京都市圈发展

南京都市圈也被称为"南京一小时都市圈",通常的界定就是以南京城市为中心,相当于 100 公里界线的区域。南京都市圈跨越江苏、安徽两省,以江苏省会城市南京为核心城市,都市圈范围内有江苏的镇江市和扬州市,安徽的马鞍山市、滁州市和芜湖市,此外还有江苏淮安的盱眙县、金湖县和安徽巢湖市、市区、和县、含山县。由此可以看出南京都市圈不是一种行政区划意义上的概念,而是一个被发达的交通网络体系连接起来的城市群,其实质是以南京为单一核心形成一个区域发展的经济带,周边七个城市依托中心城市形成城市规划、经济发展和公共服务供给的互动发展。南京都市圈在空间结构上形成了一个核心、两个圈层和三条主轴的空间分布,其中核心是南京城市发展区;两个圈层为距离核心城市中心区 50 公里左右的核心圈层和距离核心城市中心区 100 公里左右的紧密圈层,也就是所谓的一小时都市圈;三条主轴为宁扬、宁镇、宁芜轴线。

2000 年,南京都市圈的概念被提出,这一提法源于国家计委课题关于中国大都市圈的一份研究报告。报告提出:以南京为核心城市的南京都市圈地区具有相对完整的工业体系,在位置上有一定的优势,距上海有一定距离,又与安徽省的往来密切,从经济总量、地理位置、资源分布以及公共服务体系等几个方面来看都具备形成都市圈的条件。南京可以整合江苏省内的扬州、镇江以及安徽省的马鞍山、滁州、芜湖等几个城市,共同构造一个长江中下游的都市圈。2002 年初,在《江苏省区域城镇规划体系》中提出要建设江苏省三大都市圈,除苏锡常都市圈、徐州都市圈外还有南京都市圈,这是南京都市圈首次在正式文件中提出。2002 年 3 月,由江苏省和南京市计划经济委员会共同承担的课题《南京都市圈发展规划构架》出台,南京都市圈一体化由南京及周边共六个城市组成,南京都市圈将按照区域一体化、利益共享原则,推进旅游、交通、环境、金融和信息等方面的合作,形成优势互补、协调发展的一体化经济区域。同年,南京都市圈涉及的六个城市(南京、镇江、扬州、芜湖、马鞍山、滁州)计划经济委员会负责人共同开会商讨如何实施南京都市圈规划,截至此时,南京都市圈不仅仅是一个区域构想或者研究课题,而成为正式启动的跨省都市圈一体化项目。2002 年底,《南京都市圈规划》正式出台并获江苏省政府批准,南京都市圈一体化规划范围包括南京市、镇江市、扬州市、马鞍山市、滁州市、芜湖市的全部行政区域,淮安市的盱眙县、金湖县和巢湖市的市区、和县、含山县。至此,南京都市圈一体化已经成为正式项目,提升为江苏省政府工作的重要战略步骤。其后,都市圈成员数目发生变化。2011年巢湖被拆分退出南京都市圈,2018年宣城加入南京都市圈。在这以后几年里,都市圈一体化由学界的热烈关注逐渐传导至政府层面,各地政府开始寻求一定区域范围内的一体化发展,都市圈、城市群、城市带数目急剧增多,成为政府与学界共同关注的热点话题,其中南京都市圈是第一个被省级政府和国家批准的都市圈一体化地区。

从2002年至2020年,南京都市圈一体化发展经历了三个主要阶段:一是准备阶段,二是初级发展阶段,三是快速发展阶段。南京都市圈发展的准备阶段从2002年至2004年,这一阶段南京都市圈发展处于谋划阶段,出台了南京都市圈发展的整体规划,为其后的都市圈一体化发展定了基调。但是因为这一整体发展规划只是停留在合作意向层面,并未上升到行政协议高度,因此,可以说这一时期没有实质性的行政协议出台。从2004年首届南京都市圈建设论坛举行到2007年第四届南京都市圈建设论坛的召开,是都市圈的初级发展阶段,这一阶段主要以统一城市建设和规划为主要内容,更重要的表现为缔约的组织形式发生变化。2007年南京都市圈市长论坛召开至今,南京都市圈进入快速发展阶段,都市圈城市之间以联席会议为主要合作形式,由自发的单项推进转变为自觉的全方位合作。

从合作议题层面考察,尽管产业方面合作一直都处于都市圈八个政府关注的重点,南京都市圈一体化从产业合作起步逐步走向公共服务一体化。地处南京周边的镇江、扬州、马鞍山、芜湖、滁州和巢湖等地方政府也在谋求发展机遇,镇江的化工和造纸产业、扬州的汽车和化工产业、马鞍山的钢铁产业、芜湖的建材和汽车产业、巢湖与滁州的农产品都具有一定的市场份额和产业基础,南京与上述城市间在产业结构上具有一定的互补性,协同发展和布局整合是形成南京都市圈一体化的基础。因此,构筑南京都市圈就其本身而言能加强都市圈内部八个城市之间合作,提升彼此的竞争力,促进经济一体化发展。南京都市圈从2002年建立至2020年,已经有近二十年的历史,对这一段发展历史的考察可见,南京都市圈早期规划大都围绕产业布局,其后,尤其是2007年都市圈市长峰会召开之后,南京都市圈合作议题逐步转入公共服务领域。产业差异性和合作是都市圈一体化合作的基础,但是,南京都市圈一体化发展更多的合作基础和动力来源于都市圈公共服务的合作供给。

总体而言,南京都市圈一体化管理涉及了两个层次:一是各个城市内部管理;二是跨域管理。前者主要是对城市内部的政治、经济、文化、社会等各个方面的引导和管理;而后者主要着眼于跨区域管理,减少都市圈一体化交易成本,强化中心城市功能和协调各个城市的分工合作。从南京都市圈一体化进程来看,都市圈一体化主要是通过南京及周边七个城市政府之间的行政协议推进一体化进程,而八个城市政府的内部管理则需要与都市圈一体化尽量保持一致。

二、南京都市圈的关系网络

南京都市圈一体化进程面临着复杂的内外部环境,中央政府、江苏和安徽两个省级政府、南京都市圈内部八个城市政府、相邻都市圈、企业主体、非政府组织、专家学者及相关媒体都将影响南京都市圈一体化进程。因此,考察南京都市圈一体化及都市圈行政协议需要关注上述多元主体以及多元主体间形成的关系网络。

首先,需要考察南京都市圈中八个城市政府间关系。鉴于南京都市圈的协调发展是自发的一体化区域,尽管南京都市圈发展过程中有多个主体影响其一体化进程,但是八个城市政府间关系在都市圈一体化过程中始终处于核心地位,城市政府相互之间的关系直接影响区域一体化行政协议的制定与履行。当南京都市圈范围内的城市具有相同的目标,通过平等协商缔结协议,并通过科学的组织设计来实施这些行政协议时,都市圈八个城市政府间能够形成平等合作关系,能够制定有效的都市圈行政协议并推动其高效运行。从南京都市圈所涉及区域地方政府来考察,南京都市圈是跨省都市圈,江苏省内的南京、镇江、扬州和淮阴存在行政区划调整和政治锦标赛的压力,影响其充分履约。同理,安徽境内的马鞍山、芜湖、滁州、巢湖也面临同样的竞争压力,使其不能充分履约。事实上也确实存在上述问题,与扬州、镇江两市相比,安徽省的几个城市对融入南京都市圈则显得更加积极主动①。

其次,作为整体的南京都市圈需要协调与相关上级政府的关系,这主要包括中央政府和都市圈所涉及的江苏、安徽两个省级政府。南京都市圈一体化行政协议的有效制定与执行离不开外部行政环境,只有当区域行政协议与上级政府间不存在冲突时,上级政府不会利用行政权力进行外部干预,行政协议才能有效运行。因此,南京都市圈行政协议需要实现八个城市政府和相关上级政府共同参与、平等协商,这样可以更好地实现都市圈一体化行政协议运行。尽管由江苏省建设厅牵头制定的《南京都市圈规划》于2002年底出台,并得到江苏省政府和国务院的批准,但是南京都市圈并未上升为国家战略,因此其发展更多地受制于中央政府的区域一体化宏观战略。具体而言,中央政府有关长三角区域一体化、皖江城市带的发展战略规划都将直接影响南京都市圈一体化发展,影响南京都市圈行政协议的有效制定与执行。此外,江苏、安徽两省有关省域都市圈发展规划都将影响南京都市圈一体化发展,江苏三大都市圈的布局、合肥都市圈和皖江城市带的设计构成了南京都市圈最直接的外部环境,这都将影响南京都市圈一体化发展及都市圈行政协议的有效运行。另外,在两省城市合作过程中,江苏、安徽两省相互间的竞争关系及沟通协调也在一定程度上影响着南京都市圈一体化行政协议运行的效果。

---

① 参见相关新闻媒体报道,《市场报》,2005-09-07,第15版。

最后,南京都市圈一体化需要为非官方力量参与到都市圈一体化及行政协议过程中提供足够的发展空间。这主要包括两个方面:一是市场企业主体的参与;二是非政府组织及其他社会主体的参与。在区域一体化过程中,政府的有效引导可以发挥企业主体的特有功能,政府还需要引导非政府组织参与区域行政协议过程,南京都市圈在这两个方面都已经做出了相应的努力。南京都市圈市长峰会中出现了企业的身影,产生了企业与都市圈地方政府间协议。另外,从2004年至今,由南京市人民政府、南京财经大学、安徽省社会科学院、江苏省城市发展研究院等政府、高校及相关研究机构联合主办的"南京都市圈发展论坛"已经召开多次年会,众多的政府官员、学者、企业、媒体参与其中,会议围绕南京都市圈一体化、南京都市圈融入长三角、皖江城市产业带与南京都市圈协同发展等许多重要问题展开了深入探讨并发表了系列宣言,为政府决策和南京都市圈一体化提供了相应的智力支持。从非官方力量层面考察,非官方力量的影响在南京都市圈已经显示其重要作用,企业、NGO、学界以及其他社会力量都会影响到南京都市圈行政协议的有效运行。

第二节 南京都市圈行政协议的发展历史

以南京都市圈"参与主体"和"协议主题"为分析视角,可以将南京都市圈行政协议分为都市圈整体行政协议与部门行政协议、小板块行政协议。所谓整体行政协议是指南京都市圈内八个城市共同参与的围绕都市圈一体化并且涉及的协议主题是多样化的行政协议,如《南京都市圈2006—2010年五年建设规划纲要》是由南京都市圈八个城市共同参与,并且协议主题包括交通、环境、旅游等诸多方面的都市圈行政协议。与之相对,部门行政协议是指南京都市圈八个城市或者某一政府部门就单一主题签署的都市圈行政协议,如八市交通部门就交通一体化所签署的行政协议《南京都市圈交通对接项目合作实施协议》。而小板块协议则是指南京都市圈范围内局部政府间签署的行政协议,如宁镇扬一体化行政协议、宁马一体化协议等。当然,都市圈小板块政府间签署的行政协议可以是就单一主题签署合作协议,也可以是全面的合作协议。

南京都市圈从2002年提出至今已经有近二十年时间,形成了大量的都市圈行政协议。考察南京都市圈行政协议的发展历史有多维视角,一种可行的思路是考察南京都市圈整体协议、部门协议和小板块协议,通过上述三种都市圈行政协议的分析,探寻南京都市圈行政协议的发展历史。

一、南京都市圈整体行政协议

南京都市圈行政协议的发展是从整体协议框架的构建开始,并且其后的都市圈部门行政协议和小板块行政协议都是在此基础上形成和发展,并与之相辅相成、共同发展。南京都市圈整体行政协议为区域一体化发展提供了整体框架,如前所述,南京都市圈发展的十年历程可以划分为以下三个阶段:

1. 准备阶段的行政协议

从2002年南京都市圈提出到2004年,这一时期南京都市圈处于准备阶段。2002年3月,由江苏省计委和南京市计委共同承担的课题《南京都市圈发展规划构架》出台。2002年9月,《南京都市圈规划纲要》在南京通过论证,此后,其他几个城市也实质性地参与到南京都市圈的建设规划之中,南京都市圈从提出、论证到进入实质性的发展阶段。《南京都市圈规划纲要》依据《江苏省城镇体系规划》,对都市圈的产业结构、空间发展、基础设施以及生态环境保护等提出明确的规划要求,具有较强的可操作性,这标志南京都市圈发展进入实质性的发展阶段。2002年底,《南京都市圈规划(2002—2020)》正式出台并获江苏省政府批准,《南京都市圈规划(2002—2020)》可以视为这一阶段最为重要的"行政协议性质"的都市圈文件,为南京都市圈一体化发展奠定基础。

这一阶段南京都市圈处于准备阶段,尚未形成真正意义上的都市圈行政协议。江苏省和南京市主导并影响着南京都市圈一体化的过程,南京与都市圈内其他城市间未能构建起制度化的平等协商平台,因而,这一阶段的都市圈行政协议尚处于准备阶段。

2. 初级发展阶段的行政协议

2004年以后,南京都市圈进入初级发展阶段。这一阶段南京都市圈行政协议缔结以都市圈城市建设论坛为组织基础,出台了《南京都市圈2006—2010年五年建设规划纲要》《滁州宣言》《镇江宣言》等几个都市圈一体化行政协议。南京都市圈城市建设论坛的成立,标志着南京都市圈行政协议进入初级发展阶段。

2004年以后,南京市建委和马鞍山市建委联合在马鞍山市举行"首届南京都市圈城市建设论坛",为南京都市圈八个城市政府间建设合作构建了一个有效平台。2005年,"第二届南京都市圈建设论坛"在扬州举行,八个城市建设部门做出了共同编制都市圈五年建设规划的决定。2006年,南京都市圈的八个城市政府共同出席"第三届南京都市圈建设论坛",出台了《南京都市圈2006—2010年五年建设规划纲要》,不仅为南京都市圈内各城市自身的建设发展描绘了五年发展蓝图,更强调了区域统筹一体化的发展战略和规划。与《南京都市圈规划(2002—2020)》相比,这一建设纲要是都市圈一体化八个城市政府之间平等参与、自发缔结的行政协议文本,具有更高的执行价值。此次会议南京都市圈八个城市政府联合发表《滁州宣言》,强调在交通、生态、文化等方面开展全方位合作,鼓励跨地区、跨行业的联合,突破行政区划限制,共享国民待遇。2007年,"第四届南京都市圈建设论坛"召开,江苏、安徽两省八个城市的主管城市建设副市长,江苏和安徽两省城市建设系统主要领导、专家参加了研讨会。会上联合发表《镇江宣言》,强调八个城市城乡居民是南京都市圈发展的建设者和支持者,理应成为南京都市圈发展成果的共同享有者。

南京都市圈初级发展阶段缔结的行政协议也不是严格意义上的规范化行政协议,这一阶段的行政协议以规划和宣言形式出现,更多地侧重于城市规划与建设,只表达了共同的愿景,缺少具有可操作性的行政协议。

3. 快速发展阶段的行政协议

这一阶段都市圈行政协议缔结主要以都市圈市长峰会为平台,从2007年至2011年召开五届,围绕"共建、共享、同城化"缔结了大量行政协议,都市圈市长联席会议签署了《南京都市圈市长峰会备忘录》《南京都市圈共同发展行动纲领》《南京都市圈综合交通发展规划》等有关南京都市圈一体化发展的整体协议。

2007年,首届南京都市圈市长论坛召开,标志着南京都市圈进入行政协议快速发展时期。南京都市圈八个城市第一次以联席会议的形式聚在一起,探讨南京都市圈的新发展,缔结了《南京都市圈共同发展行动纲领》。这次会议的举办标志着各城市由松散的、局部的合作走向紧密的、全面的合作,合作的重点也由单项的自发推进转变到了全方位的自觉合作模式。《南京都市圈共同发展行动纲领》的诞生标志着南京都市圈行政协议进入更深化的可操作阶段,从交通、物流、市场建设、金融、产业合作、公共服务、环境保护以及社会事业八个方面明确了开展合作的内容和方向。2008年,第二届南京都市圈市长峰会召开,以"交通基础设施与公共服务一体化"为主题,在此次会议上,八个城市共同签署《第二届南京都市圈市长峰会备忘录》。此次会议的一个显著特征是企业参与到政府间合作过程之中,南京禄口国际机场与扬州、芜湖市政府签订了《加强航空服务的战略合作协议》,并与巢湖市、马鞍山市、滁州市三市签订了《加强航空服务的战略合作备忘录》。2009年,第三届南京都市圈市长峰会召开,以"交通基础设施与旅游一体化"为主题,《南京都市圈综合交通发展规划》正式出台,共同打造都市圈基础设施一体化,八市共同探讨了南京都市圈综合交通建设的重大问题,明确南京都市圈的重大交通基础设施必须形成以沿江、合巢、芜淮扬镇三大综合运输通道为框架,构建一体化的综合交通运输体系,适应多种运输方式协调发展、有效运转的需要。会议上,各城市还签署了《第三届南京都市圈市长峰会备忘录》《南京都市圈道路客运班车公交化运行暨开行"旅游直通车"合作协议》等一系列协议。2010年,第四届南京都市圈市长峰会召开,以"共建、共享、同城化"为主题,都市圈市长峰会探讨了都市圈交通一体化、宁镇扬同城化、都市圈公共事业一体化等发展战略,同时,都市圈城市共同签署了《南京都市圈产销合作协议》《南京都市圈农副产品全面合作协议》等重要合作协议,根据协议,八个城市的农户生产农副产品信息将通过南京都市圈农副产品物流信息网络发布。2011年,第五届南京都市圈市长峰会召开,八市市长共同签署了《第五届南京都市圈市长峰会备忘录》,正式启动新的《南京都市圈区域规划》。都市圈八个城市政府形成合作共识,将进一步深化都市圈在规划、交通、旅游、科技、文化、卫生等各领域的全面合作,为都市圈一体化建设加入更多议题,注入新的活力。2012年,巢湖因撤市退出第六届南京都市圈市长峰会,但并未影响一体化发展走向深入,《南京都市圈区域规划》编制工作继续开展,省内宁镇扬三市重点领域达成全面合作协议。2013年,第七届南京都市圈市长峰会成立了南京都市圈综合协调、基础设施、产业发展、社会事业、城乡规划和跨界地区协调五大专业委员会。其后,南京都市圈市长峰会相继召开,2014年第八届南京都市圈市长联席会议在镇江举行,2017年第九届南京都市圈市长联席会议在马鞍山市举行,持续将南京都市圈一体化推向深入。

这一阶段的都市圈行政协议逐步走向规范化,但仍然需要进一步完善。出现了以"协议"命名的都市圈行政协议,增加了行政协议的可操作性,相比准备阶段和初级发展阶段,自2007年以后南京都市圈行政协议逐步走上规范化道路。

二、南京都市圈部门协议

如果说南京都市圈整体行政协议更多的是从都市圈发展的宏观层面制定行政协议,那么部门行政协议是关注于一个主题,而小板块协议则是区域局部地区政府之间签署的行政协议。部门行政协议和小板块行政协议是南京都市圈整体行政协议深入发展的表现,有助于推进南京都市圈走向可操作化阶段。

南京都市圈政府或者政府各职能部门在都市圈整体协议的基础上缔结部门行政协议,以更好地推动都市圈整体行政协议的发展。其中,交通是都市圈一体化的基础,因此,交通一体化行政协议发展较快。下面以交通一体化协议为例考察南京都市圈部门行政协议。2002年至2004年的都市圈整体规划中,交通一体化建设是其中的主要方面。2006年,南京都市圈交通一体化研讨会召开,八个城市将共同编写"南京都市圈交通发展白皮书",打造涵盖公路、水路、轨道和机场四种区域一体化交通形式。2008年,在南京举办了以"区域发展交通先行"为主题的都市圈交通发展论坛,南京都市圈八个城市共同签署了《南京都市圈交通对接项目合作实施协议》。2008年4月,南京市发改委与建设、交通、规划、环保、国土等部门一起,协同其他七个城市有关部门的力量,共同开展《南京都市圈综合交通发展规划》《南京都市圈轨道交通发展规划专题研究》的编制工作。第二届、第三届南京都市圈市长峰会上都市圈八个城市都将协议重点放在推进重大交通基础设施建设上,规划的总体思路着重突出"一带"即沿江城市带,强化两轴即"淮扬镇与合巢芜",打造南京都市圈一体化的综合交通体系。第三届南京都市圈市长峰会，《南京都市圈综合交通发展规划》正式出台，共同打造都市圈基础设施一体化。此外，南京都市圈与上海世博会事务协调局、南京禄口机场、台北县以及部分航空公司分别签署了《都市圈与上海世博局合作交流备忘录》《南京都市圈航空旅游合作议定书》《南京都市圈与台北县旅游合作交流备忘录》等一系列合作协议。近两年的都市圈市长峰会，八个城市仍然将都市圈交通一体化作为重要的协议主题加以关注。2012年，第六届南京都市圈市长联席会议召开期间，也有部门间协议，如南京、马鞍山两市教育局的教育合作协议得到通过。

三、南京都市圈小板块协议

在南京都市圈范围内，八个城市签署了都市圈合作的"整体协议"，而都市圈范围内的城市与城市之间"小板块"也积极签约、共同谋划发展道路。因为南京都市圈是单核心区域一体化，我们以南京与周边城市为视角考察小板块行政协议签署，这样的选择只是以南京都市圈中心城市为考察出发点，并不意味着其他板块城市之间没有行政协议合作。

首先是南京与江苏省内城市的合作。宁镇扬一体化发展的构想由来已久，南京都市圈市长峰会这一组织结构设计加速了其发展进程。2004年，扬州市最早提出"打造宁镇扬经济板块"的构想，三市同城化、小板块一体化首先从旅游产业突破，并逐步向其他领域拓展。2005年底，在扬州，南京、镇江、扬州三市旅游局共同签订了《宁镇扬金三角旅游区域联合合作意向书》，此后，三地的区域旅游合作更加趋于经常化与制度化。2007年，《宁镇扬区域交通一体化发展思路》编制完成，南京、镇江、扬州三市之间将专设直达短程高速公路，都市圈任何两个城市之间30分钟能够到达，交通一体化促进了宁镇扬小板块一体化的进程。2009年，第三届南京都市圈市长峰会，南京、镇江和扬州三市政府之间签署了《南京市镇江市扬州市同城化建设合作框架协议》，在发展规划、产业协作、基础设施、公共服务以及环境保护上将实现联动，进一步推动社会事业和经济发展的共同发展。2010年，第四届南京都市圈市长峰会上，有关宁镇扬板块一体化签订了两项协议，分别是《南京六合区—扬州仪征市全面合作协议》《南京栖霞区—镇江句容市全面合作协议》。对南京都市圈一体化而言，宁镇扬一体化属于区域小板块，而对于宁镇扬一体化而言，上述两项协议则属于更小范围内的小板块协议。2011年，第五届南京都市圈市长峰会上，宁镇扬三市签署了《宁镇扬区域创新合作框架协议》，南京市与扬州市交通局在重大交通基础设施建设方面达成合作框架协议，仪征市与南京栖霞区签署了有关旅游交通一体化等方面的合作框架协议，宁镇扬同城化步伐不断加快，从规划、交通、产业、环保以及公共服务等方面开展全面合作。2012年，还有南京市与淮安市的双边合作协议。2017年,第九届南京都市圈市长联席会议上签署了宁镇扬2017年度合作项目协议。

其次是南京与安徽省内城市的合作。2003年,南京和马鞍山两市签订了《宁马两市经济和社会发展全面合作框架协议》。2004年,南京与滁州两市签署了《南京—滁州深化经济与社会发展全面合作战略协议》,双方同意从区域规划、产业合作、旅游合作、交通运输、人才交流以及社会事业等方面开展进一步的合作。2005年,南京、巢湖两市签订了《南京—巢湖经济社会发展全面合作框架协议》。多元化的小板块行政协议对于南京都市圈加强城市之间交流,实现区域一体化起到重要促进作用。2010年,南京市、马鞍山市签署了《关于进一步加强合作框架协议》,就全面推进宁马同城化形成合作议题,达成一体化建设的一致意见。同年,南京、滁州两市市政府在宁签署《关于进一步加强经济社会发展合作会谈纪要》,与此同时,两市分别签署了《滁宁同城旅游合作框架协议》《滁宁交通对接项目合作备忘录》等协议。与宁镇扬一体化发展一样,南京与滁州一体化发展过程中,其内部小板块协议合作也在有序展开。2011年,第五届南京都市圈市长峰会,南京市分别与芜湖、马鞍山、滁州、巢湖签署了双边合作协议。2012年,第六届南京都市圈市长联席会议,南京与滁州签署了双边合作协议。2017年,第九届南京都市圈市长联席会议,签署了南京与马鞍山、滁州、宣城等城市间2017年度合作项目协议。

第三节　南京都市圈行政协议再考察

在南京都市圈一体化过程中,都市圈八个城市政府缔结了大量的行政协议,这在一定程度上促进了南京都市圈的一体化进程。鉴于南京都市圈行政协议类型的多样化,在考察南京都市圈一体化行政协议运行时,选择都市圈整体协议文本的制定和执行为考察对象是比较可行的方案。处于复杂关系网络中的区域一体化,缔约主体是否形成科学的运行机制和是否具有良好的契约精神是区域行政协议有效运行的基石,这一点同样适用于南京都市圈。因此,对南京都市圈而言,分析都市圈行政协议运行也是考察其一体化的核心因素和重要内容。

一、南京都市圈行政协议特点分析

考察南京都市圈行政协议的特点首先与南京都市圈的特征联系在一起,南京都市圈是跨省不同行政层级政府间形成的单核心区域一体化地区,这种类型的都市圈有三个方面特征:一是南京都市圈跨越省级行政区划,南京都市圈跨越江苏、安徽两省。二是南京都市圈地方政府行政层级不同,这意味着在区域内部地方政府不是同一类型的城市。对南京都市圈而言,南京都市圈政府跨江苏、安徽两个省,包括一个副省级城市——南京,以及七个地级市——江苏省的镇江、扬州、淮安和安徽省的马鞍山、芜湖、滁州、巢湖(2011年被拆分)等城市,其后,2018年,宣城加入南京都市圈。三是南京都市圈范围内的核心城市只有一个。区域类型复杂程度直接影响着区域行政协议有效运行,行政协议的运行在多核心跨省不同行政层级组成的区域远比单核心不跨省相同行政层级组成的区域来得复杂。

南京都市圈行政协议是由多层次的行政协议构成的协议系统。以南京都市圈建设论坛和南京都市圈市长峰会为基础,南京都市圈通过了一系列的都市圈整体行政协议,为都市圈一体化进程设计了宏观的整体框架。2002年的《南京都市圈整体规划》为南京都市圈一体化发展打下坚实基础。2006年,南京都市圈的八个城市政府共同出席"第三届南京都市圈建设论坛",出台了《南京都市圈2006—2010年五年建设规划纲要》。2007年南京都市圈市长论坛,八个城市第一次以联席会议的形式聚首一起,《南京都市圈共同发展行动纲领》诞生。2011年,第五届南京都市圈市长峰会召开,《南京都市圈区域规划》正式启动。除了整体性的都市圈行政协议之外,南京都市圈还缔结了大量的部门行政协议和小板块行政协议。正是通过部门行政协议才使得南京都市圈整体行政协议得到落实,正是通过小板块行政协议的签署都市圈整体化行政协议运行才有了坚实的基础。

从缔约行政协议政府主体的行政层级考察,当前我国的区域行政协议主要可分为省际协议和市际协议。2000年以后,长三角地区、珠三角地区和环渤海湾地区省级政府间协议纷纷制定省际行政协议,省际合作的局面逐渐打开。随着省级政府间合作的逐步推进,城市政府间合作也日益推广。当行政协议从省级政府间协议扩展到市县政府协议,地方政府间合作成为常态。南京都市圈行政协议是市际行政协议,是省际行政协议的深化,是长三角都市圈进一步发展的重要表现。早期的南京都市圈一体化在江苏省、南京市主导下产生,但是真正的都市圈行政协议是由都市圈八个城市政府之间缔结的,只有当都市圈八个城市政府走向行政协议的舞台,都市圈一体化的推进才有了根本的动力。

从南京都市圈一体化行政协议的主题考察,南京都市圈由城市建设、产业布局开始逐步走向更加广泛的主题。早期南京都市圈的整体规范主要侧重于城市建设和产业布局,其后,为快速推进都市圈一体化,都市圈交通一体化和旅游一体化行政协议成为都市圈地方政府关注的主题,无论是南京都市圈还是都市圈范围内局部地方政府之间"交通和旅游一体化"都是其关注的重要话题。2007年,南京重大项目洽谈会上多了一项重要议程——都市圈市长峰会,南京都市圈关注的焦点进一步发生转移,由基础设施的建设逐步转向公共服务和公共事业一体化,农产品供给、公共卫生、环境保护以及食品安全进入了都市圈行政协议的关注领域。至此,南京都市圈行政协议由早期的集中于产业布局转向公共服务领域,协议议题更多的关注民生和服务。

南京都市圈行政协议另一重要的特点在于南京区域一体化过程中逐步出现了非官方力量的身影。都市圈一体化的参与主体变得更为广泛,除政府主体外,学界、企业和非营利组织也以论坛形式、媒体评论等多种形式参与到都市圈行政协议运行过程之中。南京都市圈非官方力量参与的主要形式是"南京都市圈发展论坛",论坛为政府、企业、学界以及媒体之间建立了共同协商的平台,其中,最具有代表性的是企业和学界参与都市圈一体化过程。企业通过南京重大项目洽谈会、南京都市圈市长峰会和南京都市圈发展论坛等形式参与都市圈一体化过程之中,学界则通过都市圈发展论坛、媒体评论、政府课题研究等方式参与其中,影响都市圈一体化决策过程和协议运行。此外,非官方力量还通过参加南京都市圈发展政府研究课题参与到都市圈一体化过程中,通过研究结果影响都市圈行政协议的缔约与执行。

二、都市圈行政协议运行分析

南京都市圈之所以能够获得稳定发展的一个重要原因,在于区域行政协议由初级发展阶段关注经济发展到快速发展阶段转换为围绕着公共服务供给缔结协议,而有关产业和企业合作的协议则通过南京重大项目投资洽谈会完成,这样在一定程度上南京都市圈八个城市在都市圈行政协议上将精力更多地集中于公共服务层面。都市圈行政协议集中精力于公共服务与公共物品供给,可以更好地协调都市圈地方政府之间的关系,转变过度竞争的现状,培养合作的氛围,也在一定程度上统一了上级政府与辖区民意之间的偏差。

对南京都市圈而言,区域行政协议缔约主体主要是都市圈内的八个城市,而主体间平等是南京都市圈行政协议运行的基础。南京作为唯一的副省级城市是都市圈的核心城市,其他七个城市都是一般的地级市,八个城市分属江苏、安徽两省。都市圈行政协议运行过程中,八个城市之间尽管存在资源占有质和量的区别,但是不存在隶属关系,这可以从八市市长峰会的细节看出:不设主席台,八个城市是平等参与、平等协商,成果惠及八个城市公民。在区域地方政府之间,南京都市圈实现了政府间的平等参与。但是如果从更广的层面考察,还存在一定不足。第一,江苏省政府、安徽省府并未平等参与其中,八个城市的行为选择有时会因为行政隶属关系而不能与上级政府平等参与行政协议运行过程;第二,都市圈范围内的市场主体、非政府组织、学界等其他公共行动者尽管能够在一定程度上影响南京都市圈行政协议,但是因为占有资源质与量的差异,不能平等有效地参与到都市圈行政协议运行过程中,甚至不能完整参与区域行政协议的整个过程。

南京都市圈行政协议的缔结有一定的组织平台,从前期的"南京都市圈建设论坛"转换为2007年以后的"南京都市圈市长峰会",再转换为2014年以后的南京都市圈市长联席会议。从组织层面来看,无论是论坛、峰会还是市长联席会议,这些会议形式的组织设计不可避免带来一些问题,例如市长联席会议的短期性无法及时有效地处理问题,对行政协议的后期运行缺少外部约束力等。此外,从组织结构设计来考察,南京都市圈缺少专门履约和冲突解决的组织设计,更多依靠参与缔约的八个城市自觉履行,当南京都市圈内任何一个城市消极履约或者拒绝履约时则会影响区域行政协议的有效运行,而此时市长联席会议很难对其做出有约束力的限制。

从南京都市圈地方政府是否自由参与行政协议过程来考察,江苏省内的南京、扬州、镇江以及淮阴等市参与行政协议方面较少存在外部干预,原因在于南京都市圈作为江苏省都市圈发展规划确立的三大都市圈之一,在建立之初就已经得到了江苏省政府的批准。相反,安徽省的马鞍山、芜湖、滁州、巢湖等市包括后来的宣城却有可能受到省级行政力量的干预和影响,特别是在"皖江城市带"(包括合肥、芜湖、马鞍山、铜陵、安庆、池州、巢湖、滁州、宣城九市,以及六安市的金安区和舒城县)承接产业转移示范区建设提升为国家发展战略后,安徽省政府可能更多地干预上述四市的缔约取向和行为。在当前的政绩考核模式下,与南京都市圈相比较而言,安徽省政府无疑更加关心皖江城市带的发展,因此,双重规划中的芜湖、马鞍山、巢湖、滁州的行为自主性可能在某种程度上会受到省级政府的干预,尤其是在皖江城市带和南京都市圈发展上存在矛盾之时,处于矛盾中的城市政府能否自由地做出行为选择值得关注,在巢湖市被一分为三后,对南京都市圈产生了直接的影响。作为整体的南京都市圈,其缔结与履行行政协议也会受到中央政府层面的干预,因为长三角一体化和皖江城市带已经上升为国家战略,所以当南京都市圈与上述区域一体化发生冲突时有可能受到中央政府的干预。

与我国其他地区的区域一体化相比,南京都市圈履行行政协议的动力也是一种复合的动力。一方面在于区域地方政府对政治晋升的需要,协力合作、联合发展有利于在经济发展中处于优势地位,也就有利于在政治锦标赛中取得好的位次;另一方面是区域地方政府对政府职能的关注,南京都市圈更多围绕公共服务和公共物品供给签署协议是地方政府对辖区民意的关注。双重动力下,都市圈地方政府更加关注政治锦标赛形成的外部压力,当区域公共服务一体化不影响其政治晋升时,基于政府职能,南京都市圈地方政府间的公共服务合作得到有效开展。基于上述动力,南京都市圈八个城市参与到行政协议过程中,但是在履行行政协议过程中,主体是否具有契约精神同样值得关注。多方面因素影响八个城市信守契约精神:① 都市圈八个城市占有政治、经济资源、人力资源等的不同,影响缔约主体平等参与契约运行过程。② 复杂的行政关系也将影响缔约主体信守契约精神,江苏省内的南京、扬州、镇江和淮阴存在政治晋升锦标赛的压力,而马鞍山、芜湖、巢湖、滁州不仅存在政治晋升的压力,而且省级政府的外部干预力量更大。③ 非官方力量也将影响南京都市圈八个地方政府选择契约目标并信守契约的责任与义务。除了利益得失因素影响都市圈地方政府的行为选择,多种内外部影响因素的存在考验着主体契约精神。

第四节　南京都市圈行政协议存在的问题

当前,在南京都市圈区域一体化过程中,行政协议发挥了重要的作用,但是都市圈地方政府在运行行政协议过程中也存在着一定的问题,对问题的研究是为推动都市圈行政协议的有效运行。总体而言,目前南京都市圈行政协议存在以下一些方面的问题:从行政协议运行的法律环境来看,宪法和一般法律层面缺少对区域行政协议运行的规范,区域地方政府的行政协议没有法制化的基础。与之相伴,南京都市圈政府制定的行政协议缺少规范性,直接影响了行政协议运行效果,甚至导致区域行政协议无法运行;从南京都市圈区域行政协议主题层面考察,南京都市圈需要更多地集中于公共服务领域,从而推动都市圈区域一体化进程;从行政协议运行机制考察,存在目标冲突、动力不足及组织设计不健全等问题,运行机制不健全也影响着南京都市圈行政协议的效果;从行政协议主体的契约精神层面考察,地方政府缺少契约精神直接影响区域行政协议的运行,南京都市圈地方政府的行为选择受到上级政府(包括中央政府和省级政府)和企业、NGO 的影响,契约精神缺少影响了区域行政协议的有效运行。

一、都市圈行政协议运行过程缺少规范

当前,我国区域行政协议缺少规范化法制基础,这主要表现为 1982 年《中华人民共和国宪法》(简称《宪法》)及其修正案缺乏对地方政府间关系、地方政府间行政协议的法律规定。从宪法层面观察,我国宪法对政府间关系层面的规范更多的着力于中央与地方层面的权力划分,对中央政府和地方政府间关系做了一定程度的规范,但是,并未涉及地方政府之间的关系。这一现象有一定的历史背景,新中国成立后,中央政府更加关注国家的统一与稳定,中央与地方政府间关系是作为大国政府必然关注的问题,而对区域地方政府间的合作关系却并不提倡。我国的地方政府间关系只是在改革开放和市场经济发展之后才出现的问题,1982 年《宪法》没能关注这一问题,其后截至 2018 年的五十二条宪法修正案也没有提及这一主题。我国区域一体化发展不仅缺少宪法层面的宏观规范,而且在区域法制方面基本上也处于空缺状态。从法律层面上考察,跨省域法制协调高于省域政府,不能由省级

人大或政府完成,而必须由全国人大制定法律或者由国务院制定有关区域一体化的行政法规,但目前全国人大和国务院都缺少对区域一体化的相关法律法规规定。同样,省级人大及政府也很少制定市县地方政府合作方面的规章制度,从而导致省域政府内部的市县合作也缺乏良好的制度环境。从总体上说,当前我国区域地方政府间行政协议缺少保证其有效运行的法制环境,对跨省域合作是这样,对省域市县政府间合作也是如此。

当基本法和一般法律都缺少对地方政府间关系和地方政府间行政协议的法律规范时,其运行效果完全依赖于缔约主体的理性选择。从南京都市圈已缔结的区域合作协议整体情况来看,协议内容大多比较抽象,很多只是一种意向或认识,缺少具体的或操作性强的实施细则。这种缺少明确法律规定的非制度化协议方式有其优点,也有弊端:一方面为缔约各方的自由协商带来了更大的空间,是一种强合作意愿下的弱联合形式;另一方面带来一系列不确定性,没有明确的缔约目标、权利义务和违约处置条款,区域行政协议的履约存在着较大的不确定性。以下从南京都市圈行政协议契约文本和运行过程考察进行分析。

1. 行政协议契约文本不规范

当前,我国区域行政协议普遍存在着文本不规范问题,南京都市圈行政协议文本也存在着类似问题,主要表现在两个方面:① 契约文本形式的不规范;② 契约文本内容的不规范。首先,南京都市圈行政协议形式上缺乏规范性,行政协议文本格式从标题到条款设计都存在一定问题,不符合标准化行政协议的要求。与其他区域的行政协议一样,南京都市圈在区域行政协议的名称上没有统一,都市圈一体化合作协议有规划、纲领、纲要、备忘录、意向书、协议、宣言以及议定书等多种形式,如《南京都市圈规划纲要》《滁州宣言》《南京都市圈与台北县旅游合作交流备忘录》《南京都市圈共同发展行动纲领》《南京都市圈农副产品全面合作协议》《南京都市圈航空旅游合作议定书》等,在名称上未能统一。都市圈行政协议形式规范的出发点应是契约效力,只有形式规范的行政协议才能保证契约应有的效力,当前南京都市圈行政协议的规范需要从统一标题名称、规范条款设计等方面着手。其次,南京都市圈行政协议的内容缺少规范化。所谓内容的规范化更多地体现为实现各参与主体权利义务的平等化,因为真正促进缔约主体积极履行协议的原因在于权利义务的平等化。对南京都市圈而言,都市圈一体化行政协议缺少法律方面的规定,政府间权利义务平等化完全依靠地方政府之间的协商。从已经收集到的都市圈整体行政协议、交通部门行政协议和宁镇扬一体化小板块行政协议来看,南京都市圈协议文本内容同样存在不规范现象,主要表现在没有规定权利义务、权利义务不明确或者权利义务不平等几种情况。如《南京都市圈综合交通发展规划》,明确了未来几年即将开工的交通建设项目,但是对各城市具体任务、时间、违约责任都未做说明,只是一份规划性质的协议。再如,滁州与南京交通部门签署的《滁州市与南京市交通对接项目合作实施协议》内容涉及滁宁快速通道、104国道汊河集大桥、滁宁快速通道省界收费站、县乡道路对接、滁河航道整治以及公路客运联网售票系统等,尽管所涉项目已经明确,但是具体操作步骤、各方权利义务、违约责任都没有具体规定。正是这种普遍存在的任意性为都市圈各城市提供了最大的自主空间,也在一定程度上影响着南京都市圈行政协议的有效运行。

2. 行政协议运行过程不规范

都市圈行政协议运行过程需要明确规定,制度化的刚性约束保证减少契约运行过程的随意性。当前,区域一体化行政协议运行因为缺少法制化的外部环境,从基本法和一般法律层面都缺少对地方政府间协议运行过程的规定,因此,这需要都市圈政府对协议运行过程做出明确规定。从南京都市圈行政协议运行过程来看,都市圈行政协议的运行比较随意,缔约过程、履约过程以及其后的冲突解决过程缺少规范化,这是影响南京都市圈行政协议有效运行的重要原因,因此需要健全法律法规和规范行政协议以加强对契约运行过程的限制。

从当前收集到的南京都市圈一体化行政协议考察,运行过程的不规范或者表现为行政协议缺少运行过程的条款设计,或者表现为有相关条款但是却不具体。具体而言,区域行政协议运行不规范主要表现在以下两个方面:① 没有规定成立统一的履约机构,这在无形之中减弱了区域行政协议的执行力,尤其是多个地方政府共同参与的区域行政协议,无法控制区域行政协议执行的进度与程度。② 没有规定相应的冲突解决机构。没有冲突解决机构就意味着缔约各方政府有选择履约或者不履约的权利,因为即使不履约也没有追责机关和追责机构,这容易造成区域行政协议履约过程中各地方政府选择性执行。

二、南京都市圈行政协议应该专注于公共服务

对政府核心使命的准确把握有助于把政府从全能型的主体角色中解放出来,实现政府与市场、私人以及社会之间的分权。区域内的经济活动要按照市场规律进行,通过市场竞争、市场合作解决区域经济协调发展中的问题,因此,区域行政协议应该减少对这一领域的过多涉足,区域地方政府应该更多地把精力放在承担公共产品和公共服务提供者的角色上,保证社会公共事业的协调发展。

当前,我国区域行政协议主要集中于区域经济发展和区域公共服务供给两个领域,而地方政府在上级考核压力之下似乎更愿意在区域经济发展方面缔结行政协议,以促进行政区划内部经济的发展,赢得政治晋升锦标赛。南京都市圈也存在上述情况。南京都市圈行政协议不仅涉及经济发展领域,也涉及公共服务供给领域。从既有的区域合作协议来看,南京都市圈早期规划涉及产业布局、城市建设领

域的区域经济合作为数不少,其后社会合作和公共服务层面的协议日渐增多。2007年以后,南京都市圈行政协议逐步转向关注公共服务供给问题,并缔结了大量的公共服务行政协议,广泛涉及就业服务、信息化、科教文体、环境保护、公共卫生和社会福利等领域。但是,从总体上看,南京都市圈地方政府仍然非常关注区域一体化的产业合作,通过南京重大项目洽谈会,都市圈地方政府间缔约了大量的产业方面的合作协议。"2007中国·南京重大项目投资洽谈会"会后新闻通稿中指出:南京市共推出重点招商项目90个,项目平均规模达11亿元,总投资995亿元。其中制造业项目52个,占项目总数的58%。此后几届南京重大项目洽谈会也是以经济发展、产业布局为主导。由此可见,南京都市圈行政协议能够集中力量于公共服务领域是通过另外一种形式——南京重大项目洽谈会,将产业布局方面合作分离出来单独讨论。

从西方国家的经验来看,行政协议应该更多地集中于环保、医疗卫生、道路、教育、消防等领域,即涉及的领域集中在公共领域而不是竞争性产业领域。尽管南京都市圈通过南京都市圈市长峰会缔结了大量的有关公共服务合作供给的区域行政协议,但是总体而言,有关经济发展和产业布局的区域行政协议仍然占据主导地位。因此,南京都市圈行政协议需要进一步调整缔约主题,不仅都市圈市长峰会,而且南京重大项目洽谈会也应该更多地围绕区域公共服务缔结都市圈行政协议。总体而言,基于公众需求而缔结的公共服务协议能够促进公共卫生、农副产品、交通设施等公共服务的有效供给,契合了辖区民意对公共服务的需要,实现中央政府、省级政府、区域地方政府和辖区民意契约目标的统一。

三、南京都市圈运行机制需要进一步优化

除了需要有法治化的外部环境和规范的区域行政协议文本,区域行政协议能够高效运转起来离不开有效的运行机制。当前,区域行政协议在运行过程中还存在运行机制不健全的问题。从目标导向、动力机制到组织设计三个方面看,南京都市圈行政协议因为运行不健全影响其效果的现象是存在的。

从目标导向上看,南京都市圈行政协议的运行存在多元目标的冲突,政治统一、经济发展还是公共服务供给,地方政府在签署区域行政协议时应该集中力量于哪一个主题目前还存在阶段性矛盾。当辖区民意要求地方政府能够提供高质量的足够的公共服务时,都市圈八个地方政府尚未脱离以经济发展为考核的核心目标,这就产生了都市圈区域行政协议主题的矛盾与选择。从长远来看,对都市圈地方政府来说,经济发展与公共服务是内在统一的,但是在目前阶段还存在着一定的矛盾,可以称作阶段性目标矛盾。当然,南京都市圈将两者分离,分别通过都市圈市长峰会和南京重大项目洽谈会来实现初步解决,但是没有从根本上解决问题。

适当的组织形式可以有助于区域一体化行政协议过程的运行,具体表现为在区域一体化的过程中多元主体的利益协调与行政协议的有效运行需要有一定的组织基础。在我国通行的行政协议形式是通过会议签订行政协议,由参与协议的政府各自执行已经签署的协议,当协议的执行出现争议时则无法有具体的组织机构负责解决。与其他区域行政协议运行的组织设计相似,南京都市圈行政协议也侧重于缔约阶段的组织设计,对于履约和冲突解决的组织设计重视不够。

　　目前,南京都市圈行政协议的组织基础是南京都市圈市长峰会,南京都市圈市长峰会是南京都市圈缔结行政协议最为重要的程序平台,行政协议缔约过程主要通过市长峰会完成。该模式为多元主体提供自由平等协商的机会,但也存在一定的缺点,这一组织设计更关注于区域行政协议缔结,对其后的履约与冲突解决则显得无能为力,并且这一会议形式的组织设计无法应对区域一体化的日常事务解决。为了应对其弊端,南京都市圈政府间建立了日常工作小组以弥补南京都市圈市长峰会的短暂性缺点,但是日常工作小组与市长峰会相比缺少权威性,导致其无法做出迅速决策,这种弥补方式本身也有缺点。正是因为南京都市圈市长峰会组织设计存在的缺点,所以在一定程度上影响了南京都市圈行政协议有效运行。在缺少规范化行政协议文本和科学的组织设计前提下,南京都市圈行政协议履约方式是由各缔约城市自主履约,当都市圈城市政府选择严格履约时,都市圈行政协议可以有效运行;如果都市圈城市政府基于自身利益做出违约的行为选择,将直接影响都市圈行政协议的运行效果。

　　从动力机制来看,目前区域地方政府的行为动力来自于上级政府的政绩评估以及由此延伸出来的地方政府的主体利益。因为上级政府对下级政府的政绩考评都是以行政区域为范围,中央政府对省级政府、省级政府对市级政府、市级政府对县级政府也都是如此。因此,区域一体化过程中,区域地方政府更关注的是行政区划内部的利益获得,而不是区域一体化的进程。这种动力机制可以称之为基于权威的考核动力,它的基础是体制内的上下级命令服从关系。当都市圈行政协议走向网络化方向时,需要形成多层次的交流机制,建立柔性的制度化协商网络。从南京都市圈行政协议个案考察,南京都市圈政府面临政治锦标赛的压力远大于辖区民意对公共服务需求的压力,并且都市圈行政协议受到体制内命令服从关系和网络化柔性协商体制的双重影响。总体来说,南京都市圈行政协议的有效运行尚缺少平等自由的对话平台,将中央政府、江苏省政府、安徽省政府、长三角区域和南京都市圈八个城市政府以及各种非官方力量纳入其中,能为都市圈行政协议的缔结与执行提供有力支持。当前可行的做法是继续扩大都市圈发展论坛的主体范围,建立多元主体的平等对话机制,在平等自由的前提下促进都市圈行政协议的运行。

四、进一步提升南京都市圈主体契约精神

当前,南京都市圈行政协议主体主要是八个城市政府,尽管这是南京都市圈行政协议最为主要的主体,但是还有更多的主体影响都市圈行政协议运行过程。南京都市圈行政协议的缔约及履约过程应该将中央政府、江苏省政府、安徽省政府以及相关的非官方力量纳入范围,促使都市圈行政协议主体的多元化。因为上述主体都可能影响南京都市圈主体是否信守契约精神。

南京都市圈八个城市主体间尽管存在行政级别上的差异,但是都市圈行政协议从缔结到履约已经基本上实现了平等参与,各城市政府能够做出理性选择,平等参与契约过程。南京都市圈一体化进程中,八个城市政府之间有了较好的交流沟通平台即都市圈市长联席会议,但是其他参与主体之间、其他参与主体与八个城市政府之间缺少平等对话的平台。具体来说,南京都市圈在发展过程中还存在一定的缺陷:首先,当前存在的主要问题是跨域发展带来的省际矛盾直接影响到南京都市圈行政协议的运行,具体表现为与安徽省之间缺少足够的沟通。南京都市圈将安徽省域四个城市纳入一体化范围,但是缺少与安徽省政府的充分沟通,难免在行政协议运行过程中受到其外部行政力量干预。其次,对南京都市圈行政协议的有效运转而言,除上级政府以外,还需要关注的是区域行政协议相关的企业及非营利组织等。这一点南京都市圈行政协议发展过程中取得了一定的进步,学术界、企业、非政府组织对都市圈一体化行政协议有一定的讨论和影响,缺点在于这种影响力还很小。正是因为上述几方面原因的存在,南京都市圈行政协议运行过程中才会有违背契约精神的情形存在。

尽管区域行政协议中上级政府力量、市场与社会力量共同影响着行政协议的缔约过程,但是进入行政协议的实质缔约、执行和冲突解决阶段一般只有都市圈地方政府,因此,我们探讨南京都市圈契约主体的契约精神可以将讨论主体锁定在区域地方政府上。

在目前的行政区划分割和政府绩效考评体系背景下,上级政府只考察地方政府在本辖区内的绩效,对相邻区域造成的正负外部效应没有纳入考核体系中,因此南京都市圈地方政府一般只关注辖区内的公共事务与经济发展,对区域之外缺少关注,或者说关注的动力不足。尽管南京都市圈地方政府为解决公共问题选择签署一些区域行政协议,但是实践中区域地方政府往往选择了约束性不强的区域行政协议文本,并且在履约过程中也缺少足够的契约精神,存在一些不信守承诺的现象。

南京都市圈一体化过程中缔约主体缺少契约精神主要表现在主体间的不平等和契约过程的不自由。等级式的权威服从结构是行政命令存在的基础,影响主体

间平等与自由的主要因素就是基于权力等级的行政层级。当前,政府公共管理权力在行政单元内部的日常运作依然是自上而下命令服从关系,由此形成一种单一权威中心的"金字塔"式闭合结构,这影响都市圈行政协议主体间平等参与和自由协商,直接影响着协议主体的契约精神。"特别是在中央集权的单一制国家,由于一贯坚持'下级服从上级,地方服从中央'的政治原则,这使得按行政区划切割的地方政府,必须严格遵循'中央政府—地方政府'的博弈规则,很难自觉生成一种'地方政府—区域公共管理共同体—地方政府'的谈判协调的制度安排。"[①]当区域行政协议主体不能以平等地位进入协议过程,并且行为选择更多受外部主体干预而难以自由选择时,主体难以信守契约,直接影响行政协议运行的效果。

本章小结

南京都市圈一体化发展至今已经有近二十年时间,都市圈行政协议经过近二十年时间的发展取得了较大进步,从都市圈整体行政协议、都市圈部门行政协议和小板块行政协议三个角度已经建立起都市圈行政协议整体框架。

南京都市圈行政协议特点与南京都市圈一体化进程密切相关,从目标确立、参与主体、组织设计、对话机制以及动力机制等诸多方面形成了南京都市圈行政协议运行的特征。在实践中,南京都市圈行政协议运行存在一定的问题,如行政协议缺少规范、主题没能集中于公共服务、缺少平等对话机制以及组织设计不够科学,这些因素影响着南京都市圈行政协议的有效运行。

[①] 杨爱平,陈瑞莲.从"行政区行政"到"区域公共管理":政府治理形态嬗变的一种比较分析[J].江西社会科学,2004,24(11).

第六章 美国州际协议的发展及其启示

他山之石,可以攻玉。当代中国区域一体化行政协议发展二十多年时间,尚没有足够的经验总结,但是我们可以从域外行政协议发展中寻找经验借鉴。考察国外法治发达国家,行政协议制度已有长久的历史,美国、日本、西班牙等国在行政协议方面已经积累了一定的经验,各国行政协议的发展历程和经验教训都可以为我国所借鉴,其发展过程的不足之处也促使我国地方政府在行政协议过程更多地反思。我国广泛存在区域行政协议,就有必要分析研究其优点及其存在的问题,为行政协议的理论研究提供现实基础,同时也为区域行政协议制度的发展及完善扫清障碍。比较上述几个国家的行政协议发展,美国的行政协议发展较为完善,对其发展过程的理论探讨,更有益于我国区域一体化行政协议。

美国区域关系的协调经过几百年的发展已经形成了比较完善的制度体系,州际协定和州际协议是州政府之间以及州以下地方政府之间协调的主要方式。"从美国的法律史来看,同时具有州法和合同性质的州际协定是最重要的区域法制的协调机制,而行政协议的盛行则是其最新的发展趋势。"[1]尽管这种协定和协议更多是存在于州政府的层面并且其发展形式与路径与我国区域行政协议存在差异,但是其缔结、履行过程与我国的区域行政协议有类似之处。因此,深入研究美国州际协定和州际协议的制度变迁,对正处于区域协调关键阶段的中国而言,无疑具有一定的比较和借鉴意义。

第一节 美国州际协定的历史变迁及存在问题

一、美国州际协定的历史变迁

美国的州际协议(interstate agreement)并非一直是以当前的形式存在,而是

---

[1] 何渊.美国的区域法制协调:从州际协定到行政协议的制度变迁[J].环球法律评论,2009,31(6).

有一个发展历程,在州际协议之前存在美国各州政府之间的合作形式更多采用的是州际协定。所谓州际协定(interstate compacts)是"由两个或两个以上州之间协商达成,并经国会同意的法律协议,缔约州受协议条款和《联邦宪法》'契约'条款拘束……是一种最有法律约束力的州际合作机制。"①作为一种最古老的州际合作形式,"州际协议的历史和美国自身的历史一样悠久。州际协议最早起源于北美殖民地时代英属殖民地间边界和土地争端治理中的'协议'程序,……到1787年美国《联邦宪法》的颁布,则标志着州际协议进入了正式化与永久化发展阶段"②。从严格意义上来讲,这里所指的州际协议实质是州际协定,作为最古老的州合作形式,州际协议的前身是州际协定,为解决殖民地间边界争端而设计,不断发展到今天的州际协定和州际协议并存的局面。

回顾美国州际协定的发展历程,在北美殖民地时代,州际协定制度已经出现③,成为殖民地之间解决土地产权和州际边界冲突的一项重要政策工具。与法律相比较,州际协定既具有制度化的约束力,又具有相比于法律程序简单的特征,各殖民地州政府都乐于使用州际协定这一工具解决州际关系中存在的矛盾。州际协定的程序设计是:各殖民地的代表委员通过谈判和协商签订边界协定。对各殖民地的边界讨论,英国枢密院可能会派专门的委员到现场监督和促使争端各方达成协定,缔结协定之后协定文本需要送至英方审查,必须得到英国枢密院和英国女王的批准(颁发特许状和批准协议)后才能发生法律效力。当这些边界协定获得了批准后,缔结协定的各殖民地必须严格执行,英国枢密院和女王在殖民地的王室总督会监督这些协议的实施,这样保证州际协定缔结之后能够切实进入履约程序④。由此可见,早期的州际协定有三个重要环节:① 各殖民地代表协商讨论,缔结州际协定的草案。② 殖民地各州缔结的州际协定经过英国女王的批准产生法律效力。③ 参与缔结协定的各州必须严格执行协定,由英国枢密院和殖民地的王室总督监督执行。这一过程设计实现了缔约主体平等讨论、英国官方的严格审批和对履约过程的严格监督,保证了行政协定的正常运行。

美国《邦联条款》承认各州之间存在争端以及解决争端的必要性,该条例第6条规定:"任何两个或者更多的州能够签订州际协定、结成邦联或同盟,必须经过美国国会的同意,并且具体指出该协定的目的以及持续的期间。"《邦联条款》的"协定程序"规定促进州际协定走向正式化、制度化。美国的缔造者们对州政府之间过多

---

① 吕志奎.州际协议:美国的区域协作性公共管理机制[J].学术研究,2009(5).
② 同①.
③ 何渊.美国的区域法制协调:从州际协定到行政协议的制度变迁[J].环球法律评论,2009,31(6).
④ 同②.

的合作关系不太放心,特别是对地区性政治同盟的设立比较担忧,担心州政府之间通过缔结同盟协议可能会影响联邦政府的力量和美国的统一,这也是后来美国国父们制定《联邦宪法》时争吵不断的原因所在,既希望建立统一的联邦制国家以解决面临的市场统一、金融债务和外来力量干预问题,又想保留更多州的权力避免过度中央集权,如何在联邦和州权力之间实现平衡让美国国父们争吵不休。问题总有解决的办法,对州际协定问题也一样。为解决这一问题,美国的缔造者们又建立一套机制来应对。《邦联条款》第9条规定:"对于现存的或者今后可能遇到的州际争端,包括边界、司法权等问题的冲突,美国国会有最终的裁决权。"这一设计将州际协定的最终裁决权收到了国会,联邦对州际协议有重要的干涉权利,保证了国家权力的统一。

1787年,美国《联邦宪法》中有关协调州际关系制度在一定程度上说就是对殖民地时期州际合作经验的总结,法律条款上是对《邦联条款》的继承。从某种意义上讲,北美殖民地时代的"协定"程序和邦联时代的州际协议经验,直接影响了独立后美国联邦宪法"协定条款"的出台。《联邦宪法》第1条10款这样规定:"任何州不得缔结条约、同盟或联盟;……任何州,未经国会同意,不得与其他州或外国缔结协议。"这个条款是《邦联条款》第6条的翻版,有人会认为这一条款是禁止条款而非授权条款,如果仅从字面上考察,该条款制定确实在于防止某些州通过互相联合或勾结外国势力达到以侵害联邦权威的目的,没有美国国会的同意,各州政府均无权签订任何协定。但是,在其后州际协定发展过程中,联邦法院通过判例从事实上承认了各州具有签署州际协定的权力,除一些特定的涉及政治问题和州政府权力的州际协定之外,其他协定无须国会的同意。可见,美国《联邦宪法》的"协定条款"可以被视为授权条款而不是禁止条款。

从殖民时代到美国《联邦宪法》颁布之后的一段时间内,州际协定并没有得到快速发展。"虽然被赋予了签署州际协定的权力,但起初各州却很少使用它。这一方面是因为联邦最高法院早期在解释协定条款时比较严格,另外更重要的一方面是因为当时联邦集权的压力不大,各州缺乏合作的动力。"①当上述两个因素产生变化后,20世纪20年代,美国州际协定进入快速发展时期,州际协定开始适用于其他领域,比如城市群规划、都市区一体化、自然资源的保护、公共服务的供给和公用事业管制等领域。"在1920年前的一百多年中,各州缔结的州际协定总共只有36项",绝大部分是处理相邻州之间的边界争端问题,"而在1920年至1941年的20年间,新增协定就有25项"②。

---

① 杨成良.论美国联邦体制下的州际合作[J].世界历史,2009(5).
② 同①.

20世纪60年代,美国的州际协定出现了一些新的变化,这一阶段州际协定还有一项更为重要的发展,政府间合作不再限于州与州之间,也开始扩展到了州政府与联邦政府之间,美国联邦政府也开始作为成员方加入州际协定。1961年,新泽西州、特拉华州、纽约州以及宾夕法尼亚州签订了《特拉华流域协定》。"该协定直接导致美国国会一项立法的出台,而该法律使联邦政府成为了特拉华流域协定的一方成员。"[1]进入20世纪70年代至1980年以后,整治环境污染和保护自然资源成为州际协定关注的重点主题。此后,随着州政府权力扩大,州际协定进一步发展有了更大的空间和权力基础。

二、州际协定存在的问题及其新发展

1. 州际协定存在的问题

相较于法律,州际协定程序简化很多,但从美国州际合作的实践看,其程序设计依然繁琐,繁琐程序越来越难以适应日新月异的社会的发展。州际协定从殖民地时代产生后不断完善,但是其基本步骤依然是:州政府之间协商确定协定文本、协定文本经由国会批准后生效、各州政府或特定机构履行协定。在美国,州际协定的本质是合同,它的签订过程主要包括要约和承诺两个步骤。"在美国,最通行的做法是,各州把要约或承诺的全部内容作为某一法规的一部分或者作为一个附件附在法规后面,并且同时宣布将遵守该要约或承诺。要约和承诺,再加上国会的批准程序,州际协定的程序可以说是非常繁琐,周期也是相当长的。"[2]各个参与州际协定的州政府出于本州利益会对合作协定的利益分配、合作范围、合作条件等等都需要进行详细的讨论,如前所述,过长的州际协定缔约周期,使其不适应行政管理快速变化的环境,不适应行政管理对效率的价值追求。

繁琐的程序设计导致州际协定缺乏灵活性,这一特征除了表现在州际协定的缔结过程外,也表现在州际协定的修改存在一定的难度。在美国,全体成员意思表示一致是州际协定修改的先决条件。"由于州际协定的内容往往是以成文法规的形式来表现,所以各州议会的法规修改这一程序不可或缺。另外,经过上述两个程序后,对于那些可能改变政治控制或权力,以至于影响宪法权威的州际协定的修改还需要得到美国国会的同意。"[3]过多的修改限制条件,使得很难对已经生效的州际协定进行修改,时过境迁州际协定修订影响其有效履行,这同样为州际协定进一步履行带来了困难。

州际协定从殖民地时代产生,在美国州际合作中起到了重要作用。但是州际

---

[1] 何渊.美国的区域法制协调:从州际协定到行政协议的制度变迁[J].环球法律评论,2009,31(6).
[2] 同[1].
[3] 同[1].

协定存在的程序设计和组织结构问题影响着其作用的进一步发挥。美国州际协议在组织结构设计的时候，更多地侧重于州际协定的执行，这种设计是值得借鉴的经验。不过，美国州际协定的确立基本上是通过州政府之间的要约和承诺形式实现的，一般没有固定的议事机制和外部约束，这为州政府之间提供解决问题的自由，但是缺少固定的议事机制也存在一定的缺点，不能为州政府之间提供日常沟通平台，遇到问题时更有可能因为不熟悉对方的目标、利益需求而增加议事的时间和成本。

2. 州际协定新发展

美国作为一个大国，不可能所有事情都依赖联邦政府处理，这样难以保证公共事务有效率地处理且剥夺了州政府的权力。在这样设计思想的主导下，州际协定成为州政府促进州际合作时共同关注的工具，并且发展出了更为简便的州际协议模式，甚至联邦政府和州以下的地方政府也主动参与到州际行政协议过程中，政府实践促进了州际协定自身进一步发展和完善。

（1）州际协定的范围越来越广泛

美国的州际协定产生于殖民地时期，最初的制度设计主要是用于解决土地产权和边界纠纷，后来，州际协定的缔约主题获得进一步扩展，并更多地被运用于州际公共问题的解决及公共服务的合作供给。"在1920年之前的36个州际协定中，除了1862年的《弗吉尼亚——西弗吉尼亚协定》是解决两州分离的问题外，其余的全都是边界协定。而现在的州际协定已涉及教育、能源和自然资源的保护与利用等25个领域。"[①]有人曾经从涉及领域的角度对美国州际协定进行考察，结果表明：涉及边界问题的州际协定不断下降，而涉及公共服务的州际协定数量不断上升。从以上统计可以看出，州际协定有两个方面的明显变化：一是州际协定主题范围有明显的扩大化；二是有关公共服务领域的州际协定数量急剧上升。

（2）州际协定参与主体的多元化

州际协定参与主体的多元化可以从三个层面看出：一是参与州际协定的州政府数量越来越多，"州际协定已经不再是单纯的双边协定，而是发展出了多边、地区乃至全国性的协定"。比如，"《州际未成年人协定》的成员已包括全部的50个"[②]。二是联邦政府也参与到州际协定过程中，"州际协定的广泛运用，又影响到了联邦政府和地方政府的权威，使得联邦政府和地方政府积极参与其中，形成了联邦、州

---

① 约瑟夫·齐默曼.州际关系：联邦体制被忽视的一面[J]//杨成良.论美国联邦体制下的州际合作[J].世界历史，2009(5).
② 杨成良.论美国联邦体制下的州际合作[J].世界历史，2009(5).

以及地方之间的协调机制"①。联邦政府也积极参与其中,以成为州际协定的一方成员或设立联邦与州的联合机构的方式参与州际协定。三是州以下的地方政府也逐步参与到州际协定过程中来。州下属的许多地方政府也开始参与到州际协定中来了,这有利于州以下地方政府维护它们自身的合法权益,通过更多的与外界交流的机会,地方政府真实地表达主体利益,相互之间的关系得到了进一步协调。一些州开始授权地方政府,使它们有权与邻近州的地方政府签订州际协定,通过这些协定解决一些边界问题、资源利用、环境保护以及其他一些公共服务问题。

(3) 州际协定的组织设计不断完善

州际协定组织设计的完善主要表现在执行机构的完善上,具体而言,专门设置的州际联合机构逐渐取代成员州的相关政府部门,成为州际协定的主要执行者。这是一种执行模式取代另一种执行模式的变化,是由专门机构执行代替州政府各自履约的模式。1920年是一个重要分界线,在此之前,州际协定的执行是由缔结各州州政府的相关部门管理,1921年以后,各州普遍接受由专门设立的联合机构执行州际协定的做法。"现在,由成员州的相关部门负责的州际协定已为数不多,专设机构执行的协定已占绝对优势。"②专门履约机构的成立可以有效控制州际协定的履行过程,可以在一定程度上减少州政府各自履约可能带来的不确定性和矛盾冲突。

州际协定组织结构的完善还表现在组织管理权限的扩展。早期,联邦政府以与州缔结联合协定或者建立联合机构的形式介入州际协定过程,这些联合机构对州际协定并无实质性的管理权限,其功能大多局限于制定规划,规划之后的工作交给联邦政府和州政府分别进行。其后,这类组织结构从职能上得到进一步发展,例如特拉华流域管理局模式的出现,这种模式同时具有规划和管理的功能,超越了联合机构模式,从组织权限上更加完善。

(4) 州际协定走向更高的发展阶段

"州际协定的最为重要的一个发展趋势是行政协议的兴起。近年来,新缔结的州际协定数量开始逐年下降,而正式和非正式的州际行政协议却被各州的官员所热衷,其签订数量急剧上升。"③出现这一历史现象有一定的内在原因。州际协定自其产生之日起,复杂的缔结程序保证其效力,但是也正是这一程序,使得州际协定不能够适应现代行政管理对效率的追求。美国有研究小组对65个州际协定进行抽样调查,其结果表明:"从签署到联邦政府的同意再到正式生效,不包括缔约过

---

① 何渊. 州际协定:美国的政府间协调机制[J]. 国家行政学院学报,2006(2).
② 杨成良. 论美国联邦体制下的州际合作[J]. 世界历史,2009(5).
③ 何渊. 美国的区域法制协调:从州际协定到行政协议的制度变迁[J]. 环球法律评论,2009,31(6).

程中的谈判时间,州际协定的平均周期为 4 年 9 个月。其中,涉及自然资源的 36 个州际协定的平均周期为 6 年 9 个月;涉及河流管理的 19 个州际协定的平均周期增加到 8 年 9 个月。"①州际协定的缺点为新型的州际协定——州际协议产生提供了空间,州际公共问题不断出现和解决问题的迫切性更是需要州际协议提供必要的补充。在这一背景下,州际协议有效缔结、积极履行并得到广泛的发展。

总体而言,州际协定在不断完善的过程中,从主题、成员数量、执行机构和形式等方面表现出许多新特点。从主题看,州际协定所覆盖的领域更广泛。从成员数量看,州际协定已经不再是单纯的双边协定,而是发展出了多边、地区乃至全国性的协定。从执行机构看,专门设置的州际联合机构逐渐取代成员州的相关政府部门,成为州际协定的主要执行者。另外,由于州际协定自身的缺点,其自我完善却不能满足社会发展的需要,也正是在此基础上,州际协议应运而生,作为对其缺点的补足。

第二节　美国州际协议发展及其功能

"面对瞬息万变和日新月异的当代美国社会,程序繁琐且弹性缺失的州际协定显得越来越不合时宜,特别是对于解决紧急问题和不涉及政治的州际问题,州际协定机制更是心有余力不足。"②在这种背景下,美国州政府之间需要从程序上进行创新,创造一种更为简便、灵活,也更具透明度的机制,而州际协议正是这样一种机制。

一、美国州际协议的发展

在州际合作中,州政协议发展的速度很快。美国有学者按州际协议所涉及的合作内容对其进行分类研究,认为州政协议的内容主要包括:① 各州采用统一的规则和类似的程序来解释法规、管制州际贸易;② 通过谈判或仲裁,而不是通过立法的方式来解决州际难题;③ 各州之间实现相互交流,实现信息共享;④ 各州之间相互沟通、承认和接受其他缔约者对州际问题的态度;⑤ 各州政府通过州际会议成为州际行政官员联合会的成员③。从目前的实践来看,美国的州际协议所关注的合作主题非常广泛,已经涉及州际贸易、教育卫生、环境保护、政策协调、交通建

---

① Wallace R Vawter. Interstate Compacts—The Federal Interest[J]//何渊. 美国的区域法制协调:从州际协定到行政协议的判度变迁. 环球法律评论,2009,31(6).
② 何渊. 美国的区域法制协调:从州际协定到行政协议的制度变迁[J]. 环球法律评论,2009,31(6).
③ Garland C Routt. Interstate Compacts and Administrative Cooperation[Z]. The Annals of the American Academy of Political and Social Science,1940:207,101.

设、信息共享以及税收征管等诸多领域。

美国各州的行政官员在实践中继续通过州际协议实现州政府之间的行政合作。与州际协定相比，州际协议无论是签署还是修改都更为简单，因为其关注的主题不是州政府间政治问题，也不需要经过国会的批准。在州政府之间的州际协议既包括正式的州政协议，也包括非正式的州政协议。与正式的州政协议相比，非正式的州际协议程序更为简单，州给予行政官员更多的自由裁量权，因而也更具有灵活性，非正式的行政协议更受行政机关及官员的青睐。正如州际协议不能完全替代州际协定一样，正式州政协议也不能完全替代非正式的州际协议。三者在州际合作中都有其存在的条件和合理性。有关州际政治问题、边界问题主要通过州际协定解决，而州际行政合作问题主要通过正式或者非正式州际协议完成。各州行政机关或机构的官员之间可以不断互访，在这个过程中，他们往往会在口头上形成一致的意思表示，达成非正式的行政协议，也可以通过正式协商签署正式的州际协议。三种州际合作工具在不同的情境下互为补充，实现州政府之间的有效合作。

州际协议从主体层面观察，既有州政府之间的州际协议，也有州以下地方政府间的合作协议。随着政府间关系的不断发展和州际协议的逐步完善，联邦政府和州以下的地方政府也会参与到协议过程中。通过特拉华流域管理局模式，联邦政府参与到州际协议的过程之中。美国州以下地方政府大量缔结行政协议有一定的社会背景，当地方政府遇到财政危机或者公共问题突破行政区划时，政府间合作动力由此产生，而通过缔结地方政府之间行政协议是实现伙伴关系、合作关系的重要治理工具。州以下地方政府间对于跨区域事务的处理，往往以签订地方政府之间行政协议来实现。这种地方政府间缔结的协议往往具有以下特色：① 由两个以上的地方政府参与订定；② 订立协议主题较为明确，往往针对特定事务或服务，如交通运输、垃圾处理、废土处理、环境保护、水资源保护、消防业务等；③ 一些重要事务的跨行政区域合作协议，须经州议会同意。主题明确的地方政府间协议，程序设计上类似于州际协议，为地方政府间预留了足够的自主权力，这也是地方政府之间行政协议大量缔结的重要原因。

二、美国州际协议优势及其功能

因为州际协定的一些缺点不适应社会发展和行政管理的需要，所以州际协议应运而生。州际协议只有克服州际协定存在的问题、弥补其缺陷，那么其存在才有合理的价值。"不难看出，程序繁琐、弱弹性以及不确定性等弊端极大地束缚了州际协定的手脚，而具有高度灵活性的行政协议正好克服了这些缺陷，它使美国的州际合作取得前所未有的大发展。"①克服州际协定存在的缺陷需要从程序上变革州际协定的缔结过程,打造全新的州际协议程序。

与州际协定相比,州政府之间在缔结州际协议时从程序上做了完善:其一,在程序上做了相应的调整,减少了外部限制条件。行政协议的成立及生效并不需要经过州的立法程序,也不需要得到国会的同意,只要州政府行政首长达成意思表示一致,行政协议就能成立。同样,行政协议的修改程序也相对简单。这种相对简易缔约与修改程序,使得行政协议具有很强的灵活性,足以应对不断变化的社会环境和行政管理对效率价值的追求。其二,与州际协定相比,不断完善了州政府之间协商的程序,行政协议也更具有确定性。一方面,由于其涉及的是相对简单的行政问题,各方成员可以开诚布公地讨论,没有政治上的束缚;另一方面,行政协议的平台建设,使各州政府能够预期其他缔约主体的行为。"行政官员之间可以经常进行互访,从而减少误会,增进了解,特别是州际行政官员联合会的定期召开,给各成员提供了实现行政公开的固定平台,从而极大地方便了州际合作的进行。"②

针对州际协定的缺陷,州际协议的程序做了创新设计,这也为州际协议的发展提供了必要的程序支持。美国州际协议的不断发展,促进了区域多元法制框架的建立、州际事务的区域化和州际关系的制度化。

1. 建构区域法制框架

面对区域一体化的趋势,联邦政府、州政府和州以下的地方政府都需要做出回应。无论是州际协定还是州际协议都有一定的法律基础和缔结程序,州政府及州以下地方政府间合作以政府的自由协商为主,这一过程是在联邦宪法规定和联邦司法判例形成的规范和程序下运行。但是,仅从联邦宪法层面难以全面回应区域协作的现实,因此,在宪法宏观设计的基础上,需要由州政府和州以下政府作为主体去探讨区域一体化的法制框架,从多层面完善区域一体化法制框架。

州际协议在宪法框架的基础上得到了广泛的应用与发展,州政府之间通过州际协议所建构起来的跨州政府间协作框架,创造了州际协作行动的法制基础和行为规范。联邦层面的宪法从宏观框架上进行设计,而州及州以下政府的广泛参与则能够提供具体的制度设计。州政府之间和地方政府之间的协议实践针对的是州和地方面临的具体问题,并且州及州以下地方政府间协议受到法律保护,具有一定拘束力。因此,州际协议和地方政府间行政协议作为处理政府间协调发展的制度尝试,一方面有益于州及州以下政府间合作,另一方面在宪法宏观设计的基础上进

---

① 何渊.美国的区域法制协调:从州际协定到行政协议的制度变迁[J].环球法律评论,2009,31(6).
② 同①.

一步完善了区域一体化法制框架。

2. 实现州际事务跨域治理

当前,美国通过州际协议解决州际问题的模式已经开始风靡全国,它涉及的主题范围越来越广泛,从传统的边界纠纷的解决,到广泛的区域公共服务供给,州际协议成为协调联邦与州之间关系的治理工具,成为消解州与州之间矛盾并实现有效合作的治理工具,同时也成为州以下地方政府间关系协调的治理工具。由此可见,州际协议作为实现州际合作和解决州际争端的治理工具,已经成为实现政府间关系协议的最为重要的机制。

在过去几十年间,州际协议在范围上趋向于更多的跨域性,作为一种区域协作性公共管理机制有力地推动了当代美国跨州区域主义的发展。州际协议被认为是解决各州之间区域经济发展、资源保护、社会管理、公共服务和公共危机应对等等跨州公共问题的一种强有力的合作机制。对美国州政府来说,治理州际区域事务不必依赖中央机构,新联邦主义反对过度的联邦集权,更倾向于选择州际协议实现公共事务的跨域治理。区域一体化进程发展的快慢和发展的深度与是否有完善的政府间协议和相应的保障措施直接相关,正是因为大量的州际协议缔结与履行,个别州政府之间的合作发展为区域政府间合作,有效实现了州际事务的跨域治理。

3. 提供平等自由的参与机会

"作为一种协作性公共管理机制,州际协议的运作过程实际上就是协议成员之间按照美国联邦宪法'协议'条款所确立的民主的'游戏规则'进行博弈和协作的过程,州际协议确实使美国各州真正享受到了'自治'与'协作'。"[1]美国州政府乐意于在没有联邦政府干预的条件下解决他们自己的问题,州际协议的实质就是在没有联邦干预的情况下,州政府之间合作解决问题,实现自主治理。州际协议加强了各州的主权和集体行动,也在一定程度上可以避免联邦政府的权力干预。"借助州际合作协议机制,州在改变其过分依赖联邦的传统治理格局,转而朝着增加州的自主治理能力和构建跨州区域公共管理网络的方向发展。"[2]

在今天的美国,州际共同事务与公共问题都能够通过州际协议的手段得到解决,这在一定程度上克制了联邦政府权力的扩张。外部干预的减少给州政府之间自由平等地参与州际协议过程提供了良好的平台。联邦改变身份,作为州际协议的主体与州、地方政府一起达成州际协议,解决跨域治理问题。"州之间这种相互交往的意义是非常重要的:更多的州越来越联合在一起,组织跨州制度性的集体行

---

[1] 吕志奎. 州际协议:美国的区域协作性公共管理机制[J]. 学术研究,2009(5).

[2] 同[1].

动,那就更有潜力去解决区域性和全国性的公共政策问题。"①

第三节 美国州际协议:运行机制与契约精神

美国州际协议运行效果良好,对其内在原因进行总结,有利于借鉴其经验,促进我国区域行政协议完善和区域一体化发展。对美国和州际协议的考察有多重维度,从不同的视角都可以分析州际协议。但是,影响州际协议有效运行最重要的因素是契约运行机制的完善和契约精神的遵守,因此,对州际协议的研究重点也应该放在考察行政协议的运行机制和契约精神两个层面。当行政协议契约过程有序运行并且行政协议各个契约主体严格遵守契约精神时,区域行政协议才有可能达到预定的目标。反之,当主体遵守契约精神却没有良好的运行机制,或者有良好的运行机制主体却不遵守契约精神时,州际协议都无法实现预期目标即促进州政府之间的有效合作。

一、美国州际协议中的运行机制

规范的州际协议和州以下地方政府间行政协议只有运行起来才有可能达到预期目的,因此,运行机制的探讨显得很有必要。州际协议的有效运行机制可以从目标确定、组织设计和动力机制等方面进行分析。

州际协议的前身州际协定,其制度设计的原初目的是解决殖民地之间的边界和土地争端。在殖民地时期的美国,州际协定帮助州政府有效地解决了边界和土地争端,其后,州际协定适用范围逐步扩大且逐渐集中到公共服务领域。这一传统也体现在州际协议中,州际协议不再纠缠于州政府之间的政治问题,也较少关注于市场中的产业问题,而是更多的集中精力于公共服务领域。统计数据最好地说明了上述问题,原本占最大比重的边界问题、河流问题已经很少在州际协议中成为主题,州际协议主要集中于公共服务领域且所占比重超过50%。此外,州以下的地方政府也主要围绕重大基础设施建设、环境污染共同防治、区域经济发展、共同资源合作开发和资源共享等领域而签订地方政府之间行政协议。目标设置是州际协议运行机制的第一步,实践证明,当契约目标逐步集中于公共服务和公共物品供给时,州政府之间能够更好地协力合作。

组织设计是行政协议有效运行的组织基础,一般而言,缔约组织的科学设计可以促进多元主体间充分讨论增加州际协议的平等化和科学性;履约组织的科学设

---

① 吕志奎.区域协作性公共管理机制:美国州际协议与中国省际协议研究[J].学术研究,2009(5).

计可以促进履约过程的顺利进行;冲突解决组织的设计有利于解决州际协议过程中的矛盾。对美国州际协议而言,其组织设计重缔约、执行和冲突解决整个环节,在美国,国会、联邦政府管理者和州际行政官员联合会有权推广州际行政协议,具体表现在:"州际行政官员联合会负责起草州际行政协议……然后,国会颁布产生州际行政机构的法律,并为后者提供必要的活动经费。最后,大量的联邦政府官员与他们的州政府同事竭诚合作,共同推进州际行政协议的发展。"[①]州际协议的组织设计,逐步由州际协定时期的要约—承诺形式发展到州际协议时期的州际行政官员联合会议形式,州政府官员之间有了充分讨论的机会。履约机构设计方面,美国州际协议的执行过程中,州政府之间更多的选择专门机构的履约模式,这一模式有效地防止了契约不履行状况的出现,提高了履行行政协议的效率。从整体上看,联邦最高法院对各州缔结协定的限制越来越放松,但对成员州执行协定的监管却越来越加强。从协议冲突解决角度考察,美国州际协议依然沿用州际协定时期的调解、仲裁和司法三种途径,直到20世纪20年代,仲裁和调解才开始应用于州际协定领域。为追求一种低成本、高效率的解决方法,州政府也可以将那些没有必要诉诸于法院的州际纠纷进行仲裁和调解。多元化冲突解决的选择为问题解决提供基础,在美国州际协议的冲突也可以通过司法途径解决,且多是在联邦法院解决。"在美国,因为州际协定是各州之间的合同,所以成员方之间由协定的解释、实施或者权利义务的确认等引起的诉讼通常都在美国联邦最高法院进行。"[②]重视契约过程的组织设计,为州际协议的有效运行提供了组织基础。

　　州政府间缔结州际协议进行合作的动力来源于对抗联邦集权和对辖区民意的尊重,具体而言,州政府希望在没有联邦干预的情况下完成辖区公共服务供给。从州际协定的发展历程考察,尽管其产生于应对边界问题,但是其发展与联邦对州权力的干预密切相关。在美国历史上有三个时期联邦权力的扩张趋势最为明显,第一个时期是19世纪末20世纪初,为管理州际贸易和打击垄断组织,联邦政府打着各种旗号开始插手本属于各州管辖的经济领域。第二个时期是罗斯福新政时期,联邦政府借反危机之名已经将权力深入到州政府的权力范围之内,且政府权力触角已经进入到经济和社会的诸多领域。第三个时期是20世纪60年代,在"伟大社会"和"新边疆"的口号下,联邦政府向社会、经济各个领域进行了更广泛、更深入的渗透[③]。也正是在这几个时期,州际协定是最为繁荣的时期,这几个阶段州际协定

---

① 何渊. 州际协定:美国的政府间协调机制[J]. 国家行政学院学报,2006(2).
② 同①.
③ 杨成良. 论美国联邦体制下的州际合作[J]. 世界历史,2009(5).

得到了快速发展。同样,为对抗联邦权力的扩张,州际协议大量缔结,州政府意图在没有联邦干预的情况下自行解决州政府之间的问题。

对州际协议而言,其产生原因是为了改进州际协定本身的缺陷,但更直接的原因在于应对跨域公共问题,提供更好的公共服务与公共物品供给,回应辖区民意的要求。对州政府而言,其行为动力除应对联邦政府集权带来的外部压力,还来源于辖区公众的压力,对州以下地方政府而言情况也是一样,地方政府辖区民意也是其关注的焦点。当辖区公民呼吁高质量的公共服务和公共物品供给时,州政府及州以下地方政府面临着巨大的财政压力和跨域问题的协调解决压力。

二、美国州际协议中的契约精神

契约主体以平等地位进入契约过程是契约精神的表现。从参与主体层面考察,美国州际协议的参与主体是各州政府,有时也包含联邦政府,而州以下地方政府间行政协议主体则是地方政府。美国州际协议的参与主体主要是州政府,州政府无论大小,拥有同样的权利和地位。美国宪法第4条第1款:各州对其他各州的公共法案、记录和司法程序,应给予完全的信赖和尊重。各州地位的平等为各个州政府平等参与到州际协议过程中创造了有利的条件。州际协议过程中,联邦政府也有可能加入契约中,但却是以平等的身份加入其中,这不违背契约精神有利于州际协议的正常运行。州以下的两个以上地方政府可以就特定的事项缔结协议,也可以同其他州的地方政府缔结行政协议。美国地方政府包括郡县和市,它们之间主要是地理上的关系,没有行政上的隶属关系,市在郡县的范围内,不归郡县管理。有些美国的县和市下面还有镇和农村地区,这些统称地方政府。无行政隶属关系的制度设计可以保证地方政府间以平等地位进入行政协议过程,有利于行政协议的有效运行。

州政府及州以下政府在缔结行政协议过程中自由行动和选择是契约精神的另一个表现。从州际协定时期开始,州政府之间就可以自由的协商解决问题,只有一些涉及政治问题或者州际权力的协议才需要经过批准和认可。1893年,在"弗吉尼亚州诉田纳西州"案中,联邦高院表述了以下观点:① 宪法并不是限制所有的州际协定,而只禁止影响州的政治力量变化,妨碍联邦政府权威的协定;② 对政治类的州际协议,国会的批准可以默许认可也可以明示表示,可以在事前确认也可以在事后认定。"在过去的80多年中,该地区的司法和税收事宜都是依据弗吉尼亚和田纳西两州1803年的边界协定,国会没加制止就表示它对此协定已默示承认。"[①]

---

① 杨成良.美国州际协定法律背景的变迁[J].山东师范大学学报(人文社会科学版),2005,50(5).

这个判例是个关键性的转折点,从此以后,在联邦最高法院眼中,州际协定有了政治性协定和非政治性协定之分。那些可能改变联邦体制内力量平衡或者可能影响到联邦政府权威的政治性协定仍须国会批准,其他的非政治性协定则不再受州际协定条款的限制,不经国会明示批准亦可生效。到州际协议阶段,州政府之间讨论和协调的范围已经很少涉及政治问题,更多关注于州际公共问题和公共服务的供给,因此,州政府之间协商确定的州际协议不需要经过国会同意就可以生效,外部干预被减少到最低。从州以下地方政府层面来观察,除一些重要事务的跨行政区域合作协议,地方政府之间的行政协议也不需要经过州政府和州议会的批准。总体而言,州政府及州以下政府在缔结和履行行政协议过程中能够自由行动、自由选择,这符合契约精神的要求。

州际协议的履约有一个良好的传统,在州际协定时代,当殖民地之间协商确定的州际协定经过英国枢密院和英国女王的批准(颁发特许状和批准协议)发生法律效力之后,由英国枢密院和殖民地的王室总督监督执行。在进入州际协议阶段,州政府之间通过组织设计建构专门的履约机构,从而保证州际协议能够得到有效的运行。"联邦最高法院对各州缔结协定的限制越来越放松,但对成员州执行协定的监管却越来越加强。在这个过程中,州际协定的法律地位得到了巩固,数量不断增加,适用范围也明显扩大。"[1]这一习惯也延伸到州以下的地方政府之间,对州政府而言,州以下地方政府之间缔结行政协议、地方政府与其他州地方政府之间缔结行政协议,除了非常重要的内容,无需州议会通过,只需要地方政府之间协商确定即可,但是对协议的履约却给予了更多的关注。正是因为这些制度设计,州政府及州以下地方政府逐步培养了信守契约承诺的精神。

第四节 美国州际协议发展的经验启示

美国州际协议运行取得了较好的效果,这得益于两个方面:其一是美国州际协议形成了有效的运行机制,从目标确立、组织设计到动力机制有效保障了州际协议的运行;其二是州政府之间的平等、缔约过程中的自由平等以及信守契约的精神为州际协议的运行提供了良好的基石。具体而言,美国州际协议的运行有以下一些发展经验值得借鉴:

---

[1] Patricia S Florestano. Past and present utilization of interstate compacts in the United States[J]//杨成良. 美国州际协定法律背景的变迁[J]. 山东师范大学学报(人文社会科学版),2005,50(5).

一、宪法基础为州际协议提供保证

如前所述,美国对州际协议有宪法层面的规定和约束。美国州际协议由州际协定发展而来,而在州际协定阶段已经建立了其运行的宪法基础,这为以后州际协议的发展提供了经验支持和宪法框架。美国《邦联条款》第6条规定:"任何两个或者更多的州能够签订州际协定、结成邦联或同盟,必须经过美国国会的同意,并且具体指出该协定的目的以及持续的期间。"在1787年《联邦宪法》中也承认了州际协定的有效,各州之间可以签订任何协定、同盟或条约,但必须得到联邦议会的同意。

从上述对州际协议的规定中可以看出"国会的同意"是州际协议的规范条件,其最主要的目的是保证那些可能影响政治平衡的州际协定不违背国家意志或损害全美国的根本利益。但是,对于大多数不涉及影响政治平衡的州际协定来说,"国会的同意"并不是其生效的必经程序。美国是一个有着长期宪法传统的国家,宪法规定的内容是要认真执行的。根据宪法的规定,国会的批准权是绝对的,它有权决定一个州际协定是否涉及政治,也有权决定什么时候以及如何予以同意。国会抓住这个权力的原因在于:制宪时,联邦政府担心由各殖民地转变来的各州通过与他州或外国缔结协定脱离联邦或加入他国,当联邦地位逐渐巩固,联邦政府也就放松了这种担心。这具体表现在联邦上诉法院于1962年做出裁决,不涉及政治问题的州际协定其生效不必得到国会的同意,但是依然保留对政治性的州际协定的批准权,除非得到国会的批准,政治类协定不能生效。在英美法国家里,遵循先例原则让法院的判决对后续审判具有借鉴性和法律效力,实际上,这给予了州政府在联邦宪法基础上签署州际协定、州际协议的合法性。

联邦宪法的存在不仅没有为州际协议设置障碍,反而使州际协议有了更为坚实的操作基础和足够的操作空间。宪法对州际协议的规定及其后联邦法院对州际协定的解释,为州际协议的发展提供了坚实的法律基础,使其发展有了法制化背景,也为州际协议走向规范化道路提供基础。

二、联邦政府、州政府与地方政府共同参与州际协议

州际协议发展的一个重要特征是参与主体不断扩大,原本是州政府之间的行政协议,扩大到联邦和地方政府层面。在州政府之间流行的政府间协议,因为影响到了联邦政府与州政府之间的关系,所以联邦政府也参与到州际协议的过程之中。例如,特拉华州、新泽西州、纽约州以及宾夕法尼亚州签订了《特拉华流域协定》,该协定的直接后果是促使联邦政府成为特拉华流域协定的一方成员。从此,政府间合作不再限于州与州之间,也开始扩展到了州政府与联邦政府之间。此外,随着州

际协议的发展和地方政府跨域问题的不断增多,州以下的地方政府也逐步参与到州际协定过程中来,这为它们提供了更多的与外界交流的机会,地方政府之间的关系得到了进一步协调。一些州开始授权地方政府,为解决一些环境保护问题、公共服务问题,州以下地方政府有权与邻近州的地方政府签订州际协定。

当州际协议的缔约主体从州政府扩展到联邦政府、州以下地方政府时,三者能够以平等的地位进入州际协议运行过程,共同参与跨域公共服务供给的过程。这样的参与方式无疑能够为我国区域行政协议的主体参与提供借鉴意义。这一点对南京都市圈以及其他区域一体化地区的发展都有借鉴意义,中央政府及其部门、省级政府以及不相邻政府间都可以以平等的身份参与行政协议的缔结和履约过程。

三、州际协议从边界问题发展到公共服务供给

当州政府面临处于许多跨界公共问题时,单纯依靠一方政府都无法完成任务,州际合作成为必然趋势,而州际协议是促进州际合作的常用治理工具。伴随这一过程,州际协议的主题也不断扩大,从早期州际协定更多地用于解决州政府之间的边界问题,逐步发展到州际协议时期的多元化主题,尤其是更多地集中于州政府之间面临的公共服务与公共物品供给问题。

集中精力于公共物品和服务的供给显然是地方政府间行政协议关心的核心问题。不仅是州政府之间,而且州以下的地方政府之间也面临着同样的问题,因此,地方政府也将更多的精力集中于在公共服务供给与公共物品供给方面。伴随这一趋势,那些类似于州际协定面临的边界问题以及州政府之间其他一些权力划分的政治类问题在州际协议中已经很少提及,这也为州际协议能够快速有效地制定与运行提供了基础。

四、州际协议的规范化增强其效力

美国州际协议虽然作为政府之间的协议文本,除了有宪法层面的宏观设计,还有相应的条款规定,州际协议规范化帮助实现其效力,也保证州际协议有效运行。

从州际协议的前身州际协定开始,已经注意到文本的规范化。一般而言,美国州际协定的条款当中设计有专门条款来规定修改协定、终止协定以及退出协定的程序,这样的条款设计有利于州际协定和州际协议的规范化。在美国,根据州际协定的类型不同,适用的程序也不相同[①]。当州际协定是以成文的地方性法规的形式出现时,州际协议的修改需要有州议会力量才能改变;如果是州的行政机关基于法规的授权而签订的州际协定,那么州政府之间的协调和协商就可以进行协议修改;

---

① 何渊. 州际协定:美国的政府间协调机制[J]. 国家行政学院学报,2006(2).

如果做出的修改只是增加相应内容,并且与原有内容没有冲突,尽管各成员意见不统一,该修改也是有效的,但只对同意者生效。

规范化的州际协议不仅表现在文本格式和修改程序上规范化,还表现在缔约者权利义务明确、履约方式时间以及冲突问题的解决等其他方面。总体而言,规范化的州际协定和州际协议为其后的契约运行提供了良好的契约文本,避免了履约过程中不必要的麻烦。

五、专门组织完成协议的缔结、履行和冲突解决

州际协议过程中的协议制定、执行与冲突解决是其中最为重要的三个环节。美国州际协议的缔结改变了州际协定没有设置特定的组织机构来完成的状态,与州际协定不同,州政府之间通过州行政委员会来完成州际协议工作。其后,在州际协议的执行以及州际协议冲突的解决方面,美国设计了完善的组织与制度保证这一过程顺利进行。

美国州际协议的履行制度相对于其他有行政协议规定的国家来说,发展较为完善,经验也较为丰富。在美国,州际协定阶段的管理模式主要有以下三种[1]:其一,既有机构模式,这种模式在早期采用得较多,不需要重新设置机构,而是由各州现有的行政机构来管理。例如,由各州环境保护部门来解决相应的州际环境协定,由水利部门的官员来具体实施水资源分配的州际协定。其二,协定官员模式,即由缔约各州的行政首长为州际协定而特别任命协定官员,新任命官员的工作就是处理有关州际协定的事务。当然,这需要在与其他成员州的协定官员联系交流的基础上完成。其三,州际机构模式,这种模式则更为正式,州立法机构产生专门的州际机构,由州际机构来管理州际协定,这一管理过程有法律详细规定其成员配置、经费来源、产生方式、职权范围以及内部事务的管理等等。到州际协议阶段,协议的履行则更多采用专门组织的执行方式,专门化的组织设计克服了各自履约的弊端,保证了州际协议的有效履行。除专门组织的设计外,联邦法院也会关注和保证已经签署生效的州际协议的执行。

不仅在缔约阶段、履约阶段州际协议有良好的组织设计,即使在契约冲突解决阶段,美国州际协议也有多种组织设计供缔约主体选择。从中可以看出,完善组织设计,保证州际协议缔结、履行和冲突解决能够良好运行,这样的组织设计能够为我们区域行政协议运行的组织设计提供借鉴。

---

[1] 何渊.泛珠三角地区政府间协议的法学分析[J].广西经济管理干部学院学报,2006,18(1).

本章小结

他山之石,可以攻玉。国外行政协议的实践发展与理论探讨可以对我国区域行政协议的良好运行提供经验借鉴。与西班牙、日本、我国的台湾地区相比较,美国的州际协议发展最为成熟,对其进行考察有利于提高我国区域行政协议运行质量。

美国州际协议作为一种重要的行政协议类型是从殖民地时期的州际协定发展而来,州际协定的主体、程序以及相关法律的完善都为州际协议的发展提供了基础。从运行机制和契约精神两个层面考察美国州际协议的运行,可以总结出美国州际协议之所以能够取得良好运行效果的因素在于:宪法基础为州际协议提供保证;联邦政府、州政府与地方政府共同参与州际协议;州际协议从边界问题发展到公共服务供给;州际协议的规范化增强其效力;专门组织完成协议的缔结、履行和冲突解决。

第七章
实现区域行政协议有效运行的路径

区域行政协议运行,这是一个复杂的系统工程。如何克服影响区域行政协议过程有效运行的外在行为选择和内在契约精神带来的负面影响,构建区域行政协议有效运行框架,让区域行政协议走向良性运行的轨道,这需要多方面改革配套,尤其是从以下四个方面进行变革和完善:一是寻找合适的区域行政协议运行目标,集中协议主题于公共服务供给。这主要是指围绕特定事项签订区域行政协议,避免行政协议范围过广,涉及政府不应过多干涉的领域,区域政府之间就不应涉足的领域签订协议可能会使协议的执行与否成为两难。二是促进多元主体的网络化参与,自由平等地参与区域行政协议的缔约、履约和冲突解决过程。改革政府单一主体主导公共服务供给的状况,具体而言是指区域行政协议从区域内部政府间协议过渡到多元参与的区域协议,促使各级政府、企业、NGO 等多元主体参与区域一体化行政协议过程,共同参与区域公共服务的供给过程。三是运行机制——契约精神基础上的文本规范,从形式到内容规范区域行政协议文本,避免行政协议文本的任意性,为区域行政协议的有效运行提供法律文本基础。区域一体化行政协议是地方政府之间协商确定的协议文本,文本在没有法律规范的前提下可能会出现很大的任意性,而这恰恰会破坏区域行政协议的有效运行,因此,有必要规范区域行政协议文本,弥补法律缺位。四是形成有效的区域行政协议动力机制,规范的行政协议、多元的主体自由平等参与离不开区域行政协议运行的动力机制,动力机制的设计与提升可以促进区域行政协议进入运行过程,否则可能停留在文本层面。

第一节 公共服务:区域行政协议的逻辑起点

当行政协议成为区域地方政府间合作的首选治理工具时,有关区域行政协议的逻辑起点研究的重要性则进一步突显出来。所谓区域行政协议的逻辑起点是行政协议围绕什么主题签署,区域地方政府在签署行政协议时是进一步关注经济发展还是更多地着力于公共服务的供给是一个重要的课题。

一、公共服务:政府职能关注的重点

政府职能是指政府在一定的时期内,根据国家和社会发展的需要而承担的职责和功能。世界银行早在其1997年的世界发展报告中已将每一个政府的核心使命概括为五项最基本的责任,大体上反映了现代政府所行使的职能。世界银行认为:"建立法律基础、保护非扭曲性的政策环境、提供基本的社会服务和基础设施、保护承受力差的阶层、保护环境这五项基础性的任务是政府使命的核心,如果这五项任务不能顺利完成,就不可能取得可持续的、共享的、减少贫困的发展。"[①]世界银行提出了政府职能的框架性结构,政府作用之所在不但在于应对市场失灵,而且在于对最基本的公共服务领域发挥作用,从中可以看出公共服务与公共物品的提供是政府部门工作重点之一。

当代政府理论认为,政府是一个为造就它的公民提供公共服务的权力机构,公共服务职能是政府的职能所在。公共服务型政府就是以满足公民公共服务需求为核心职能的政府,当前,我国政府建设强调以满足公共服务为导向,以多元主体的平等参与和协力合作为公共服务供给基础。我国政府职能逐步走向以公共服务为工作重点,区域一体化的过程也需要考虑政府职能地转变,行政协议的缔约与履行需要围绕"公共服务供给"这一主题。

当前,我国区域一体化发展基本上围绕着区域一体化规划、区域产业结构调整以及公共服务供给一体化而展开。针对政府职能而言,区域一体化应该将主要精力集中于公共服务领域,选择这一领域可以将多元主体有效地统合起来,在一定程度上形成良好的合作环境。区域一体化需要避免过多地介入产业布局调整以及其他原本属于市场功能的事务,而应该以公共服务为政府工作的重点,围绕公共服务与公共物品供给展开合作。具体而言,区域一体化发展应该致力于建立完善、广泛的公共服务体系,致力于形成包括公共教育体系、公共医疗卫生体系、公共交通体系、公共就业服务体系、社会保障体系、信息网络系统、公共住房体系、公共安全体系、环境保护体系、公共基础设施体系在内的完善的公共服务系统。当区域地方政府通过缔结行政协议致力于公共服务供给时,能够增进和维护公共利益,通过各种福利帮助困难群体,缓解社会内部的矛盾关系,保证社会秩序的相对稳定,实现中央战略和辖区民意的统一。

由于公共服务是政府义不容辞的责任,所以对于区域政府而言,在主导签订区域一体化行政协议的过程中需要考虑如何增加公共服务的有效供给,这需要认真地研究和确定政府的责任边界,即区分中央政府与地方政府、政府与市场、政府与

---

① 周晓丽,党秀云.论公共服务的政府供给[J].商丘师范学院学报,2010(2).

社会的责任界限,在明确责任边界的基础上实现政府公共服务职能的最大发挥。具体来说,政府在公共服务中的作用主要表现在以下几个方面:① 区域公共服务规划与政策。政府要确定公共服务体系、制度与机制,科学规划公共服务的整体发展思路。在既定的公共服务模式下,政府需要确定适合当前我国经济社会发展的公共服务供给的政策,从总体上优化公共服务资源的配置,确保公共服务区域间、城乡间、人群间的公平分配,即实现公共服务供给的均等化。② 区域政府联合直接生产和提供核心公共服务,确保基本公共服务的供给。区域地方政府除了制定区域公共服务供给的整体规划与相关政策,还有义务保证核心公共服务供给。总的来说,政府应以弥补"市场失灵"为切入点,提供市场难以有效供给的公共服务,这些公共服务本身是公民生活必需的,也是政府的责任底线。③ 建构区域一体化、网络化公共服务供给体系,政府在应对市场化公共服务供给的过程中也可能存在着政府失灵,需要由政府牵头建立网络化的公共服务供给体系,发挥企业和NGO在公共服务过程中的重要作用,形成公共服务供给过程中政府、企业、非政府组织的协力互动。

二、区域行政协议以公共服务为起点

区域行政协议围绕什么主题签署一直是地方政府和学界共同关注的话题,从目前情况分析,区域地方政府在缔结行政协议时主要围绕区域经济发展和区域公共服务两个领域签署。对区域地方政府而言,经济发展是其工作的首要目标。一方面,因为经济发展是上级政府考核重点;另一方面,则是因为区域公共服务能力的提高是以区域经济发展为基础。目前,区域地方政府间围绕经济发展缔结协议仍然是一个普遍现象,但是提倡以此为区域行政协议的逻辑起点,却不科学,一是因为区域地方政府不应该过多介入本应属于市场主体工作的范畴,二是因为以经济发展为行政协议的逻辑起点更会加剧地方政府之间的竞争,以上级考核为导向的经济发展很多时候与辖区内公众的民意需求不相适应,出现阶段性偏差。

从目前来看,我国政府职能转变还不到位,距离服务型政府所要求的良好发展环境以及社会的公平正义要求还有一定的差距。与政府职能转变相适应,区域行政协议应该将关注的重点转移到区域公共服务供给上来。在目前阶段,区域地方政府的工作重点围绕公共服务与公共物品供给展开,区域范围内政府之间关系的协调以"公共服务供给"为切入点,政府与企业、NGO的关系也以"公共服务供给"为纽带,区域一体化行政协议的运行过程更需要围绕"公共服务供给"这一主题。

从区域行政协议运行机制和契约精神两个层面考察,以"公共服务"为行政协议的逻辑起点,一方面能够为区域地方政府建立良好的运行机制,提供明确的目标导向;另一方面能为各缔约主体间平等参与、自由缔约履约提供了基础,有利于多元主体形成良好的契约精神。公共服务是公众的基本需求,也是中央政府考核下级政府的重要内容,以"公共服务"为行政协议的逻辑起点还为运行机制的有效运行提供了准确的目标导向,只有区域行政协议有了准确的目标定位,在此基础上建立起来的组织结构和动力机制才有可能正常运行。如果区域行政协议以不恰当的目标为导向,科学的组织结构和良好的动力机制有可能适得其反。另外,以"公共服务"为行政协议的逻辑起点有利于实现各层级政府以及各种社会力量平等参与、形成合力。当区域地方政府和中央政府、省级政府以及非官方力量围绕公共服务进行协同合作时,原本单一主体无法解决的跨域公共问题得到了多元主体的平等参与、资源合作、协力共治。总之,区域地方政府围绕"公共服务"缔结区域行政协议,在一定程度上将主体的契约精神和运行机制统一起来,多元主体围绕共同的目标才能更好建构有效的运行机制并体现缔约主体良好的契约精神。

第二节 公共服务合作供给:区域行政协议的基本内容

当公共服务成为区域行政协议的逻辑起点时,接下来需要考虑的问题就是如何通过区域行政协议实现公共服务有效的高质量供给,在考察现实情境之后,公共服务合作供给成为区域地方政府的首要选择。公共服务的网络化供给不仅实现了政治忠诚和辖区民意的统一,而且实现了区域地方政府之间由竞争走向合作,也实现了区域行政协议多元主体间的平等合作供给公共服务。

一、公共服务合作供给:政治忠诚和辖区民意的统一

政治忠诚是指下级政府对上级政府的服从和尊重,下级官员听从上级官员的命令和安排。新中国成立之后的政治忠诚表现为以下几个阶段:在建国之初,中央政府对地方政府的考核更多地关注于地方政府能否维护社会的统一和对社会主义制度的坚持。1978年实行改革开放以后,政治忠诚更多地表现为政府官员能否治理好经济,能否促进经济发展成为其升迁与否的重要考核指标。"在这种激励模式下,地方政府官员千方百计'谋发展',一方面,出现了很多'治世能臣',满足了人民群众对于经济发展的要求,这些官员大多在职位上得到了升迁;另一方面,也刺激并产生了很多'政绩工程''数字出官'现象,加剧了地方保护和重复建设行为。"[①] 2003年"非典型性肺炎"之后,公众对公共服务的要求日益增长,中央政府在关注经济发展的同时更加关注于公共服务的高质量供给,因此,地方政府关注公众的公

---

① 刘剑雄.中国的政治锦标赛竞争研究[J].公共管理学报,2008,5(3).

共服务需求也成为一项重要的工作,成为政治忠诚的另一种形式的表现。

20世纪90年代中期以后,我国在一些基层地方政府试行选举制,虽然目前这种基层实验主要还表现为包括城市社区自治和农村村委会自治基层民主试验,但是这对于我国政府治理已经产生了观念层面的重大影响。在实行城市社区自治和农村村委会自治后,尽管还存在着诸多不完善和需要改进的地方,地方政府官员必须开始学会考虑辖区居民的真实需求。在当前的地方政府考核体系下,区域地方政府重视对上级表达政治忠诚是必然的选择,当中央政府推动民生民主发展时,辖区居民的意见也会影响到官员获得职位与否,此时在经济上要有所建树并关注辖区民意表达是地方政府的必然选择。在实行基层民主以前,上级政府官员考察下级政府官员升迁时也会进行广泛的调查,但是这时候辖区居民的民意只是一个间接的影响因素,而在实行基层民主之后,尤其是在2003年以后,辖区民意在官员考核中所占比重逐步加大。

对区域地方政府运行行政协议而言,实现政治忠诚和辖区民意的统一可以为行政协议的运行提供准确的目标导向和履约基础。现实中,"政治忠诚"出现了一些变异的现象,某些官员把"政治忠诚"演变成了对掌握自己升迁命运的权力者的"个人忠诚",下级官员将"政治忠诚"演变成了对上级官员的表忠心。"把本应对意识形态和治国理念乃至对人民的忠诚,变成了对上级政府官员的'个人站队',出现了'什么官员是谁的人''什么官员是什么派系'等等现象。"[①]上述问题表明,有些"政治忠诚"与"辖区民意"已经形成明显违背,实际上也表明了我们的地方政府考核办法存在很多有待改进的地方,创新地方政府评价机制,要求在绩效考评中降低GDP比重、加大辖区民意的分量已经成为必然的趋势。当前,地方政府的绩效考评以GDP为唯一指标已经受到了普遍质疑,将辖区民意引入对地方政府行为的约束机制中已经成为学界和公众的共识。当前,对区域地方政府而言,听从上级政府命令导向还是尊重辖区民意决定仍然是一个需要考虑的问题。当上级决定与辖区民意和谐一致时,地方政府会有明确的行为导向;但是,当两者出现阶段性冲突时,区域地方政府的行为则会出现犹豫。

以"公共服务"合作供给为主要内容的区域行政协议,能为多元主体的利益协调确立一致的目标,有利于促使区域内地方政府更加关注辖区民意,进一步协调中央政府和辖区民意之间的阶段性偏差。中央政府以经济发展作为地方政府考核指标,其阶段性的发展目标是促进经济发展,但是长久的目标指向依然是高质量地提供公共服务和公共物品。辖区民意对高质量公共服务持之以恒的追求不以中央政府的宏观发展战略为步骤,两者之间的阶段性偏差让区域地方政府左右为难。如

[①] 刘剑雄.中国的政治锦标赛竞争研究[J].公共管理学报,2008,5(3).

果区域地方政府缔结行政协议以"经济发展"为逻辑起点在一定阶段可能无法实现政治忠诚和辖区民意的统一,如果区域行政协议更多地关注"公共服务"则可以调和中央政府与辖区民意间阶段性冲突。当中央的目标与辖区内部公众民意出现现实冲突时,公共服务导向对区域政府的行为选择有着明确的导向作用,以"公共服务"合作供给为区域行政协议的主要内容可以协调其政治忠诚和关注民意之间的差距。

二、公共服务合作供给:区域地方政府由竞争走向合作

当前,在向现代市场经济转型过程中,我国地方政府间围绕人才、技术、专利、企业发展环境展开竞争,同时,地方政府还围绕政治晋升、政府效率、税收和公共服务供给展开竞争。"各地方政府不仅在经济上为GDP和税收进行竞争,而且也在'官场'上为晋升而竞争。在这种事实上的官僚制逻辑下,地方政府间竞争的动力与压力主要来自于中央和上级地方政府,从而使得地方政府间竞争,尤其是同级地方政府间竞争,实际上就是一种如何完成上级任务的绩效竞赛。"[1]总体而言,无论是政治导向、经济导向还是公共服务导向,行政区划之间的竞争成为地方政府间关系的主旋律,区域一体化过程中的地方政府间关系也不例外。

"所谓地方政府竞争,是指除中央政府以外的辖区政府为了争夺各种有形和无形资源,而在投资环境、政府管理、法律制度以及政治行动方面展开的竞争。"[2]有学者认为政府间竞争是有益的,斯蒂格利茨认为:"一般说来,更分散地提供公共品和服务——由地方社区提供的产品和服务——不仅为在社区中开展竞争奠定了基础,而且还获得了Tiebout所强调的潜在利益。"[3]当然也有反对的观点:有人认为地方政府间的竞争会对地方政府提供公共品构成不利影响,为了更多地吸引外资,地方政府主动减少应得税收及其他收益,从而导致其财政收入不足,难以提供优质化的公共服务。与经济理论探讨一样,行政学理论也对地方政府间竞争关系有一定的学术贡献。20世纪末,英美等国家相继提出运用竞争手段提升公共服务的品质,主要表现在政府间竞争以及公私竞争。随着新公共管理运动的开展,地方政府引入市场机制和竞争机制,克服了官本位带来的低效率,政府部门不断地提高自身素质,从而为公众提供更有效的服务。"政府将传统的由政府垄断的公共服务,如交通、电信、邮政、水电等推向市场,打破政府垄断格局,让企业等多种市场主体参与进来,形成多家竞争的效果,顺应了时代发展的要求,绩效显著。"[4]以竞争为主

---

[1] 张紧跟.当代中国地方政府间关系:研究与反思[J].武汉大学学报(哲学社会科学版),2009(4).
[2] 汪伟全.当代中国地方政府竞争:演进历程与现实特征[J].晋阳学刊,2008(6).
[3] 斯蒂格利茨.政府为什么干预经济:政府在市场经济中的角色[M].郑秉文,译.北京:中国物资出版社,1998.
[4] 李晓霞.从竞争到合作:美国新公共服务的再发展[J].淮阴师范学院学报(哲学社会科学版),2009(1).

导的新公共管理运动在很大程度上促进了社会公共服务的发展。但是,随着社会的进步与发展,竞争的弊端也日益显现,政府间竞争多于政府间合作的现状无法有效引导政府与企业、NGO等多元主体间合作的开展。随着公共服务理论和政府间伙伴关系理论的发展,在公共服务领域,政府部门、企业以及NGO之间协力合作,取得了政府在公共服务领域的有效成绩。

从上述分析可以看出,区域政府之间同时存在着竞争与合作的关系,区域内部政府间竞争关系源于上级政府主导的政治锦标赛成为推动政府间竞争的主要驱动力;区域政府之间的合作源于多方面的原因,其中主要原因在于区域公共服务的供给和区域公共问题的解决。再深入一步探讨区域内部政府间竞争与合作的具体状态,可以发现,地方政府间的竞争关系是地方政府行为的内在动力,地方政府间的经济领域合作在一定程度上都依靠这一驱动力。在区域公共服务合作供给中,地方政府积极参与的原因则源于地方政府对辖区民意的重视。公共服务是各级政府义不容辞的责任,区域行政协议就是为了实现地方政府由竞争走向合作,从而建构公共服务合作供给体系。一般而言,政府之间公共服务合作供给是实现区域合作最主要的工作,是区域地方政府之间走向合作的前提和基础,而这些合作可以通过区域一体化公共服务供给协议来完成。由于地方政府行动者具有各自不可或缺的资源,围绕公共服务合作供给的区域行政协议运行过程中,行动者在资源依赖的关系网络中为公共服务的供给而合作行动,促使地方政府从竞争走向合作。

三、公共服务合作供给:多元主体的平等参与

区域行政协议运行过程就是多元利益主体平等参与、自由协商的缔约与履约过程。契约运行过程有效性的前提条件是多元主体能够以平等的身份自由地参与区域行政协议的过程,因此,区域行政协议的内容中需要有多元主体平等参与的条款。区域行政协议的第一个任务就是建立起政府间的合作网络,这主要是指区域内部政府之间的平等合作网络。第二个任务是在区域政府与其上级政府间建立平等合作网络。不同层级政府在相互依存的环境中分享公共权力,合作参与公共服务和公共物品供给过程,实现公共服务数量与质量的增进。第三个任务是促进区域地方政府与其他公共机构、私人机构的合作。这三者当中,区域地方政府之间建立平等合作网络是基础,是促进区域地方政府与上级政府、非官方力量合作的前提。

1. 促进区域政府之间平等参与

区域内部地方政府因为行政区划的分割,彼此之间不存在直接的隶属关系,这在一定程度上减少了行政权力的外部干预,为区域一体化行政协议有效制定与执行奠定了基础。但是,行政区划的分割不能完全保证区域内部政府以完全平等的

身份参与区域一体化行政协议的整个过程,区域内部政府间由于行政层级、经济发展水平等因素导致其在区域一体化行政协议过程中发言权会不同程度的受到影响。具体而言,区域范围地方政府行政级别的不同导致其在地方治理过程中的权限存在差异,这对于不同地方政府以平等的地位参与到区域一体化过程有显然的阻碍作用。区域一体化过程中另一个非常重要的因素是地方政府城市化及其经济发展水平,不同城市的城市化及经济发展水平不一样,也使得其在区域一体化行政协议制定与执行过程中处于不同的地位。尽管存在上述问题,但是当区域地方政府行为选择是基于政府职能或者基于对政府责任的道德认知时,面对区域内部公共问题和公共服务供给,区域地方政府则有可能选择以平等的地位参与区域行政协议,此时资源占有的差异性不影响区域地方政府平等参与,相反却有可能成为地方政府更好合作的基础。

2. 促进区域政府与上级政府平等合作

区域一体化行政协议的运行过程同样会受到国家层面的行政力量介入,当多方利益一致时,中央政府、省级政府及区域地方政府可能会以平等的身份参与到区域一体化的行政协议;但是,当利益或者规划发生冲突时,外部力量可能会以行政权力影响区域一体化行政协议的良性运转。

当前,区域一体化地区可分为省域内部区域和跨省域区域两种。省域内部区域一体化涉及一个省级政府,尽管省级政府在区域一体化行政协议制定过程中可能以平等的身份参与协议的制定,但是直接的行政隶属关系依然会影响到区域一体化行政协议的有效运行。另一种区域类型是跨省域区域,跨省域区域一般涉及两个或者两个以上的省级政府,区域一体化过程势必要考虑多个省份的发展。当区域一体化过程有益于各个省域经济发展和公共服务供给时,行政协议不会受到来自省级政府的行政权力干预,否则,区域一体化协议的顺利运行可能受到来自省级政府的压力。

以公共服务为区域行政协议的目标导向可以解决上述问题,以"公共服务"作为区域地方政府间行政协议的主题可以在一定程度上将中央政府、省级政府和区域地方政府统一起来,原因在于:① 无论是哪一层级政府,公共服务都是其必须面对的重要职责;② 公共服务往往超越行政区划,单纯依靠某一地方政府无法实现高效供给,这需要中央、省级政府和城市政府之间的协力合作。当各层级政府基于政府公共服务职责联合起来共同应对区域公共问题、提供公共服务时,行政权力的隶属关系和资源占有的差异性将较少影响政府间关系协调。

3. 区域政府与企业、NGO合作

构建多元利益主体协同参与区域一体化行政协议过程,意味着区域内部各地方政府将从行政区划科层制管理走向跨区域联合管理。区域公共服务的有效供给需要强化政府主导,建立政府、企业、非政府组织和公民个体参与相结合的区域网络治理体系。在区域一体化公共服务供给过程中,政府的有效引导可以发挥企业主体的特有功能,起到政府和社会无法完成的作用,政府通过协议形式将一部分公共服务供给的任务交给企业主体去完成,可以达到有益的效果。另外,政府还可以引导非政府组织参与区域行政协议过程,在公共服务供给协议运行过程中,中介组织、志愿者组织和公民个体往往会主动参与其中,这也有利于区域公共服务的合作供给。

总体而言,区域地方政府间的平等合作、地方政府与上级政府间的平等合作以及地方政府与非官方力量的平等参与,形成了有效的公共服务合作供给模式。多元主体的合作模式是典型的协作型公共管理模式,在跨管辖区、跨组织或跨部门环境中,为实现共同利益的最大化而构建平等化的网络组织,通过不同组织或部门之间的对话和协商达成协作承诺,并通过执行和实施这些承诺以解决由单个组织或地区无法有效解决的问题。而如何实现上述目标,则需要在区域行政协议中体现出来,并通过行政协议文本固定下来。

第三节 规范化文本:区域行政协议运行的基石

一、区域行政协议运行效果

当面临区域公共问题需要共同应对时,区域地方政府选择通过缔约区域行政协议形成伙伴关系,以解决单一地方政府无法应对的跨域问题,而区域行政协议就是其形成伙伴关系应对跨域问题的重要治理工具。考察当前区域行政协议运行实践,影响其运行效果的主要原因有两个方面:一是区域行政协议缔约主体是否形成有效运行机制,即缔约主体是否能够选择正确的契约目标、设计合适的组织结构和形成有效的动力机制。二是区域行政协议缔约主体的主观愿望,即主体是否有意于缔结并履行行政协议,在区域行政协议运行过程中表现为主体的契约精神。以运行机制和契约精神为横坐标与纵坐标,可以将现实中存在的区域行政协议运行效果分为四种情形(表7-1):

表7-1 区域行政协议运行效果分析框架表

项目		运行机制(水平)	
		高	低
契约精神	强	(1)	(3)
	弱	(4)	(2)

1. 区域行政协议高效运行

如果缔约主体建立了良好的运行机制,并且区域地方政府拥有应有的契约精神,那么区域行政协议则可以实现高绩效运行。当区域地方政府能够围绕公共服务缔约行政协议,并为此建立起科学的组织结构时,区域行政协议高绩效运行已经有了一半的基础。如果契约主体以平等身份自由缔约协议并信守承诺承担契约规定的权利和义务时,则区域行政协议能够实现高绩效运行。这是第一种情形,也是区域行政协议运行的理想状态,行政协议运行可以达到良好的效果。

2. 区域行政协议无法运行

如果区域地方政府未能建立良好的运行机制,并且缔约主体也不具有应有的契约精神,那么区域行政协议则无法有效运行。具体而言,如果区域地方政府在缔结区域行政协议过程中不能确定明确的行政协议目标,并为此建立科学的组织、寻找合适的动力机制,或者在行政协议运行过程中缺少应有的契约精神,即主体间不平等自由、缺少守信精神,则尽管有区域行政协议文本的产生,但很难取得有效的运行效果,甚至行政协议很难真正得到履行。

如表7-1所示,第(1)种情形下,区域行政协议能够高效运行,第(2)种情形下,区域行政协议可能无法运行,当然还存在一些中间状态即表中所列(3)(4)两种情形:如果区域地方政府具有良好的契约精神但是没有建立有效的运行机制,那么区域行政协议也无法实现高效运行。第(3)种情形下,缔约主体良好的愿望和较差运行能力导致区域行政协议无法高效运行。在这种情形下,缔约主体具有良好的契约精神,只是没能科学建立运行机制使协议运行存在缺陷,只要缔约主体在协议目标、组织和动力机制上做出调整,这种状态下的区域行政协议运行有进入高效运行的良好基础。另外,尽管建立有效的运行机制,如果区域地方政府没有良好的契约精神,那么区域行政协议也有可能流于形式,也无法实现高效运行。第(4)种情形即是区域行政协议尽管建立了科学的运行机制,但是契约主体没有良好的契约精神,具体表现为主体间不平等或者缔约过程不自由,或者在履约过程中缺少信守承诺的精神,在这种情形下,尽管区域地方政府能够围绕正确目标签署行政协议,并为此建立科学的组织、有良好的动力机制,但是行政协议依然无法实现高效运行。

二、基于运行机制—契约精神的文本规范

通过多元主体的平等参与、自由合意制定行政协议是区域行政协议顺利履约的前提,如果区域行政协议能够围绕正确的目标缔结签署,并且建立科学的组织结构、设计有效的动力机制,那么区域行政协议就可以高效运行并达到预期目标。上述情况都可以通过规范化的契约文本表现出来,规范化的区域行政协议制定需要实现良性运行机制和主体契约精神有机结合,在区域行政协议中明确缔约目标、主体、原则、组织等多方面因素,区域行政协议的有效运转才有了坚实的基础。

第一,实现区域行政协议文本格式的规范化。行政协议文本格式从标题到条款设计,不仅需要尊重参与缔约各方意见在各区域政府协商一致的基础上缔约协议,还需要符合法律文本的基本要求缔结规范化的区域行政协议,例如标题的统一规范、应有条款的设计和契约效力的体现等。如果只是注重区域地方政府的平等自由而忽视缔结行政协议的规范化要件,可能的结果是各缔约主体因为主体偏好和知识局限缔结不规范的区域行政协议,那么其后的区域行政协议运行会增加不必要的麻烦。为实现区域行政协议的有效运行,在合适的领域中,地方政府间签署的行政协议在尊重主体意愿的基础上需要从标题、条款特别是效力条款设计等多个方面进行规范。

第二,为多元主体参与区域行政协议提供空间。当前区域行政协议的参与主体主要局限于区域内部各个地方政府,可行的探讨是逐步扩大其范围,将多元主体在缔约过程中的影响力纳入考察范围内,为科学地缔结和履行区域行政协议创造条件。社会公共事务的管理主体应该是多元的,政府、企业、非政府组织都可以平等地进入到公共事务的治理过程中,研究如何实现区域行政协议签约主体多元化、执行主体多元化、监督主体多元化,具有一定的现实价值。随着我国经济、社会的发展,我国企业主体的经济实力有了大幅度的提高,非政府组织的力量也大大增强,已经具备相当的现实条件来介入区域公共问题的解决,因此围绕区域公共问题缔结行政协议时不能回避企业主体和非政府组织的力量。如何实现为多元主体参与区域行政协议提供广泛空间,最主要的因素是选择恰当的契约起点,即围绕区域公共服务缔结行政协议,这样可以为各级政府、企业主体和非政府组织等多元主体共同介入契约过程提供广泛空间。

第三,实现多元参与主体权利义务的平等化。在区域一体化协议文本中最能体现多元主体平等参与区域协议过程的是有关参与主体的权利义务条款,区域地方政府以平等身份进入契约过程,在协议条款上主要表现为权利义务的平衡。在区域一体化的行政协议中,如果单一行政协议文本中无法实现参与主体的权利义务平衡,则需要考虑在以后的区域一体化行政协议过程中进行有效补偿,从而实现参与各方的权利义务总体平衡。从契约文本形式规范的角度考察,协议文本必须具有权利义务条款,因为权利义务条款是各参与主体履行协议的基础,但是真正促进缔约主体积极履行协议的原因在于权利义务的平等化。

第四,实现区域行政协议的可操作化。区域行政协议的签署目的在于进入实际操作阶段,为以后的履约提供文本基础。因此,对履约形式、主体、组织以及违约的责任、追究的方式都需要有明确的约定,这样的区域行政协议才会进入实质性的操作阶段,不会只停留在书面上。实现权利义务可操作性的另一个重要途径是区域行政协议的公开化,将区域行政协议文本公开化,有利于社会力量更好地介入区域行政协议的履约过程,有利于社会力量监督区域行政协议的履行,从而保证区域行政协议能够有效运行。

第四节 组织与动力:区域行政协议运行保证

一、区域行政协议组织设计

伴随区域一体化进程,我国各地区都在为实现区域协调发展而进行着艰辛的探索。区域一体化进程中,地方政府面临成长压力,如何通过区域政府间合作协议促进一体化进程是每个区域地方政府面临的重要课题,而组织设计是其中重要的影响因素。如何设计区域行政协议的组织结构才能保证行政协议的有效运行,组织结构需要达到以下几点要求:组织设计需要考虑多元参与主体,应该为多元参与主体,包括中央政府、省级政府、区域地方政府、市场企业、NGO以及其他社会力量的平等参与提供平台;组织设计考虑到区域行政协议运行的整个过程,不仅要为区域行政协议的讨论与签署提供平台,也要能够考虑到行政协议的履约和冲突的解决;组织设计应该具有一定的权威性,组织本身具有决策权力和能力,其达成的协议可以对参与协议的区域政府具有拘束力;组织设计应该考虑区域行政协议运行的时间连续性,能够在区域行政协议运行过程中遇到问题时及时解决。目前,我国区域行政协议运行的组织基础是行政首长联席会议,而区域行政首长联席会议自身存在的缺点如会期短暂、无拘束力等无法达到上述要求,无法保证区域公共问题的及时解决,所以寻找设计科学的组织成为行政协议有效运行面临的重要任务。

1. 联席会议和区域联盟

当前与区域一体化有关的组织设计有行政区划合并、区域双层政府、区域联盟、特区政府和区域联席会议等多种形式,但是能够为区域行政协议运行提供组织支持的组织设计只有双层政府、联席会议和区域联盟三种组织设计。

行政区划调整也是协调区域政府间关系,促进区域一体化的重要政策工具,但是因为行政区划的合并,已经不存在平等参与的主体,即区域行政协议已经失去了平等协商、共同缔约的主体,因此这种组织设计与区域行政协议没有共生的可能。同样道理,特区政府或者管理委员会的组织设计也不需要区域行政协议,其组成成员并非是区域内部的各个地方政府派代表参与且特区政府具有决策和执行能力,因此也不需要与区域行政协议配套运行。

在上述几种组织形式中,可以与区域行政协议配合的组织形式除了区域联席会议之外,还有双层政府和区域政府联盟。双层政府没有大规模改变现有权力结构,由各市县政府共同派代表参与区域统一政府,由区域统一政府对区域内部需要统一规划与管理的事项进行决策和执行。上述决策过程可以由区域内部各政府代表协商讨论以区域行政协议文本形式决议,并以此为基础推动区域政府之间的合作。但是,考察当前中国地方政府管理体制,建立双层政府不适应减少行政层级、提高效率的要求。另外,尽管双层政府的形成没有改变区域内部地方政府的权力模式,但是却在一定程度上改变了中央与地方的关系。基于上述两方面原因,以双层政府配合当前区域行政协议的运行不是可行的选择。

区域政府联盟是一种在美国各地区盛行的地方政府间合作的模式,"由地方政府创立的多重目的、多重管辖权的公共组织,它们将多个层级的政府成员聚集在一起进行总体规划、提供服务,并培育区域合作精神。"[1]区域政府联盟是一种多功能的地区性的合作机制,它常由一定地域中的地方政府通过自愿协商而成立,借鉴美国区域政府联盟的组织形式来解决当前我国区域行政协议运行中存在的组织设计缺陷,是一种可行的尝试。区域政府联盟在政府间合作方面存在一定的优势:一是为区域公共问题的解决提供讨论平台;二是自愿协商即可成立,容易创设。区域政府联盟通过关注某些特定的区域性问题,让区域成员共同参与讨论,在一定程度上实现了区域政府间的整合。这种区域政府关系协调模式最大的问题在于区域政府联盟权威不足,而这种权威不足首先根源于其自愿性质,区域政府联盟的成员可以自由选择进入或退出。其次是跨越州政府行政边界的障碍,那些服务于跨州的区域性组织可能遇到严重的管辖权问题,区域联盟对区域成员行为的影响力变得更加有限。

当前,在我国区域一体化实践中,与区域行政协议密切相关的组织形式是区域联席会议。区域联席会议是通过会议形式缔结区域行政协议,这种组织设计为区域各地方政府提供了区域行政协议讨论制定的平台,但是区域联席会议无法跟踪整个区域行政协议运行过程。这种松散型的组织设计优势在于能够为区域地方政府提供自由平等参与的平台,而这种组织设计的缺点在于组织本身没有权威性。在区域首长联席会议制度下,区域一体化的有效推进完全依赖区域行政协议的规范性和有效性,如果区域行政协议不规范、无明确的权利义务和效力条款,那么区域联席会议无法提供任何有效的支持。尽管区域地方政府在区域行政首长联席会议的基础上发展出区域行政代表联席会议和日常工作小组形式,但是区域联席会议、行政代表联席会议和日常工作小组因为各自的缺点,依然无法从根本上成为区域行政协议最佳的组织形式。

---

[1] David Y Miller. The Regional Governing of Metropolitan America[M]. Boulder:Westview Press, 2002.

2. 区域行政协议组织设计：权威性的区域联盟

当代中国区域一体化进程发展迅速，行政协议也成为地方政府间合作的重要政策工具，区域地方政府之间为完成各种不同的业务，如交通运输、垃圾处理、水资源利用和环境保护等，签订了许多公共服务的协议，而如何履行这些协议则需要建构科学化的组织来保证实施。

当前区域联席会议因为其自身的缺点，只能保证区域行政协议的制定，却无法保证区域行政协议的有效运行，因此，选择和建构科学化的组织是当前区域地方政府为有效运行区域行政协议面对的重要问题。与行政区划调整、双层政府的权威形式相比，区域政府联盟和联席会议则相对松散。这种组织设计也有其独特的优势：易于创设、提供有效探讨平台。但是，这种松散型的组织结构缺少权威性，无法监督和推动区域行政协议的有效运转。如何为区域行政协议的有效运行建构有效的组织形式？在考察当前区域一体化多种组织形式的优点和缺点之后，在其他组织形式暂时无法实施的情况下，结合区域联席会议缺点，进一步改进区域联盟形式，使其与区域行政协议结合的模式，是可行的探讨。

与区域联席会议相比，区域联盟具有常设性，避免了区域联席会议形式短期存在，无法有效解决问题的弊端。为促进区域联盟与区域行政协议的配合，可以在保持区域联盟自由的基础上增加其权威性：一方面，继续保持区域各政府平等参与、自由讨论的权利；另一方面，增强区域联盟通过的行政协议的权威性，赋予其监督和推动生效行政协议的权力。区域联盟的组织设计首先应该保持区域联盟参与方权利平等自由，避免区域地方政府之间的命令服从关系给区域行政协议的有效运行带来影响，从而为区域地方政府的平等参与提供平台。在保持区域地方政府权利自由的基础上，加强区域联盟政府的权力，可以保证区域行政协议的有效运行。

二、构建平等协商的利益共享机制

构建网络化的区域行政协议运行框架需要寻找合适的动力机制，只有合适的动力机制才能使多元主体围绕着公共服务目标结合到一起，促进区域行政协议的良好运行。当前，区域地方政府行为的动力主要源于上级考核压力和辖区民意诉求。一般而言，与辖区民意相比，地方政府更关注上级政府的目标导向。因此，从完善区域行政协议运行过程来说，可以通过构建平等协商的利益共享机制统一上级考核和辖区民意，并以此来促进行政协议的有效运行。

1. 利益共享成为行政协议驱动力

在当前的考核体制下，对区域内部各个地方政府而言，区域一体化并非其追求的目标，从区域一体化中获得竞争资本才是其行为的动力所在。这种竞争资本有利于其在政治锦标赛中获得胜利,为行政领导赢得政治升迁的机会。对于区域内部多个地方政府,尤其是对跨省域的区域地方政府而言,促进各方主动参与到区域行政协议过程的动力来源于利益共享。具体而言,利益共享能够促进区域地方政府经济共同发展,促进区域公共问题得到有效解决。只有利益共享,才能使区域各个地方政府获得竞争的有利地位,如果不能实现利益共享,区域一体化对地方政府毫无意义。

为实现区域地方政府之间的利益共享,需要建立相关的配套机制,尤其是利益补偿机制。利益共享机制是构建网络化区域行政协议运行框架的重要手段,而建立利益补偿机制是实现利益共享的保证。对区域行政协议中承担了行政协议责任却未获得利益的主体进行补偿,目的在于促使其有意愿再次参与到区域一体化过程中。这种利益补偿通常有两种做法:一是由未履行区域行政协议的政府对正常履约者做出补偿;二是由在关系网络中占主导地位的地方政府做出相应的牺牲,对受损者做出补偿,以换取区域一体化的继续进行和再次缔约机会的产生。

2. 建立缔约主体的平等协商机制

为了保证利益共享机制的成功,关系网络中行动者在互动过程中需要建立起多元行动者之间的平等协商机制。区域一体化行政协议有多元化的利益主体,而各个利益主体资源占有和目标取向是不同的,有些利益目标甚至是相互冲突的,这影响着区域行政协议的制定及其运行。因此,为保证区域地方政府能够共同参与到行政协议中,必须建立平等协商的机制,协调不同利益主体的利益诉求,实现目标和手段的一致性。

此外,主体间的资源依赖关系促进区域行政协议多方主体统一行动,这种行动的基础是主体间共识,而非基于命令服从关系。原因在于,基于资源相互依赖关系的区域地方政府间关系更多需要协力合作,协力合作则离不开多元主体平等协商。"行动主体之间持续的、统一的交流,能够增进共识、减少分歧,同时也能为政策网络提供参与者的最为重要的信息、新的能力和机会,因此,交流在所有类型的政策网络中都具有核心的地位和作用。"[①]基于命令服从的区域地方政府间关系,无法实现区域行政协议各参与主体之间有效的交流,处于服从地位的地方政府很难真实表达个体的利益需求,因此在区域行政协议运行过程中不一定主动参与其中。基于主体间平等协商而形成的区域行政协议是各参与主体真实的意思表达,在谈判、协商、妥协的基础上可以找出多方主体的共同目标,才能为后期的区域行政协

---

① 孙柏瑛,李卓青. 政策网络治理:公共治理的新途径[J]. 中国行政管理,2008(5).

议的履行奠定基础。

3. 构建缔约主体之间的信任机制

在缺少正式制度约束的条件下,信任机制的存在是必不可少的。当区域行政协议不同的行动主体之间存在信任关系时,多元主体能够联合起来解决共同面对的问题。"尽管信任机制存在风险,但在不确定性环境中却能够有效地降低交易成本,实现正和的博弈结果。"①在水平化的网络治理中,正式权威的命令服从作用在下降,各行动者在共同利益的驱动下需要构建组织间的信任机制。在区域行政协议运行过程中,各参与主体可以通过平等协商,制定规范的行政协议共享区域一体化所带来的利益,这是建立区域政府主体间信任机制的重要手段,而这样形成的主体间信任机制是核心的凝聚要素,其作用可以等同于科层制的合法权威。

主体间信任机制的建立是促使各缔约主体主动履约的重要因素,有利于实现区域行政协议的良性运行。区域地方政府之间的平等协商机制有利于实现利益共享,区域政府之间的利益共享则有利于建立主体间信任机制。"行动主体的互相教育和学习,能够使他们共享多元化的背景,增进政策网络中的行动主体对其他行动主体的了解,对其他主体做出更深入的判断。可以通过达成一致的过程建立信任。"②当然,这一过程又是相互促进的,主体之间的信任又可促进平等协商和利益共享。对于以"公共服务"为逻辑起点的区域行政协议,利益共享、平等协商和信任关系是其有效运转的动力机制。

第五节 跨域部门:区域行政协议的重点

未来区域行政协议的一个重点领域是通过区域地方政府间协议成立跨域部门,突破行政区划的限制,整合多个地方的力量,共同应对区域公共问题,提供区域公共服务。为应对跨行政区划的公共问题,一种有效的方法是设置跨行政区划政府部门。而如何设置跨行政区划政府部门,区域行政协议大有作为。而探讨政府部门跨行政区划设置,首先要弄清楚跨行政区划的区域有哪几种类型,弄清楚跨行政区域的类型才能更好地设置跨行政区划政府部门。简单分类,跨行政区划的区域有三种类型:一是跨国界的区域;二是跨省级行政区划的区域;三是省域内部跨行政区划的区域。跨国类型涉及国际政治、国际关系问题,是非一国政府能够处理的政府间关系,一般不存在设置跨行政区划政府部门问题,不在本书探讨范围。跨

---

① 匡霞,陈敬良.政策网络的动力演化机制及其管理研究[J].内蒙古大学学报(哲学社会科学版),2010(1).
② 孙柏瑛,李卓青.政策网络治理:公共治理的新途径[J].中国行政管理,2008(5).

省界和省域内部两种情况下,政府部门跨行政区划设置难度不同,跨省界行政区划政府部门设置因其涉及权力主体更多,不仅涉及省与省之间关系,也涉及央地关系,其难度更大。而省域内部跨行政区划政府部门设置一般只涉及某些省级政府,难度相对较小。因此,研究前者更具有代表性和应用价值。此外,研究政府部门跨行政区划设置着力于第二种类型,即对跨省级行政区划政府部门设置的研究,南京都市圈即属于此种类型,包括其设置模式、成立后政府间关系处理以及中国国情下的问题解决。

一、区域公共问题解决的第三种思路

囿于行政区划边界,多个地方政府应对区域公共问题常不能形成有效的合力,这也成为政治学、经济学、法学和公共行政学等社会科学学者在探讨区域一体化问题时关注的一个焦点问题。如前所述,如何解决这一问题,往往形成两种思路。一是结构性协调,即改变行政区划,将区域问题所涉及的地方政府进行整合,形成单一政府,以解决多个政府间的权力抵消和相互制约。二是功能性协调,即形成区域政府间联盟,在不改变行政区划前提下搭建区域多个地方政府议事机构,区域内的地方政府通过举办联席会议,形成共同参与、平等商议的议事协调机构,通过形成政府间行政协议来解决区域公共问题。

地方政府行政区划的重新整合能够改变区域范围,促进经济发展,解决区域一体化与行政区划间的矛盾现象,也有利于解决区域公共问题,为区域发展提供完整空间,行政区划整合是化解区域公共问题、解决地方政府间矛盾的一种有效方法,因此,整合行政区划以解决区域内部共同问题成为可以选择的改革思路。当前,促进区域一体化的行政区划改革有多种模式,例如增加直辖市的数量、重新划分省域范围、撤县设市、整县改市、撤县设区和市县合并等等,以上几种行政区划调整模式都会影响区域内部府际关系的协调,从权力结构层面改变省市县之间的关系,从而影响区域一体化进程,其中直辖市设立、重新划分省域范围更能够影响跨省行政区划政府部门设置。但我们也要看到,作为行政体制变革的一项重要内容,行政区划整合的影响远超出地理边界,涉及地方政府间的政治、经济、社会和文化诸多方面,这种协调区域地方政府间关系的模式会引起结构性变动,因此在运用时需要慎重。

不可否认,行政区划整合可以在一定程度上解决区域一体化遇到的问题。但是,行政区划整合工作并非一劳永逸的事,它不能一次性地解决所有问题。首先,作为大国治理的手段,设置地方政府有其必然性,因此,地方行政区划边界是永恒存在的,一次行政区划调整只能应付一段时间内的问题。其次,行政区划的重新整合只是将行政区划间矛盾转化为行政区域内部矛盾,只是让这种矛盾的解决有了一个明确的责任主体。另外,我们更应该考虑的是行政区划整合的成本较高,行政区划牵一发而动全身;而不合理的行政区划改革则影响更大,不仅会对政治、经济、社会和文化产生负面影响,还有可能会引起地区不稳定。因此,行政区划只是区域一体化的多种治理工具之一,从效果层面考察,行政区划调整只是可用却不是最佳的治理工具。"以我们目前的国情来看,建立大行政区划方面实施的风险和成本都很高。因此,与其承担因行政区划调整产生的高额成本,不如强调地方政府之间的合作与协调。"[1]

区域政府联盟是地方政府共同应对区域公共问题的一种合作机制,有别于行政区划调整,它是由地方政府通过授权方式成立的议事协调机构,多个政府成员一起规划区域管理、提供区域服务、解决区域问题。这是一种当前在各地区较为流行的政府间合作模式,其合作的主要方式是通过定期或不定期的政府间联席会议形成区域政府联盟,并有相应的执行机构。这种功能性地区间的合作机制常常在上级政府的协调下或者由区域内部的地方政府之间自愿协商形成。跨省域行政区域更多的需要国家层面加以协调,如加强环渤海及京津冀地区经济协作需要国务院层面加以协调,当然也可以由地方政府协商成立,如跨江苏、安徽两省的南京都市圈更多是在地方政府间协商后共同推动。区域政府联席会议是一种联络机制和沟通平台,为地方政府提供协商议事渠道,在议决区域内部公共事务时,各地方政府围绕区域发展规划或应对区域问题平等参与、各自表达、协商一致,以区域行政协议固定各地方政府间形成的共识,作为后期促进区域规划落实和解决区域公共问题的行动文书。

与结构性的调整行政区划相比,区域政府联盟模式在促进府际合作方面具有两个优势。一是容易成立。当前,区域政府联盟的合作形式也相对松散,只要区域范围内的地方政府协商同意即可。二是地位平等。区域地方政府一般不存在上下级隶属关系,只是共同协商联合到一起,地位平等,能够通过对话解决跨域公共问题。正是其优势决定了其缺点,这种区域府际关系合作模式的问题在于区域政府联盟没有法律授权,其权威性不足,在后续工作中执行力不够;成员可以自由进出,缺少约束,对区域成员行为影响有限。总体而言,与行政区划调整相比,区域政府联盟提供了区域政府间合作的可能性,但也只是提供了一个区域协商的平台,无法从制度层面保证区域合作的效果。

综合分析上述两种常见的区域协调思路,在应对区域一体化过程中,各个国家

---

[1] 李金龙,王宝元.地方政府管理体制:区域经济一体化发展的重要制度瓶颈[J].财经理论与实践,2007(1).

都会使用行政区划调整这一治理工具实现地方有效治理,但是因为行政区域调整需要付出较大成本并且可能带来许多负面影响,因此,行政区划调整需要慎重对待、认真研究规划、统一设计、分层分步推进。区域政府联盟合作形式以政府间合意为行动的前提,各个地方政府在区域联盟中更多以自我利益为首要考虑,尽管有很多合意形成的区域行政协议存在,也在一定程度上促进了区域一体化进程,但因为行政协议非法律文件,缺少硬性约束力和有效行动力,区域政府联盟克服了行政区划变革的问题,但其制度特性决定其难以在区域一体化过程中发挥最大的功能。

那么,除了结构性的行政区划调整和功能性区域政府联盟外,协同解决区域公共问题是否还存在第三种思路?考察中国以及世界各国的实践,显然还存在第三种思路,即政府部门跨行政区划设置。

所谓政府部门跨行政区划设置,是将一些单一地方政府无法有效应对的区域公共事务,如交通一体化、环境污染治理、给排水和供气供暖这种区域公共问题和区域公共服务,交给跨行政区划的政府部门,在不改变行政区划的前提下,即能形成统一的政府部门,从而突破行政区划的约束,以更高效的方式完成区域公共问题应对和区域公共服务供给。

这种政府部门跨行政区划的设置既不需要伤筋动骨地调整地方政府的行政区划,又能够避免区域政府联盟和联席会议的松散,从而形成有效的统一意志和执行力。

从上述分析可见,如果政府部门跨行政区划能够科学设置,就能够吸收前述两种方法的长处,又避免了其不足之处。

在世界各国都有一些政府部门跨行政区划设置的案例,在我国,政府部门跨行政区划设置也已经存在,只是缺少现实的普遍性,也没有理论上的支持。在我国,长江水利委员会、淮河水利委员会、黄河水利委员会等机构即是政府部门跨行政区划设置的例子,因为水域的跨行政区域流动,政府将其跨部门设置视为理所当然。从公共行政学理论角度考察,如果区域公共问题需要区域内部多个地方政府及其部门共同努力,那么是否也可以设置政府部门跨行政区划,例如区域环境问题、交通一体化问题是否都可以设置区域环境管理部门、区域交通管理部门。由此可见,政府部门跨行政区划设置,这应该是解决区域公共问题的第三种思路。

二、政府部门跨行政区划设置模式

地方政府部门设置主要由《宪法》以及《中华人民共和国地方各级人民代表大会和地方各级人民政府组织法》(简称《地方各级人民代表大会和地方各级人民政府组织法》)《地方各级人民政府机构设置和编制管理条例》等法律加以规范,例如,

《地方各级人民代表大会和地方各级人民政府组织法》第六十四条规定省、自治区、直辖市的人民政府的厅、局、委员会等工作部门的设立、增加、减少或者合并,由本级人民政府报请国务院批准,并报本级人民代表大会常务委员会备案。而自治州、县、自治县、市、市辖区的人民政府的局、科等工作部门的设立、增加、减少或者合并也需要履行相同的程序,即上级政府批准与本级人民代表大会常务委员会备案。《地方各级人民政府机构设置和编制管理条例》第九条规定了地方各级人民政府行政机构的设立、撤销、合并或者变更规格、名称的程序,细化了审核程序,即由上一级人民政府机构编制管理机关审核,其他的批准和备案程序一样。在这两部法律和条例中,有关政府部门设置的规定很简单,并且其中未涉及跨行政区划的政府部门能否设置。如何设置跨行政区划的政府部门,其程序如何,权力范围如何,与其他政府及部门间权限如何划分?尽管法律没有政府部门跨行政区划设置的具体规定,但不影响从公共行政学理论上探讨政府部门跨行政区划设置模式。从中国政府体制变迁的历史考察,试以跨省级行政区划为例,政府部门跨行政区划设置理论上大概存在三种路径:一是上级政府分权模式;二是地方政府授权模式;三是上下级政府合意模式①。

1. 上级政府分权模式

上级政府分权模式是指由中央政府按照职权范围在地方设立分支机构或派出机构,其权力走向是自上而下的。在法律范围内,这些中央政府的分支机构或代表机构都是在一定的省级行政区划范围内,而从应对区域公共问题角度,中央政府可以设立跨省级行政区划的区域政府部门。以环境保护为例,在国务院授权下,环境保护部可以跨省级行政区划设置环境保护局,如环境保护部可在京津冀地区、长三角地区和珠三角等诸多区域一体化程度发展到较高阶段的地区设置跨行政区划的环境保护部门,也可以在长江流域、黄河流域、珠江流域等大河流域设置跨行政区划的区域环境保护局。同时,在区域内部跨市县设置派出机构,避免地方政府在环境保护和整治中因地方利益而忽视整体利益,影响环境保护的效果。

2. 地方政府授权模式

与上级政府分权模式不同,这种政府部门跨行政区划的权力来源并非来自中央政府,而是来源于辖区内各个省级政府的协议让渡。具体而言,地方政府授权模式是区域内部多个省级政府将某一项公共事务的管理权限通过协商一致,以行政协议的形式授予一个公共组织。这种跨省级行政区划政府部门的权力是来源于区

---

① 汪建昌.政府部门跨行政区划设置:解决跨域公共问题的第三种思路[J].内蒙古社会科学(汉文版),2017(4).

域内部省级政府间协议,其权力来源是自下而上的。以长三角环境保护为例,长三角三个省级政府将各自环境保护的职权授予长三角区域环境保护局,同样,也可以在区域内部跨市县设置派出机构,基于省级政府协议共同授权,长三角区域环境保护局可以统一管辖区域内部各个省和市县的环境问题。

3. 上下级政府合意模式

与上级政府分权模式和地方政府授权模式不同,其权力来源即非自上而下,亦非自下而上,而是上下级政府双向展开。具体来说,上下级合意模式是指在无法律明文规定的情况下,在国务院授权之下,由上级政府部门即国务院部委、直属机构和多个下级政府即各省级政府共同协商成立跨省级行政区划的政府部门。以长三角环境保护为例,上下级政府合意模式成立长三角环境管理局,指由作为上级的国务院环境保护部及江苏、浙江、安徽和上海三省一市政府共同协商,同为正部级单位,面对共同环境问题难以单独解决需要协同一致时,可以经协商,成立长三角区域环境保护局,协同应对和解决长三角地区环境问题。对比上述三种政府部门跨行政区划设置模式,在当前中国政府体制下,上下级政府存在权力隶属关系,单纯依靠地方政府授权模式成立政府部门跨行政区划可能存在与上级政府部门沟通上的障碍,无法得到上级政府部门的认可,从而造成管理工作不必要的障碍。同样,如果依照上级政府分权模式成立,尽管在地方政府认可方面不存在问题,但是因为各个地方政府有其囿于行政区划的工作重点,因此,单纯依靠上级政府分权模式成立政府部门跨行政区划可能无法得到地方政府的有效配合,从而影响管理工作的高效开展。因此,第三种方式即上下级政府合意模式,由上级政府部门和下级地方政府基于职责经共同协商成立跨行政区划政府部门是目前的最佳选择。对当前中国而言,与省域内部跨行政区划公共问题相比,跨省级行政区划的区域问题则更难协调。应对这一跨行政区划问题,建议采用上下级合意模式,就某一项公共事务,在国务院授权下,由相关部委与区域内省级政府共同协商,在协商一致的情况下,成立针对某一共同事务的区域管理局,并在区域内跨市县设立派出机构。当某一区域设置多个单一任务的区域管理局之后,则可合署办公,形成区域公共事务管理局。此时,国务院部委和区域内的省级政府之间可以通过行政协议将区域公共事务管理局的职责、权利以及各地方政府的职责、权利固定下来。省以下政府之间的跨域部门设置也一样,总体原则是,由上级政府部门和下级多个地方政府之间通过区域行政协议,设置跨行政区划的政府部门。

四、政府部门跨行政区划设置要处理好几种关系

为更好完成区域公共问题应对,政府部门跨行政区划设置后需要处理好几种

关系：一是与上级政府部门的关系；二是与区域内部地方政府的关系；三是与区域外政府部门的关系。处理好此三种关系能够赢得上级政府、区域内部政府和区域外部政府的支持。

1. 与上级政府部门的关系

哪怕是通过上下级合意模式设置政府部门跨行政区划，还是需要明确其与上级政府部门的关系。如何界定跨省级行政区划政府部门与中央政府部门间关系，不能简单区分是命令服从关系还是合作共事关系，这只是从表面对两者关系的界定，无法形成法理上对两者关系的清晰界定。我们还是要回到中国政府体制的整体框架中考虑问题。在当前我国政府体制下，上下级部门间关系分为三种：一是垂直管理型；二是条块管理型；三是属地管理型。这三种上下级部门间关系中考察中央政府部门与政府部门跨行政区划间关系，因为当前不存在区域政府，因此政府部门跨行政区划只有一个领导即国务院部委，所以必然采用垂直管理模式。

对上述观点的质疑会来自于区域内省级地方政府，政府部门跨行政区划设置难道不应该接受省级地方政府的领导？如果政府部门跨行政区划设置接受省级地方政府的领导，那么有多个地方政府就需要接受多重领导，这样设置政府部门跨行政区划则没有任何意义，这与现有的政府体制在协调难度上不会有质的改变。

2. 与所涉地方政府的关系

基于其与上级政府部门的关系，跨行政区划政府部门还需要处理与所涉地方政府的关系，这种关系不是上下级关系，不存在命令服从关系，那么只能是合作共赢关系。不存在隶属关系，只有合作共赢关系，如何保护地方政府能够积极参与区域管理局的公共问题解决过程？应该在上级政府部门与区域地方政府合意成立政府部门跨行政区划时明确各自的职责权利，最好能够在《地方各级人民代表大会和地方各级人民政府组织法》《地方各级人民政府机构设置和编制管理条例》中增加一章"政府间关系协调"，对政府部门跨行政区划与地方政府之关系明确加以规范。

为什么区域地方政府需要承担相应责任？在合意过程中需要保证权责一致，因为地方政府将本属于地方政府的义务"让渡"了出去，交给政府部门跨行政区划，保证相关问题的解决，提高了处理效率，那么相应的也需要承担一定的责任，如保证支付一定的财政经费、提供相应的人力支持、给予相应的物资帮助等，这些都需要以部门规章的形式固定下来，必要时在"政府间关系协调"一章中加以明确。

3. 与区域外部政府部门关系

跨行政区划设置政府部门需要处理好以下两个问题：一是跨行政区划的边界在哪；二是跨行政区划政府部门与区域外相关政府部门的关系怎么办。区域一体化是跨行政区划设置政府部门的地理边界。以区域经济一体化为基本范围,区域一体化进程有时并不以政府权力为局限,也不以政府意志为转移,随着时间的进展,我国区域一体化现象已经成为一个显著的现象,以此为边界设置区域管理局是形势发展的要求,将一些单一地方政府无法解决的跨域问题交给区域管理局应是理想选择。

在区域之外,依然存在其他地方政府,区域公共管理局与区域外地方政府就相同职能开展合作有两种方式。一种是区域管理局扩大区域范围。随着经济发展、政府合作、民间交流以及各种软硬件设施达到一定程度时,区域一体化会实现逐步扩容,此时,区域管理局会扩大管理范围,将相关的地方纳入管理。另一种是采用政府间协议形式开展。当区域发展未达到上述状态时,则由区域管理局与区域外地方政府部门通过平等协商、自由合意形成行政协议共同解决问题。从理想状态而言,应该是各个地方政府在上下合意情况下形成不同的区域管理局,通过区域管理局之间合并或协商解决区域管理局与区域外政府部门间关系。

无疑,政府部门跨行政区划设置是解决跨域公共问题的一项有效选择,但是设置跨行政区划政府部门时更应该关注中国的国情,处理好中国跨行政区域部门设置特有的问题。首先,设置跨省域行政区划的政府部门时必须处理好与上级政府部门、区域地方政府以及区域外政府部门三种政府间关系,而在这三种关系中最重要的是处理与上级政府部门和区域内地方政府间关系。在中国,如何有效处理上述关系?显然不能单靠政府间合意,更需要用法律形式规范。其次,需要解决好政府间关系的两个重点问题:一是设置跨行政区划政府部门时,不能增加政府层级;二是设置跨行政区划政府部门时解决处理好财政关系。增加政府层级意味着降低政府工作效率,那么如何在设置跨行政区划政府部门时,不增加地方政府层次?以跨省域行政区划政府部门设置为例,有中央政府部门、跨省级行政区划政府部门以及跨市县政府部门派出机构三个层级,以跨省级行政区划政府部门代替省级政府部门,以跨市县政府部门派出机构代替市县政府部门,总的层次依然是三个层级,这样的政府部门设置方式,没有增加政府部门层次,却协调了区域内部地方政府对区域公共问题的合作治理。另外,财政关系是政府部门跨行政区划和上述三种府际关系的核心主题。林尚立认为:"虽然政府间行政关系所包含的内容十分广泛,但从决定政府间关系的基本格局和性质的因素来看,政府间关系主要由三重关系构成:权力关系、财政关系和公共行政关系。"[①]当跨行政区划政府部门成立之后,

---

① 林尚立.国内政府间关系[M].杭州:浙江人民出版社,1998.

权力关系和公共行政关系确定下来,推动政府部门有效运作核心问题是形成科学的财政关系。理顺财政关系是跨行政区划政府部门有效运作的重要保证,在中国,这种规范化的财政关系应该来自于法律。当跨行政区划政府部门设立之后,各个跨域政府部门应该成为独立的预算单位,其与上级政府部门、区域内部地方政府间权利义务关系中需要凸显财政关系,而这种财政关系的规范化也必须通过法律加以约束。

考察以上几种关系,可以将区域行政协议上级政府、所属地方政府以及区域外地方政府的权利义务、相互关系都界定清楚,为跨域政府部门的有效运作奠定基础。

本章小结

通过政策网络的理论分析、南京都市圈行政协议的实证分析以及运行机制——契约精神框架的深入探讨,在借鉴美国州际协议发展经验的基础上,我们提出实现区域行政协议有效运行的路径:以公共服务作为区域行政协议的逻辑起点;以公共服务合作供给作为区域行政协议的主要内容;通过规范化行政协议文本和规范化的行政协议运行为区域行政协议的有效运行提供基石;通过科学的组织设计、正确的动力机制形成为区域行政协议的有效运行提供保证。

在区域行政协议实践中,我们也发现跨行政区划设置政府是解决跨域问题的一个有效手段,而区域地方政府间的行政协议是成立跨域政府部门的重要方法。因此,有必要加强这一方面的研究,为跨域政府部门成立及后续工作做好研究工作和实践准备。

进一步的思考

当前,经济全球化与区域一体化相伴而生,如影随形,看似矛盾的两者实质却并不矛盾,区域一体化是对经济全球化的一种重要补充,并不排斥也不会阻碍经济全球化,而是与经济全球化并行发展、相互促进,正是这种对立统一使两者并行不悖。区域一体化在现阶段的发展具有其必然性,它的发展也离不开经济全球化的组织与制度基础,区域一体化不会造成世界经济整体发展出现地区化分割,相反,区域一体化的成长能够为经济全球化奠定良好的基础,有利于经济全球化向纵深发展。

为应对国际经济全球化的竞争、国内政治晋升锦标赛以及区域公共服务合作供给压力,区域一体化的发展道路已经成为我国地方政府的必然选择,对我国的地方政府而言,竞争与合作是其面临的双重任务。参与竞争已经成为地方政府最为熟悉的工作,投资环境的竞争、GDP 的竞争、政治晋升的竞争、城市排名的竞争都离不开地方政府的全力参与,但是如何有效地参与全国乃至全球范围内的竞争并在竞争中获得胜利,依然是我国地方政府必须学习的课题,其中如何平等进入区域一体化过程,在合作中竞争、在竞争中合作就是当前地方政府面临的一个重要任务。尽管面临着政治晋升的压力,但零和竞争已经不是地方政府间关系的主旋律,既竞争又合作成为地方政府包括区域一体化内部地方政府必须学会的工作。

当然,在经济全球化和区域一体化的发展中,不仅我国地方政府面临着跨域治理和合作成长的任务,世界各国地方政府也共同面临这个问题。在学习如何协调区域一体化和跨域治理过程中的地方政府间关系时,各国发展出多样化的治理工具:行政区划调整、双层政府、政府间联盟、特区政府和政府间协议,并依据不同情况采用了不同的工具。协调区域一体化的多样化治理工具其产生与发展有特定的政治、经济和文化背景,可以借鉴,但是不能照搬。对我国地方政府而言,在面临区域一体化的外部压力时,区域行政协议已经成为许多地方政府的首要选择。当然,我国地方政府选择行政协议作为实现区域一体化的主要治理工具是对诸多治理工具理性选择的结果,行政区划变革、双层政府结构、政府间联盟和特区政府是很多国家协调政府间关系的重要手段,但对我国地方政府而言,行政区划的变革因其所具有的负外部性较大,不是能够经常使用的工具,双层政府结构和特区政府的设置更是需要慎重考虑的治理工具,区域政府间联盟因为缺少权威性也没有得到更多采用,因此地方政府在实践中多选择区域一体化行政协议。

当前,如何通过有效地缔结与执行区域行政协议,促进区域一体化进程,成为地方政府与学界共同关注的话题。具体而言,对区域行政协议运行过程进行分析有助于更好地使用这一治理工具。尽管目前区域行政协议更多的是在区域地方政府之间缔结,但是对区域行政协议有效的整体运行过程的分析不能只考察缔结行政协议的区域地方政府之间的关系,而是应该将更多元化的主体纳入考察范围之中。鉴于区域一体化的多元主体之间形成了复杂的关系网络,为更好地解释区域地方政府的行为选择,运用政策网络理论解释区域地方政府之间的关系及其行为选择成为一种合适的理论选择。这可以避免简单化的分析区域行政协议,即单纯从区域地方政府间关系来考察区域行政协议运行过程,将区域地方政府间关系、资源占有与行为选择放在更广阔的背景下讨论分析。

运用政策网络理论分析区域行政协议能够将影响区域行政协议运行的多元主体——中央政府、省级政府、相邻区域政府、区域内部地方政府、企业主体、非政府组织、专家学者和新闻媒体纳入考察范围,全面分析各个行为主体如何进入行政协议过程并影响行政协议的运行。首先,多元主体形成复杂的关系网络是区域行政协议运行的背景,主体间关系的复杂程度制约着区域一体化行政协议的制定和执行,只有跳出区域地方政府间关系范畴,才能更好地观察区域行政协议的运行过程。另外,区域行政协议运行的过程还受到区域地方政府行为选择的影响,多元主体因为资源占有的类型与量的区别导致其在关系网络中处于不同的地位,在关系网络中各参与主体的资源占有、网络地位对其行为选择起到最为重要的影响作用,对此进行分析则会使区域行政协议运行过程变得更加清晰。

当前,影响区域行政协议运行效果有两个方面的因素:一是契约运行机制的构建;二是主体契约精神的遵守。运用政策网络分析区域行政协议行为可以构建一个简单的分析框架:政策网络中主体外在行为选择—内在契约精神。所谓外在行为是区域一体化行政协议中地方政府的行为选择,而内在现象主要是区域地方政府是否有能够坚守契约文本中的主体承诺,具体表现在地方政府是否能够形成有效的契约运行机制,并坚守主体的契约精神。只有当区域行政协议具备上述两个因素时才有可能高效运转。如何构建有效的区域行政协议运行框架则需要在分析区域行政协议运行机制和契约精神的基础上,从契约主题、主体的契约精神、契约文本以及组织、动力保证等方面入手。

基于南京都市圈的独特之处,可以将南京都市圈一体化及其行政协议作为典型的区域行政协议,对其进行实证分析和经验总结具有一定的推广意义。南京都市圈行政协议的多元主体形成了复杂的关系网络,并在行政协议的历史发展中形成了都市圈整体行政协议、部门行政协议和小板块行政协议等多种类型的区域行政协议。在对南京都市圈行政协议的运行机制和契约精神考察的基础上可以清晰地总结出其存在的问题。

对南京都市圈行政协议的考察需要有前瞻性,单一核心的南京都市圈其未来发展方向可能是走向双核的宁合都市圈,那么对行政协议运行的考察也需要关注这一走向。构想中的"宁合都市圈"位于长江中下游区域,跨越苏皖两省,以南京、合肥两大省会城市为双核心,包括安庆、池州、铜陵、芜湖、马鞍山、宣城、六安、巢湖、滁州、淮安、扬州、镇江等12个地级市、10个县级市和43个县。随着合肥与马鞍山正式加入长三角城市联盟,合肥作为皖江示范区、合肥经济圈、合芜蚌实验区的绝对核心,已经成为区域的中心城市,与南京一起作为南京都市圈的核心城市,双核并联,将推动区域内的城市快速发展。宁合都市圈实际上是由南京都市圈、皖江城市带、合肥经济圈"两圈一带"融为一体而组成,该区域内地理相接、文化相近、经济社会发展密切关联。当双核都市圈形成,区域行政协议的运行将减少很多外部行政干预。如果宁合都市圈能够在苏皖两省的支持下,以"统筹区域发展先行示范区"为主题向国家申请综合配套改革试点,则可以进一步理顺都市圈与中央政府的关系,为都市圈行政协议运行创造更有利的关系网络。

政策网络中的主体外在行为—内在精神分析框架不仅可以分析当前我国区域一体化的行政协议,也可以用来分析美国州际协议以及州以下地方政府间协议的运行过程。从契约运行角度对美国州际协议的历史发展和经验总结进行分析,有利于进一步完善南京都市圈行政协议运行过程,也有利于我国区域一体化行政协议运行过程的完善。

换个思路,上述前瞻性的思考也可以视为多个区域间的联动。与南京都市圈相邻的区域包括:省内的扬子江城市群、省外的合肥都市圈和杭州都市圈以及重叠的长三角城市群。与区域内部一体化进程相适应,区域发展将呈现出城乡一体化发展、都市圈与城市群协同、东西部城市合作以及多个区域联动并进等特征。其中一个重要领域是多个区域的联动。

长江三角洲城市群以上海为中心,根据2019年《长江三角洲区域一体化发展规划纲要》,长三角区域一体化范围正式定为苏浙皖沪四省市全部区域,明确其"一极三区一高地"的战略定位:全国经济发展强劲活跃的增长极;全国经济高质量发展的样板区、率先基本实现现代化的引领区和区域一体化发展的示范区;新时代改革开放的新高地。南京都市圈融入长三角城市群是必然趋势,这不作为我们讨论的重点,此处重点讨论南京都市圈与扬子江城市群、合肥都市圈、杭州都市圈之间可能的联动。

扬子江城市群涵盖江苏的南京、苏州、无锡、常州、扬州、镇江、泰州、南通沿江八市，人口接近5 000万，面积超过5万平方公里，经济规模达到6万亿元，是中国综合竞争力最强的地区之一。合肥都市圈在长江中下游，包括安徽省合肥市、淮南市、六安市、滁州市、芜湖市、马鞍山市、桐城市、蚌埠市。以合肥为中心，通过合滁宁、合芜马、合淮、合六等一体化发展，形成合肥都市圈。杭州都市圈位于长江三角洲经济圈的南翼，主要以杭州为中心，联结湖州、嘉兴、绍兴、衢州和黄山五市为节点，与南京都市圈一样，杭州都市圈也跨越省级行政区划。

当南京都市圈发展到一定阶段时，多域联动促进经济发展与公共服务供给将成为不同区域政府间的重要议题，以后探讨南京都市圈和扬子江城市群的合作共赢、探讨南京都市圈和合肥都市圈、杭州都市圈将成为重要话题。这需要我们的地方政府、不同的区域政府有前瞻性的眼光，提前做好准备工作。

当然，这一趋势是符合中央政府希望的。当相邻的多个区域在发展到一定阶段时，突破区域范围，增加不同区域之间的联动有多方面好处。与地方政府关注区域发展不同，中央政府虽然也制订区域发展计划，但是其出发点是先富带动后富，促进国内各地区域共同发展。当地方政府形成区域发展地区后，主动走向区域间协调合作，开展多域联动，对此，中央政府是乐于见到的。因为，多域之间的联动符合中央政府的要求：多域联动能够形成统一的国内大市场；多域联动能够促进基础设施互联互通；多域联动有利于跨域公共问题的解决，也有利于央地共管事务的解决。具体而言：一是形成统一的国内市场。对于地方政府而言，基于行政区划的管理和影响政治晋升的绩效都使地方官员更加注重本地区的发展。区域一体化发展使上述现象有所改善，使各地方政府官员更加注重合作共赢，而多域联动效用更大，进一步促使地方政府打破行政区划的束缚，协同一致共谋发展，有利于改善地方保护主义，促进国内统一市场高质量形成。二是实现基础设施的一体化建设。多域联动过程中，基础设施的互联互通是前提，交通的连接、信息的联网、金融的互通，这些是形成国内统一市场的必然需要，有利于企业发展，有利于居民生活，也有利于政府提升管理和服务水平。三是多域联动有利于跨域公共问题和央地共管问题的解决。央地共管问题一般都是跨域公共问题，单纯依靠某一地方政府无法解决，因此通常由中央政府决策、地方政府参与执行，例如环境问题、水资源管理问题。多域联动，让地方政府在跨域公共问题中取得更大的主动性和话语权，能够从地方利益出发，更好地解决跨域公共问题。

对区域地方政府而言，多个区域之间的联动，还有利于不同区域的资源交换，促进共同发展；有利于实现公共服务的有效供给，互通有无，实现公共服务供给的均等化，提升辖区内公众对公共服务的满意度。

尽管本书非常希望能够对"区域一体化行政协议——基于南京都市圈案例的

研究"这一论题作出上述尽可能详尽而有新意的阐析,洞析多元主体在协议过程中的行为选择及其内在原因,但是也深知这一想法并没有能够完全实现。事实上,写作过程中即已经感觉到很多方面存在着瑕疵或值得进一步深入研究:

第一,运用政策网络中"外在行为—内在精神"作为分析框架分析区域一体化行政协议时,能够在一定程度上提示影响区域行政协议内在原因。但是这只是一个简单的分析框架,需要进一步完善。进一步完善分析框架能够为研究区域行政协议运行过程提供更好的分析基础。

第二,作为推动区域一体化的重要治理工具,区域行政协议的研究不仅可以从主体间关系和行政协议运行过程展开,还可以将区域行政协议与其他治理工具进行更进一步的比较研究。在区域一体化过程中,如果能够与其他治理工具结合起来则可以发挥更大的作用,而如何更好地结合多种治理工具则需要做一些实证研究。

第三,本书选择南京都市圈一体化及其行政协议运行为实证研究对象,尽管南京都市圈具有的特征能够使研究带有更多的普遍意义,但是,这里还有进一步拓展的空间,可以对我国区域一体化类型进行深入分析,这样能够选择更多的标本区域,能够为研究带来更多的普遍意义。

第四,对国外区域行政协议的借鉴。因为材料收集的困难,因此研究集中精力抓住行政协议发展历史长、实践与理论最完善的国家——美国,在分析美国州际协议历史发展的基础上探讨对中国区域行政协议运行的借鉴意义。今后,可以进一步拓展的是研究更多欧洲国家、日本以及我国台湾地区行政协议的发展与理论研究,可以为区域行政协议的有效运行提供更多的借鉴意义。

第五,如何实现多域联动和跨域政府部门设置是对区域一体化和区域行政协议前瞻性的思考,在继续完善区域一体化协议中积累经验和教训,为日后的多域联动行政协议和跨域政府部门行政协议奠定基础。

参考文献

一、中文文献

[1] 马斌.政府间关系:权力配置与地方治理:基于省、市、县政府间关系的研究[M].杭州:浙江大学出版社,2009.

[2] 宋彪.分权与政府合作:基于决策制度的研究[M].北京:中国人民大学出版社,2009.

[3] 张紧跟.当代中国政府间关系导论[M].北京:社会科学文献出版社,2009.

[4] 孔繁斌.公共性的再生产:多中心治理的合作机制建构[M].南京:江苏人民出版社,2008.

[5] 林尚立.国内政府间关系[M].杭州:浙江人民出版社,1998.

[6] 何渊.区域性行政协议研究[M].北京:法律出版社,2009.

[7] 叶必丰.行政协议:区域政府间合作机制研究[M].北京:法律出版社,2010.

[8] 王菁.区域政府合作协议研究[M].北京:首都经济贸易大学出版社,2017.

[9] 张可云.区域大战与区域经济关系[M].北京:民主与建设出版社,2001.

[10] 刘君德.制度与创新:中国城市制度的发展与改革新论[M].南京:东南大学出版社,2000.

[11] 陈瑞莲.区域公共管理导论[M].北京:中国社会科学出版社,2006.

[12] 孙柏瑛.当代地方治理:面向21世纪的挑战[M].北京:中国人民大学出版社,2004.

[13] 安树伟.行政区边缘经济论:中国省区交界地带经济活动分析[M].北京:中国经济出版社,2004.

[14] 卫鹏鹏.中国区域经济协调发展机制研究[M].武汉:中国地质大学出版社,2009.

[15] 陈占彪.行政组织与空间结构的耦合:中国行政区经济的区域政治经济学分析[M].南京:东南大学出版社,2009.

[16] 马伊里.合作困境的组织社会学分析[M].上海:上海人民出版社,2008.

[17] 周黎安.转型中的地方政府:官员激励与治理[M].上海:格致出版社,2008.

[18] 时红秀.财政分权、政府竞争与中国地方政府的债务[M].北京:中国财政经济出版社,2007.

[19] 刘亚平.当代中国地方政府间竞争[M].北京:社会科学文献出版社,2007.
[20] 蒋满元.区域可持续发展中的地方政府竞争问题研究[M].北京:中国农业出版社,2007.
[21] 刘大志.地方政府竞争与资本形成[M].广州:中山大学出版社,2008.
[22] 何显明.市场化进程中的地方政府行为逻辑[M].北京:人民出版社,2008.
[23] 高新军.经验与借鉴:美国的地方政府治理[M].香港:香港社会科学出版社有限公司,2005.
[24] 周志忍.政府管理的行与知[M].北京:北京大学出版社,2008.
[25] 毛寿龙.西方政府的治道变革[M].北京:中国人民大学出版社,1998.
[26] 李军鹏.公共服务学:政府公共服务的理论与实践[M].北京:国家行政学院出版社,2007.
[27] 李军鹏.公共服务型政府[M].北京:北京大学出版社,2004.
[28] 卢映川.创新公共服务的组织与管理[M].北京:人民出版社,2007.
[29] 敬乂嘉.合作治理:再造公共服务的逻辑[M].天津:天津人民出版社,2009.
[30] 沈荣华.政府间公共服务职责分工[M].北京:国家行政学院出版社,2007.
[31] 唐铁汉.公共服务创新:首届中欧政府管理高层论坛论文集[M].北京:国家行政学院出版社,2004.
[32] 孙选中.服务型政府及其服务行政机制研究[M].北京:中国政法大学出版社,2009.
[33] 吴建南.公共管理研究方法导论[M].北京:科学出版社,2006.
[34] 王定云.西方国家新公共管理理论综述与实务分析[M].上海:上海三联书店,2008.
[35] 尹艳红.地方政府间公共服务合作机制[M].北京:国家行政学院出版社,2013.
[36] 叶汉雄.基于跨域治理的梁子湖水污染防治研究[M].武汉:武汉大学出版社,2013.
[37] 胡若隐.从地方分治到参与共治:中国流域水污染治理研究[M].北京:北京大学出版社,2012.
[38] 任敏.流域公共治理的政府间协调研究[M].北京:社会科学文献出版社,2017.
[39] 申剑敏.跨域治理视角下的地方政府合作:基于长三角的经验研究[M].上海:上海人民出版社,2016.
[40] 张宇燕.经济发展与制度选择:对制度的经济分析[M].北京:中国人民大学出版社,1992.

[41] 崔晶. 都市圈地方政府协作治理[M]. 北京:中国人民大学出版社,2015.

[42] 陶希东. 转型期中国跨省市都市圈区域治理:以"行政区经济"为视角[M]. 上海:上海社会科学院出版社,2007.

[43] 汪洪涛. 制度经济学:制度及制度变迁性质解释[M]. 上海:复旦大学出版社,2003.

[44] 埃莉诺·奥斯特罗姆. 公共事物的治理之道:集体行动制度的演进[M]. 余逊达,陈旭东,译. 上海:上海三联书店,2000.

[45] 罗伯特·阿格拉诺夫,迈克尔·麦圭尔. 协作性公共管理:地方政府新战略[M]. 李玲玲,鄞益奋,译. 北京:北京大学出版社,2007.

[46] 菲利普·库珀. 合同制治理:公共管理者面临的挑战与机遇[M]. 竺乾威,卢毅,陈卓霞,译. 上海:复旦大学出版社,2007.

[47] 迈克尔·麦金尼斯. 多中心治道与发展[M]. 王文章,毛寿龙,等译. 上海:上海三联书店,2000.

[48] 斯蒂芬·戈德史密斯,威廉·埃格斯. 网络化治理:公共部门的新形态[M]. 孙迎春,译. 北京:北京大学出版社,2008.

[49] B. 盖伊·彼得斯. 政府未来的治理模式[M]. 吴爱明,夏宏图,译. 北京:中国人民大学出版社,2001.

[50] 拉塞尔·M. 林登. 无缝隙政府:公共部门再造指南[M]. 汪大海,吴群芳,等译. 北京:中国人民大学出版社,2002.

[51] 罗伯特·阿克塞尔罗德. 合作的复杂性:基于参与者竞争与合作的模型[M]. 梁捷,高笑海,等译. 上海:上海人民出版社,2008.

[52] 理查德·C. 博克斯. 公民治理:引领21世纪的美国社区[M]. 孙柏瑛,等译. 北京:中国人民大学出版社,2005.

[53] 理查德·D. 宾厄姆,等. 美国地方政府的管理:实践中的公共行政[M]. 九州,译. 北京:北京大学出版社,1997.

[54] 戴维·威尔逊,约翰·格林伍德. 英国行政管理[M]. 汪淑钧,译. 北京:商务印书馆,1991.

[55] 史蒂文·科恩,威廉·埃米克. 新有效公共管理者:在变革的政府中追求成功[M]. 王巧玲,等译. 北京:中国人民大学出版社,2001.

[56] 埃莉诺·奥斯特罗姆,拉里·施罗德,苏珊·温. 制度激励与可持续发展:基础设施政策透视[M]. 陈函泓,等译. 上海:上海三联书店,2000.

[57] R. H. 科斯,A. 阿尔钦,D. 诺斯,等. 财产权利与制度变迁:产权学派与新制度学派译文集[M]. 刘守英,等译. 上海:上海人民出版社,1994.

[58] 道格拉斯·诺思,罗伯斯·托马斯. 西方世界的兴起[M]. 2版. 厉以平,蔡磊,

[59] 埃瑞克·G.菲吕博顿,鲁道夫·瑞切特.新制度经济学[M].孙经纬,译.上海:上海财经大学出版社,1998.

[60] 查尔斯·林德布洛姆.政治与市场:世界的政治—经济制度[M].王逸舟,译.上海:上海人民出版社,1994.

[61] 唐纳德·凯特尔.权力共享:公共治理与私人市场[M].孙迎春,译.北京:北京大学出版社,2009.

[62] 尼古拉斯·亨利.公共行政与公共事务[M].8版.张昕,等译.北京:中国人民大学出版社,2002.

[63] 菲利普·J.库珀.二十一世纪的公共行政:挑战与改革[M].王巧玲,李文钊,译.北京:中国人民大学出版社,2006.

[64] 戴维·H.罗森布鲁姆,罗伯特·S.克拉夫丘克,等.公共行政学:管理政治和法律的途径[M].张成福,等译.北京:中国人民大学出版社,2002.

[65] 西尾胜.行政学[M].毛桂荣,等译.北京:中国人民大学出版社,2006.

[66] 欧文·E.休斯.公共管理导论[M].彭和平,等译.北京:中国人民大学出版社,2001.

[67] 珍妮特·V.登哈特,罗伯特·登哈特.新公共服务:服务,而不是掌舵[M].丁煌,译.北京:中国人民大学出版社,2004.

[68] 罗伯特·B.登哈特.公共组织理论[M].3版.扶松茂,丁力,译.北京:中国人民大学出版社,2003.

[69] 曼瑟尔·奥尔森.集体行动的逻辑[M].陈郁,等译.上海:上海人民出版社,1995.

[70] 塔尔科特·帕森斯.社会行动的结构[M].张明德,等译.南京:译林出版社,2003.

[71] 查尔斯·蒂利.身份、边界与社会联系[M].谢岳,译.上海:上海人民出版社,2021.

[72] 奥斯特罗姆,等.公共服务的制度建构:都市警察服务的制度结构[M].宋全喜,任睿,译.上海:上海三联出版社,2007.

[73] B.盖伊·彼得斯.官僚政治[M].5版.聂露,李姿姿,译.北京:中国人民大学出版社,2006.

[74] 菲利普·海恩斯.公共服务管理的复杂性[M].孙健,译.北京:清华大学出版社,2008.

[75] 安东尼·唐斯.官僚制内幕[M].郭小聪,等译.北京:中国人民大学出版社,2006.

[76] 詹姆斯·Q.威尔逊.官僚机构:政府机构的作为及其原因[M].孙艳,等译.北京:三联书店,2006.

[77] 约翰·克莱顿·托马斯.公共决策中的公民参与:公共管理者的新技能与新策略[M].孙柏瑛,等译.北京:中国人民大学出版社,2005.

[78] 罗伯特·帕特南.使民主运转起来:现代意大利的公民传统[M].王列,赖海榕,译.南昌:江西人民出版社,2001.

[79] 小威廉·格姆雷,斯蒂芬·巴拉.官僚机构与民主:责任与绩效[M].俞沂暄,译.上海:复旦大学出版社,2007.

[80] 朱虹.网络环境下的政府公共服务协同研究[D].武汉:华中师范大学,2007.

[81] 罗思东.美国大都市地区的政府与治理:地方政府间关系与区域主义改革[D].厦门:厦门大学,2005.

[82] 薄贵利.论新世纪行政体制改革的目标与路径[J].理论参考,2006(6):20-21.

[83] 陈瑞莲,张紧跟.试论区域经济发展中政府间关系的协调[J].中国行政管理,2002(12):65-68.

[84] 张紧跟.当代中国地方政府间关系:研究与反思[J].武汉大学学报(哲学社会科学版),2009,62(4):508-514.

[85] 卓凯,殷存毅.区域合作的制度基础:跨界治理理论与欧盟经验[J].财经研究,2007,33(1):55-65.

[86] 张凤阳.契约伦理与诚信缺失[J].南京大学学报(哲学·人文科学·社会科学),2002,38(6):33-39.

[87] 张凤阳,李永刚.契约:交易伦理的政治化及其蔓延[J].文史哲,2008(1):158-166.

[88] 杨临宏.行政协定刍议[J].行政法学研究,1998(1):1-6.

[89] 杨成良.美国州际协定法律背景的变迁[J].山东师范大学学报(人文社会科学版),2005,50(5):96-100.

[90] 杨成良.论美国联邦体制下的州际合作[J].世界历史,2009(5):30-38.

[91] 吕志奎.州际协议:美国的区域协作性公共管理机制[J].学术研究,2009(5):50-54.

[92] 何渊.行政协议:中国特色的政府间合作机制[J].政府法制研究,2008(5).

[93] 何渊.论行政协议[J].行政法学研究,2006(3):43-50.

[94] 何渊.美国的区域法制协调:从州际协定到行政协议的制度变迁[J].环球法律评论,2009,31(6):87-94.

[95] 何渊.州际协定:美国的政府间协调机制[J].国家行政学院学报,2006(2):88-91.

[96] 胡伟,石凯.理解公共政策:"政策网络"的途径[J].上海交通大学学报(哲学社会科学版),2006,14(4):17-24.

[97] 严强.公共政策活动中的子系统[J].江海学刊,2007(2):99-104.

[98] 朱亚鹏.西方政策网络分析:源流、发展与理论构建[J].公共管理研究,2006(12):204-222.

[99] 朱亚鹏.政策网络分析:发展脉络与理论构建[J].中山大学学报(社会科学版),2008,48(5):192-199.

[100] 朱亚鹏.公共政策研究的政策网络分析视角[J].中山大学学报(社会科学版),2006,46(3):80-83.

[101] 朱春奎,沈萍.行动者、资源与行动策略:怒江水电开发的政策网络分析[J].公共行政评论,2010,3(4):25-46.

[102] 石凯.政策结果的多面向:寻访新政策网络理论[J].社会科学研究,2008(5):33-38.

[103] 周黎安.中国地方官员的晋升锦标赛模式研究[J].经济研究,2007,42(7):36-50.

[104] 刘剑雄.中国的政治锦标赛竞争研究[J].公共管理学报,2008,5(3):24-29.

[105] 严强.公共行政的府际关系研究[J].江海学刊,2008(5):93-99.

[106] 严强.政府间关系:体制与行政[J].江苏行政学院学报,2009(1):103-108.

[107] 谢庆奎.中国政府的府际关系研究[J].北京大学学报(哲学社会科学版),2000,37(1):26-34.

[108] 金太军.从行政区行政到区域公共管理:政府治理形态嬗变的博弈分析[J].中国社会科学,2007(6):53-65.

[109] 王川兰.多元复合体制:区域行政实现的构想[J].社会科学,2006(4):111-118.

[110] 杨爱平,陈瑞莲.从"行政区行政"到"区域公共管理":政府治理形态嬗变的一种比较分析[J].江西社会科学,2004,24(11):23-31.

[111] 赵聚军.中国行政区划研究60年:政府职能转变与研究导向的适时调整[J].江海学刊,2009(4):118-122.

[112] 胡超美,朱传耿.中国区域协调发展研究综述[J].学习与实践,2008(10):44-51.

[113] 王健,鲍静,刘小康,等."复合行政"的提出:解决当代中国区域经济一体化与行政区划冲突的新思路[J].中国行政管理,2004(3):44-48.

[114] 张万宽.发展公私伙伴关系对中国政府管理的挑战及对策研究[J].中国行政管理,2008(1):46-48.

[115] 汪伟全.论我国地方政府间合作存在问题及解决途径[J].公共管理学报,2005,2(3):31-35.

[116] 余韬.论区域协调中政府合作协议的法律规制[J].广西政法管理干部学院学报,2008,23(3):86-89.

[117] 王勇. 流域政府间横向协调机制研究述评[J]. 广东行政学院学报,2008,20(1):17-22.

[118] 陈瑞莲,胡熠. 我国流域区际生态补偿:依据、模式与机制[J]. 学术研究,2005(9):71-74.

[119] 金太军,张开平. 论长三角一体化进程中区域合作协调机制的构建[J]. 晋阳学刊,2009(4):32-36.

[120] 罗小龙,沈建法. 长江三角洲城市合作模式及其理论框架分析[J]. 地理学报,2007,62(2):115-126.

[121] 陈国权,李院林. 论长江三角洲一体化进程中的地方政府间关系[J]. 江海学刊,2004(5):92-98.

[122] 唐亚林. 推进长三角公共服务均等化的理论思考[J]. 学术界,2008(1):62-69.

[123] 钱海梅. 长三角经济一体化与区域公共服务供给:基于区域公共服务供给模式的分析[J]. 政治与法律,2008(12):14-19.

[124] 刘冬华,李琴. 区域经济发展与地方政府间关系:以长三角为例[J]. 上海理工大学学报(社会科学版),2005,27(3):76-80.

[125] 张智新. 美国地方政府改革及其对中国的借鉴意义[J]. 上海行政学院学报,2006,7(1):110-111.

[126] 刘其君. 西方发达国家地方治理的发展及其政治文化背景[J]. 湖北社会科学,2008(10):25-29.

[127] 杨安华. 国外地方政府间建立伙伴关系研究述评[J]. 南京社会科学,2008(5):79-85.

[128] 石风光,李宗植. 美国、日本区域协调发展政策实践及启示[J]. 国际问题研究,2008(5):28-33.

[129] 王旭. 从体制改革到治道改革:美国大都市区管理模式研究重心的转变[J]. 北京大学学报(哲学社会科学版),2006,43(3):92-99.

[130] 曾令发. 合作政府:后新公共管理时代英国政府改革模式探析[J]. 国家行政学院学报,2008(2):95-99.

[131] 胡伟,杨安华. 西方国家公共服务转向的最新进展与趋势:基于美国地方政府民营化发展的纵向考察[J]. 政治学研究,2009(3):105-113.

[132] 张立荣,曾维和. 当代西方"整体政府"公共服务模式及其借鉴[J]. 中国行政管理,2008(7):108-111.

[133] 龙朝双,王小增. 我国地方政府间合作动力机制研究[J]. 中国行政管理,2007(6):65-68.

[134] 杨安华. 我国地方政府间合作研究:进展与问题[J]. 云南行政学院学报,

2008,10(5):54-57.

[135] 肖建忠. 地方政府行为的横向博弈模型[J]. 中国地质大学学报(社会科学版),2003,3(3):13-17.

[136] 周业安,冯兴元,赵坚毅. 地方政府竞争与市场秩序的重构[J]. 中国社会科学,2004(1):56-65.

[137] 季燕霞. 论我国地方政府间竞争的动态演变[J]. 华东经济管理,2001,15(2):115-116.

[138] 丘海雄,徐建牛. 市场转型过程中地方政府角色研究述评[J]. 社会学研究,2004,19(4):24-30.

[139] 庞明川. 中央与地方政府间博弈的形成机理及其演进[J]. 财经问题研究,2004(12):55-61.

[140] 赵全军. 中央与地方政府及地方政府间利益关系分析[J]. 行政论坛,2002,9(2):17-18.

二、英文文献

[1] Zimmerman J F. Interstate Cooperation:Compacts and Administrative Agreements[M]. Westport:Praeger Publishers,2002.

[2] Zimmerman J F. Trends in Interstate Relations:Political and Administrative Cooperation[Z]. The Book of States,2002.

[3] Zimmerman J F. Interstate Relations:The Neglected Dimension of Federalism[M]. Westport:Praeger Publishers,1996.

[4] Breton A. Competitive Governments:An Economic Theory of Politics and Public Finance[M]. New York:Cambridge University Press,1998.

[5] Hunter F. Community Power Structure:a Study of Decision Makers[M]. Chape Hill:UNC Press,1957.

[6] Miller D Y. The Regional Governing of Metropolitan America[M]. Boulder:Westview Press,2002.

[7] Marsh D, Rhodes R A W. Policy Networks in British Government[M]. Oxford:Clarendon Press,1992.

[8] Peters B G. The Future of Governing:Four Emerging Models[M]. Kansas:University Press of Kansas,1996.

[9] Pollitt C. Managerialism and the Public Services:The Anglo—American Experience[M]. Oxford:Basil Blackwell,1990.

[10] Killian J H, Costello G A. The Constitution of the United States of Ameri-

ca:Analysis and Interpretation[M]. Washington:U. S. Government Printing Office, 1996.

[11] Walker D B. The Rebirth of Federalism[M]. New York: Chathem Home Publishes, 2000.

[12] Sullivan H, Skelcher C. Working Across Boundaries: collaboration in Public Service[M]. New York: Palgrave Macmillan, 2003.

[13] Christensen K S. Cities and Complexity: Making Intergovernmental Decision[M]. London: Sage, 1999.

[14] Jameson W D. Empire on the Hudson:Entrepreneurial Vision and Political Power at the Port of New York Authority[M]. New York:Columbia University Press, 2001.

[15] Thursby V V. Interstate Cooperation: A Study of the Interstate Compact [M]. Washington,D. C:Public Affairs Press, 1953.

[16] Jupp B. Work together: creating a better environment for cross-sector partnership[M]. Demos: The Panton house, 2000.

[17] Callow A B. The City Bosses in America: An Interpretative Reader[M]. New York: Oxford University Press, 1976.

[18] Donahue J. The Privatization Decision: Public Ends, Private Means[M]. New York: Basic Books, 1991.

[19] Alexander C. The Timeless Way of Building[M]. New York: Oxford University Press, 1979.

[20] Maio A D. Move'Joined-Up Government' From Theory to Reality[J]. Industry Research,2004(10).

[21] Eugene B, Lesser C. Accountability in Human Services Collaborative: For What and For Whom? [J]. Journal of Public Administration Research and Theory,1996(2).

[22] Bath P. Towards a common framework-delivering joined-up services through better knowledge and information management[J]. KM Review, 2005(4):33–33.

[23] Hood C. A Public Management for all Seasons[J]. Public Administration (Spring), 1991,69(1).

[24] Christensen T, Legreid P. NPM and Beyond-structure,Culture and Demography[J]. International Review of Administrative Sciences, 2008, 74(1).

[25] Christensen T, Lagreid P. Administrative Reform Policy: The Challenge of

Turning Symbols into Practice[J]. Public Organization Review, 2003(3).

[26] Pollit C. Joined-up Government: a Survey[J]. Political Studies Review, 2003(1).

[27] Cooper T L, Bryer T A, Meek J W. Citizen-Centered Collaborative Public Management[J]. Public Administration Review, 2006, 66(S1).

[28] Denhardt R B, Denhardt Janet V. The New Public Service: Putting Democracy First[J]. National Civic Review, Winter, 2001, 90(4).

[29] Meek J W. Policy networks: Implications for policy development and implementation[J]. A Journal of Faculty Papers, 1998(11).

[30] Mandell M P. Intergovernmental Management in Inter-organizational Networks: A Revised Perspective[J]. International Journal of Public Administration, 1988, 11(4):393-417.

[31] Mackintosh M. Partnership: Issues of Policy and Negotiation[J]. Local Economy, 1992, 7(3).

[32] Lowndes V, Skelcher C. The dynamics of multi-organizational partnerships: an analysis of changing modes of governance[J]. Public Administration, 1998, 76:313-333.

后 记

　　这本书稿是在博士论文的基础上修改完成的,在"国内外文献综述"部分补充了一些新的区域治理和行政协议研究成果;在"南京都市圈行政协议运行分析"部分增加了 2012 年以后的内容;在"进一步的思考"部分增加了这几年的一些思考:如何通过区域行政协议设置跨行政区划政府部门? 如何通过区域间行政协议促进多域联动? 最终形成了现在的书稿。几年后把博士论文修改后出版,算是对之前学习研究的总结,开始一个新的学习研究阶段。

　　修改完书稿,想到了 8 年前读博士的那段时间。2008 年考入南京大学,跟随严强老师开始博士阶段学习,因为硕士阶段就是跟着严老师学习,跟老师的关系很熟悉,所以重回学生状态是一个愉快的过程。严老师很少批评我们,但是对我却影响很大,老师每天坚持阅读的习惯激励约束着我要学会坐下来读书。读博士有点辛苦,单位这边的工作一直在做,教学、带学生写论文,还有一些琐事,南京大学那边的课基本没有缺过,两头跑,两边忙。写博士论文的那段时间更辛苦,基本上每天要到凌晨二三点才能睡觉。事后想想也没什么,每个读博士的人都是这么过来的,但在当时,心态确实没那么平稳,没有好的选题就会焦虑,拿不出好的写作框架不愿见老师,写出来不满意心里不舒服。一切都过去了,感谢老师! 感谢南京大学!

　　因为在职读书,加上孩子一直放在外婆家照顾,不想博士阶段拖得太久,就一直赶着写,选题是之前熟悉的"府际关系与区域治理"。2011 年博士论文写出来后,也就顺利毕业了。

　　2011 年博士毕业后,我一直在考虑以后的研究方向,怎么结合国家的需要和个人的兴趣,还能让小家庭过得好一点,叠加了太多需要,我的研究方向一直在变化,既未能坚持之前研究的问题,也未能形成一个新的研究方向。因此,博士论文一直无心修改,书稿出版就一直拖了下来。后来想清楚了,国家大事已经有很多人研究了,我只要选一个自己有兴趣且有点价值的问题就行了,于是,研究方向就相对固定了,博士论文出版算是总结再出发吧。